U0782353

高校图书馆信息化建设与资源管理研究

顾国庆　黄江娓　著

天津出版传媒集团

天津科学技术出版社

图书在版编目（CIP）数据

高校图书馆信息化建设与资源管理研究 / 顾国庆，
黄江娓著. -- 天津：天津科学技术出版社，2023.6
　ISBN 978-7-5742-1249-7

　Ⅰ.①高… Ⅱ.①顾… ②黄… Ⅲ.①院校图书馆 -
信息化建设 - 研究②院校图书馆 - 资源管理 - 研究 Ⅳ.
①G258.6

　中国国家版本馆CIP数据核字(2023)第096596号

高校图书馆信息化建设与资源管理研究
GAOXIAO TUSHUGUAN XINXIHUA JIANSHE YU ZIYUAN GUANLI YANJIU

责任编辑：吴　顿
责任印制：兰　毅

出　　　版：天津出版传媒集团
　　　　　　天津科学技术出版社
地　　　址：天津市西康路35号
邮　　　编：300051
电　　　话：（022）23332377
网　　　址：www.tjkjcbs.com.cn
发　　　行：新华书店经销
印　　　刷：石家庄汇展印刷有限公司

开本 710×1000　1/16　印张　16.5　字数　220 000
2023年6月第1版第1次印刷
定价：98.00元

　　信息资源在国民经济和社会发展中的地位日益提高，信息化日益成为增强综合国力的重要手段。在这种形势下，信息资源管理，尤其是国际信息交流中的信息资源管理，已成为竞争与合作的重要战略。作为在传统上主要从事书刊信息资源管理的图书馆及其工作人员，应当重新确立自己的运行机制和工作模式，成为社会信息化的骨干力量。

　　高校图书馆信息化建设不仅是校园信息网的一个有机组成部分，是校园信息网中信息资源的枢纽；而且图书馆作为学校信息化和社会信息化的重要基地，其信息化程度已成为高校教育信息化的重要标志。高校图书馆一方面应建立数字图书馆，加速高校图书馆信息化建设工作重点的转移；另一方面应重视各个层次的信息服务角色的承担与开拓。其中，信息"领航员"是浅层次信息服务，信息"组织者"侧重信息资源的管理，信息"开发者"则强调信息产品的深层次服务——它们共同构成了新环境下高校图书馆工作人员的三个工作重点，也反映了人们从重视信息系统管理到重视为信息用户提供内容服务的观念转变和新的价值取向。

　　图书馆信息化是指利用现代信息技术，按照信息社会的要求，组织、开发和管理图书馆各项信息资源，为图书馆用户提供优质信息服务。它具体体现为信息储存数字化、传输手段网络化、管理控制智能化和人员素质信息化等几个特征。信息化建设是一个复杂的系统工程，涉及信息资源、信息网络、信息技术应用、信息技术和产业、信息化人才、信息化政策法规和标准六个要素。高校图书馆的信息化建设同样应该包含这六大方面。20 世纪 90 年代以来，随着互联网的普及应用和人们利用信息资源意识与方式的变革，图书馆发展所面对的社会环境发生了较大变化，图书馆已经进入了以数字化和网络化为特征的新时代，并呈现出许多新的发展趋势。其一，图书馆的科学技术含量越来越高。计算机技术、远程通信技术、多媒体技术、高密度存储技术等广泛运用于图书馆的实践。其二，信息资源开发利用成为高校图书馆信息化的核心环节，高校图书馆应重新确立自己的运行机制和结构模式，成为社会信息化的骨干力量，同时也成为信息服务的主要提供者。其三，图书馆的文献载体越来越多样化。除了纸质印刷型文献外，还包括电子图书、电子报刊、多媒体资料等电子型文献。其四，图书馆的信息资源获取渠道越来越广泛。除了购买之外，还有从网上免费获取、信息共享、馆际互借和自主开发等。其五，网络环境的构建推动了高校图书馆事业的现代化建设，图书馆的信息采集、信息加工、信息服务环节都必须彻底进行变革，以适应互联网的交互性、多样性，构筑新型的、重在信息与知识提供的信息服务模式，提高信息服务能力。以上几种发展趋势都反映了高校图书馆信息化的发展方向。

随着信息技术的快速发展，传统的图书馆服务模式已无法适应读者的需求。图书馆变得日益网络化、高效化、集成化、现代化。本书正是基于这一背景展开对高校图书馆信息化建设与资源管理的研究，主要包含高校图书馆信息化建设概述、高校图书馆与信息服务、当代高校图书馆信息化建设中的版权保护、高校图书馆信息资源的社会性开发与共享、高校图书馆信息资源与配置管理、大数据环境下高校图书馆信息化建设与资源管理策略等方面的内容。本书以理论结合实践为原则，不仅对高校图书馆信息化建设与服务相关的理论进行了研究，还对高校图书馆信息化建设中的保护与开发进行了阐释，明确了高校图书馆信息化建设与资源管理的策略等。高校图书馆信息化建设是一项长期而艰巨的任务，需要图书馆管理员的不懈努力，也需要各高校图书馆在信息化建设过程中进行交流探讨和相互借鉴。因此，希望本书能够为高校图书馆的信息化建设工作提供参考价值。

由于出版时间紧促，书中难免存在不足之处，恳请广大读者批评指正。

目录
contents

第一章 高校图书馆信息化建设概述

第一节 高校图书馆信息化建设内涵

图书馆信息化是指图书馆应用计算机、多媒体、网络等现代信息处理技术等手段，对信息进行采集、存储、加工、制作、传递、利用等，实现信息资源普遍共享，为终端用户提供有效、快捷的服务，进而产生经济效益和社会效益。

图书馆信息化就是图书馆不断应用信息技术，深入开发和应用文献信息资源的过程，是信息技术应用和文献信息资源开发由局部到整体、由内部到外部、由区域到全球不断深化的过程。

图书馆信息化是当今一个热门的话题。我国的图书馆信息化建设经过多年的发展，现已打下了良好的基础并逐渐走向成熟，但仍存在一些问题。从宏观层面来看，我国高校图书馆的信息化建设应该是一项综合性的工作，它包括硬件技术、应用软件、资源建设和人才建设等，全方位协调发展，逐步实现图书馆的信息化管理是图书馆以高质量、高效率服务社会的基础。在当前关于图书馆自动化、数字化、网络化等诸多名词的竞相炒作下，准确把握图书馆信息化的内涵，科学指导图书馆实践，具有一定的积极意义。

大量的学者和专家对图书馆信息化进行探究，得出了关于图书馆信息化的两方面的理解，一种是广义上的理解，信息化是借助信息处理技术的现代化过程，主要包括技术设备与工作手段的现代化。除了外界的影响，人员素质修养、思想观念的进步以及整体组织机构的管理、完善都为图书馆信息化的发展起到助推的作用。狭义方面的图书馆信息化主要是人们或组织借助现代技术进行图书信息的存储、加工、采集及共享的过程。关于图书馆信息化的概念，最具权威性的是我国国家信息化领导小组对于图书馆信息化的理解：图书馆信息化是以信息化技术为主导，以信息资源为整体核心，以媒体为传输工具，以专业信息人才为依托的整体的信息化综合体系，并辅以国家法律法规、政策、经济发展为政策保障。①

一、硬件技术

图书馆信息系统的正常运行需要硬件技术的支持。没有硬件技术的支持，图书馆信息化将无从谈起。此外，硬件技术水平与图书馆信息系统运行的质量息息相关。因此，硬件技术的科学定位是图书馆信息化发展的重要基础，它主要表现在硬件系统的配置方面。

（一）基本模式

在过去的几年中，常见的硬件配置的模式有单机系统或计算机网络系统模式，这些硬件配置模式都有自己的特征。当今正在建设的多数是网络系统模式，它已成为目前我国高校图书馆信息化网络硬件配置的一种主要模式。

对于图书馆这种数据源头多、数据处理工作量大、数据加工要求严格、数据传输要求快速、信息反馈对象广泛、信息存储安全性高的机构来说，计算机网络系统模式具有数据通信、资源共享、分布处理、集中控制、系统可靠等功能特点，因而具有诱人的前景。

（二）发展趋势

从近 20 年的发展来看，影响硬件配置模式的因素有很多，其中高校

---

① 茹文.国家图书馆信息化建设发展进程回顾 [C]// 中国图书馆学会专业图书馆分会，敦煌研究院.中国图书馆学会专业图书馆分会 2009 年学术年会论文集，2009：95-101.

图书馆的需求、图书馆管理水平和经费支持是三个主要因素，这些因素使我国高校图书馆的发展呈现两极分化的趋势。

首先，从人们对高校图书馆信息资料的需求来看，我国社会整体信息化发展速度相对较慢，社会对图书馆信息化的需求较小，图书馆只是发挥着一种简单的借阅功能。因此，对于一些经费不是很充裕的图书馆来说，选择投资较少的服务器终端模式甚至手工模式，满足简单的借阅服务可能更符合它们的实际需求。其次，图书馆整体管理水平不高。虽然管理者已经认识到我国高校图书馆信息化建设的重要性，但是却远未做到将信息作为一种资源进行科学管理。由于将收集到的丰富资源转化为有价值的电子信息资源的愿望难以实现，因此在图书馆整体管理水平相对较低的情况下，将信息资源作为图书馆信息化建设的核心，实现信息资源共享的想法就成了空谈。最后，经费支持是图书馆选择硬件配置模式的一个决定因素，也是图书馆实现远大目标和理想的基础。

（三）技术平台

随着互联网信息技术和数字技术的不断发展，我国高校图书馆的环境得到了明显改善，这对图书馆信息化管理有很大的影响。图书馆只有充分利用互联网技术平台的优势，实行动态管理和科学决策，才能提高工作效率和社会效益。从设备选择上来看，我们既不能脱离实际，又不能与互联网断开联系，要选择适合经济发展水平和图书馆特色的网络技术，搭建相应的技术平台，使图书馆各项业务处理与现代技术密切结合，从根本上满足图书馆管理的需求。

二、应用软件

（一）功能定位

我国图书馆自动化应用软件经过几十年的发展，已从原始阶段和实验阶段发展到当今信息管理一体化的水平，现已进入由集成化向网络化发展的初步阶段。传统的图书馆管理软件采用采、编、流、检的基本模式，把各个模块之间有机结合起来，使图书馆服务于社会。随着时间的推移和技术的发展，这种模式逐渐成为信息化整体的一部分。通过增加办公自动化、全文检索、数据库服务、在线阅读、远程教学、在线交流、视频点播等功能，图书馆服务模式和角色定位逐渐趋于社会化。图书馆管理软件在原有的功能基础上，通过加强网络信息咨询和信息检索功能体现图书馆信息化的社会价值。

（二）发展趋势

多层次和商业化将是我国高校图书馆软件发展的主要方向。图书馆软件市场在未来很长一段时间内仍将具有以下特点：一是商业化的步伐加快。图书馆应用软件在设计的成熟性、技术的先进性、性能的稳定性、版本更新速度以及售后服务质量等方面都在不断提高。二是不同图书馆对软件需求的层次将逐步拉开，中小型图书馆和大型图书馆之间的需求差异会清晰可见。一方面，图书馆信息化未在中小型图书馆中得到充分发展，这些图书馆对性价比的关注将促进小型图书馆软件的进一步发展。另一方面，为了满足图书馆读者放心消费的心理，图书馆软件向知名品牌集中的发展趋势也将愈演愈烈。

（三）技术定位

目前，对高校图书馆应用软件的介绍和比较研究在国内外比较热门，专业期刊上发文颇多，其中有很多可以参考的观点。融合各种先进技术是我国图书馆信息化走向世界的主要策略。在技术定位上，我们不仅要注重软件研制本身的技术特征，还要强调技术的先进性。在图书馆信息化管理系统中，超前的技术和先进的管理理念使图书馆管理水平更上一层楼。在软件的选择上，既要有合适的硬件平台，又要有完备数据的环境维持运行，不能孤立地进行配置。

三、资源建设

资源建设是图书馆信息化建设的主要内容，也是最容易被忽视的问题。传统图书馆在社会中的地位主要由馆藏规模和独立为读者提供服务的能力所决定。因此，建立一个完整的图书馆资源体系是图书馆信息化建设的核心任务。从图书馆信息化建设的历程来看，将硬件、软件和资源作为一个有机整体来全面规划和安排是具有许多优势的。

（一）目前的发展状况

我国图书馆整体发展的不平衡，加上管理体制的条块分割，导致馆与馆之间文献资源分布不合理，各馆自成体系，重复收藏，未能形成有效的资源配置机制，这直接影响了文献资源的有效利用。为此，在文献资源建设的基础上，建立一个系统或结合各门学科的文献资源保障体系，发挥整体效能，是我国图书馆信息化建设的首要任务。

（二）发展趋势

在当今日益丰富的文献信息资源中，云计算、大数据存储、数字图书馆等各种各样的术语让人眼花缭乱。不可否认的是，原始文献信息资源数量成倍增长。从共建共享方面来看，图书馆作为国家信息港建设的组成部分，具有成为社会各类信息资源的整合中心的能力和义务。

（三）资源建设要求

（1）适应性。图书馆信息资源建设同国民经济的发展水平相适应，同社会信息需求相适应。它能满足广大读者的信息需求，也能符合经济适用的原则。

（2）特色化和协调性。各个图书馆根据自己的实际情况，结合本地区读者的需求特点，在统筹规划下，有选择地在学科重点、文献类型等方面形成自身的馆藏特色。各自的特色文献通过全社会范围内的资源共享，共同建立起完善的资源保障体系。

（3）完整性。无组织和重复的信息不能形成信息资源。对图书馆馆藏结构进行优化，增加文献内容，科学规划、调整藏书比例，整合传统文献资源和网络信息资源，是图书馆资源建设的主要任务。

（4）文化传承性。在信息技术快速发展的背景下，图书馆作为保存文化遗产、传承人类文明的重要场所，其作用将更加突出。文化传承性将赋予图书馆永恒的生命力。

四、人才建设

图书馆信息化的关键因素是人才，在此基础上使硬件、软件和资源建设符合信息化的基本条件，因此人才建设是实现图书馆信息化的决定因素。

（一）现实状况

目前，我国整个图书馆行业的发展正面临着困境，原因可归结为以下两点：一是图书馆工作人员的工作效率越来越低；二是缺乏具有较强的业务能力和良好的知识结构的信息化人才。就业市场上的饱和更多的是一种体制性饱和，大量工作能力不合格的员工占据了工作岗位。某些信息网络部门的负责人不知道网络的基本配置，图书馆管理员不会使用计算机，也不会使用网络发送和接收简单的电子邮件。由于大多数员工缺乏深层次文献资源开发能力、信息导航能力以及创新能力，图书馆信息化建设进展缓慢，所以这支队伍急需改造和重建。

（二）人才素质要求

信息技术的合理定位与图书馆的人才培养密切相关，而这一问题的关键在于图书馆管理员的期望素质、信息资源的整合需求和服务需求。这方面的培训不仅需要包括创新能力、学习能力、信息意识等，也应注重计算机使用基础和信息服务能力等基本素质的培训。实行严格的图书

馆职业准入和任职资格制度，完善人才培养体制。

（三）计算机使用基础

计算机使用基础包括硬件使用基础和软件使用基础，核心是掌握基本的操作和技术。大多数图书馆管理员并不需要成为信息技术专家，主要是能熟练运用计算机完成日常工作。

（四）信息服务能力

图书馆管理的核心是服务，它体现了图书馆所有信息资源活动的价值。信息服务能力是图书馆管理员最重要的能力之一，他们通过对各类信息资源、信息外表特征、内容特征的深入加工以及分析与重组，从问题的不同角度思考和解决问题，最终实现图书馆的社会服务能力。

五、对图书馆社会角色的认识

在思考图书馆信息化的同时，要先对图书馆的社会角色进行正确的认识，这样能帮助我们了解图书馆发展的最终走向。

有人认为，在多元化、多种媒介并存和人们信息知识与文化需求日益迫切的网络信息环境下，图书馆应该是一个"经营多种媒介的开放式、多功能、综合性的文化、教育、信息和娱乐中心……它是大众获取信息、接受教育、品味文化和享受娱乐的地方"，还有人主张图书馆应该"转为以计算机处理和数据库开发经营为主的信息服务和咨询产业"。这些观点具有一定的代表性，在生存压力下，图书馆的角色定位正在面临挑战。

但我们应该认识到，在网络环境中，把图书馆定位为信息产品的生产者或产业化的信息公司都是不可取的，图书馆需要研发信息产品，但它只是为了扩大和深化图书馆服务的内容，把这作为图书馆生存和发展的基本条件是不科学的，也是以偏概全的。这一观点从某种程度上来讲有一些极端和脱离现实，过于强调技术环境，而没有从社会角度出发，

导致忽视了用户，偏离了图书馆的生存根基。事实上，由于内部和外部客观条件的限制，相对于图书馆的社会教育功能而言，信息服务功能有时甚至处于劣势，发展空间狭窄，所以信息服务的产业化并非图书馆生存和发展的最佳选择。

图书馆在过去、现在和将来，都不是科学技术的产物，它的使命是传播人类文明，技术只是其手段之一。

信息化是个宽泛的概念，很难对其进行准确描述，尤其是图书馆信息化。我们应该知道，虽然网络环境改变了图书馆的外部技术环境和内部工作环境，但是图书馆服务宗旨不应该改变，实现信息化和高质量服务社会是图书馆发展的根本。对图书馆信息化不切实际的幻想或定位不仅无法摆脱目前图书馆的困境，还会阻碍图书馆的发展，尤其是在我国这样的发展中国家。图书馆是向公众提供公共服务的，绝不仅仅是一堆昂贵设备的堆砌与展示。

第二节　高校图书馆信息化建设现状与内容

一、信息化建设发展历程

（一）信息化建设起步阶段

20世纪90年代之前，还处于互联网时代的前期，这一时期的图书馆以藏书为主，藏、用结合，提供图书和期刊等主要纸质文献资源的借、阅、藏服务，目录查询等一些业务还停留在手工时代。其时教育部依据国家的文件精神发布了一系列政策法规，加强对高校图书馆专业的领导，加大资金投入，为高校图书馆的稳健发展创造了条件，为20世纪90年代图书馆事业的腾飞奠定了坚实的基础，高校图书馆的数量、馆舍面积、藏书量等开始逐年稳步增加。

1990 年之后，随着计算机技术、存储技术、通信技术为主要内容的现代信息技术的快速发展，人类社会进入信息化时代，国家适时提出了"信息高速公路"建设计划，并建成"中国教育和科研计算机网（CERNET）"。信息高速公路的建设，改变了图书馆的信息环境，给图书馆的发展带来了挑战，也带来了机遇。1994 年，中国终于正式接入国际互联网，中国教育和科研计算机网开通，互联网进入中国的教育及科技领域。1995 年，面向 21 世纪重点建设百所左右高等学校和一批重点学科的建设工程"211 工程"项目启动。1996 年，北京召开的第 62 届国际图联（IFLA）大会，首次在国内正式提出数字图书馆概念并开始了大规模研发工作，数字图书馆成为该会议讨论的专题之一，IBM 公司和清华大学联手展示了"IBM 数字图书馆解决方案"。1998 年，目的在于建设若干所世界一流大学和一批国际知名的高水平研究型大学的高等教育建设工程"985 工程"项目启动，从首批的 9 所院校，最终扩展到 39 所，这一项目所涉及的高校图书馆都获得了相对较多并持续性的经费支持，具备了发展的经费保障。同年，旨在实现信息资源共建、共知、共享，以中国高校图书馆为核心的教育文献联合保障联盟——中国高等教育文献保障系统（China Academic Library & Information System，简称 CALIS），项目正式启动。

到 2000 年前后，全国高校图书馆大多建立起本馆的网站，图书集成自动化管理和电子阅览室或多媒体阅览室服务普及，图书馆自动化管理、数字资源建设和网络化信息检索成为研究热点，图书馆在为读者提供传统文献服务的基础上，增加了数字资源服务，服务平台从物理馆舍延伸到图书馆网站，突破了服务时间、空间的限制。一些知名的高校图书馆都引进了国外的自动化管理系统，开始与图书馆领域的国际水平接轨。这个时代的高校图书馆，随着信息技术的发展开始不同程度地添加计算机、复印机、打印机、光盘塔等设备，陆续建立了在局域网络环境下的图书馆自动化管理系统。一些图书馆采用自主研制、开发的系统，如当时的北大图书馆、北京邮电大学图书馆，也有图书馆选择当时的商业自

动化软件，如文津、博菲特、ILAS、GLIS，等等。

在这个为期约十年的信息化建设的起步发展过程中，图书馆信息化建设从无到有，建成了具备一定程度现代化、自动化、网络化水平的图书馆，有了一定的积淀，再加上信息技术快速发展的影响以及国家项目经费支持的良好契机，高校图书馆已具备了一定的信息化水平。

（二）互联网时代的整体化建设阶段

20 世纪末至 21 世纪初是互联网迅速发展与成熟的阶段，互联网技术开始改变着各行各业的应用与服务，图书馆的信息化建设也进入互联网时代。互联网从根本上改变了图书馆的很多方面，从管理到应用，从联结因特网到应用因特网，催生出图书馆服务的大量创新。

互联网技术的成熟加上国家对高校图书馆文献信息服务系统项目经费的支持，高校图书馆在这个阶段，从硬件、软件到服务都有了很大改观，通过购买、自建和整合网上数字资源，为读者提供数字资源服务、OPAC、虚拟参考咨询、网上信息检索、网上文献传递等服务，信息服务内容不断深化，信息化水平有了大幅进步，催生出新的资源应用及技术。在这个时期，所有高校图书馆都开始注重整体化建设并有了很大发展，从最初的简单互联网访问服务发展到目前的学术资源发现服务，数字期刊直接获取、文献传递与馆际互借、手机、Ipad 等智能移动设备访问图书馆……伴随着信息技术的不断发展与迅速革新，高校图书馆日益成为适应技术与时代需求、能更好服务于读者的图书馆。

这是一个高校图书馆发生根本变化的时代，搜索引擎、博客、微博、维基百科、Facebook 等不断对图书馆的业务和应用产生冲击和影响，图书馆有了很多开发和创新工作，知识产权、数字图书馆、个性化服务、元数据等很多新概念迅速出现；DOC、PDF、JPEG、MP3 等文件格式逐渐稳定成为各种媒体的流行存储及保存格式；Google、Google Scholar、Baidu 等搜索引擎技术对利用图书馆的服务及资料获取产生很大冲击；学

术资源发现、移动图书馆等新型图书馆服务层出不穷。图书馆基本实现了完全的数字化，用户通过 Summon 之类的学术资源发现系统就可以直接下载阅读所需的论文、图书、音频、视频等信息，图书馆全面进入了一个蓬勃发展的互联网时代。

二、高校图书馆信息化建设现状

高校图书馆是学校文献信息服务中心，其信息化的发展水平决定着图书馆的服务能力与服务质量。随着通信技术、网络技术、多媒体技术的快速发展，图书馆信息服务由传统的阵地服务向移动性、个性化、智能化方向发展，图书馆信息化建设工作也越来越受到大家的高度重视。只有不断提高图书馆的信息化水平，加强信息化建设，强化信息服务理念，信息资源才能得到充分的利用，才能更好地为教学、科研服务。

随着信息网络技术的不断发展，高校图书馆也越来越重视信息化建设，图书馆业务管理工作的自动化、网络化和应用化水平不断提升，从硬件、软件到服务都有了很大改观。图书馆通过购买、自建和整合网上数字资源，为读者提供数字资源服务、OPAC（联机公共目录查询系统）、虚拟参考咨询、网上信息检索、网上文献传递及一系列自助服务等。信息服务内容不断深化，信息化水平有了大幅提升。

目前，各高校图书馆都拥有功能完备的文献信息服务管理系统，全面实现了采访、编目、典藏、流通、统计、系统管理、OPAC 应用等自动化服务，拥有一些中外文网络数据库，建设有电子阅览室、多媒体阅览室。条件较好的高校拥有功能完备的学术报告厅，建设有比较先进的信息资源管理机房，基本上采用安全智能门禁系统、红外报警系统、安全消防系统及安全视频智能监控系统等智能化管理设备，并开始使用自助借还、触摸式自助查询、自助触摸屏阅报、自助饮水机、自助复印打印扫描等自助化设备。

高校图书馆信息化建设实现了图书馆现代化管理，提高了图书馆的

服务水平，凸显了现代信息网络技术给图书馆管理带来的便利。为了满足图书馆数字化资源建设的需求，提升特色学科建设及科研创新能力，高校图书馆越来越重视数字化信息资源建设，尤其是特色馆藏资源建设。为了确保网络文献资源安全，方便广大读者快捷访问，图书馆也加大了信息化建设投入，不断提升服务保障能力，使图书馆真正成为学校的文献信息资源服务中心。

三、高校图书馆的现代化建设内容

高校图书馆走在信息化教育的前沿，在电子阅览室、网络图书馆的应用上率先脱离了传统的人工作业模式，突出体现了高科技在教育应用过程中的显著效果。高校图书馆不仅担负着保存文化遗产、进行社会教育、传递科技信息、开发智力资源的重要任务，还进一步成为高校创造文化价值、创新教育资源、实现素质教育的第二大课堂。作为高校三大支柱之一的图书馆，凭借其丰富的馆藏资源、先进的技术设备和较高层次的专业人员，适应并推动着高校信息化教育的发展。但高校图书馆信息化建设发展也出现了整体参差不齐的情况，一些名牌高校已经形成了其独特的、极具特色的发展形式，但对于一些地方普通高校来说，由于环境的相对封闭、思想上认识不足、资金的投入紧张、馆员的文化素质较低等，它们很难充分利用现有的条件快速发展，在一定程度上造成了设备的闲置或资源的浪费。因此地方普通基层高校图书馆应向名牌高校或国外先进图书馆学习，充分发挥其网络化程度高、信息检索快捷的优势，加快现代化、信息化建设，发挥其信息教育的前导作用。

高校图书馆除了图书、期刊、报纸等印刷物外，在中外文大型数据库、录音磁带、光盘等新的信息载体方面比公共图书馆更加全面和系统。高校的电子教室、网络教学平台与图书馆网络连接，操作起来方便快捷而且实用，因此，高校图书馆现代化建设应注意突出以下几个方面。

（一）建立现代化的馆藏目录体系

加强建设本馆馆藏检索系统并完善与中国教育和科技计算机网等各大知名网站的连接。健全馆藏目录体系，保证读者更进一步了解和利用馆藏。"科技信息检索""文化信息检索""校本图书信息检索"是馆藏建设的重要任务。统一编目是实现网络检索的基础，也是实现信息资源共享的前提，高校图书馆的现代化建设应与整个国家图书馆信息系统结合起来，并借鉴各大网站的成功经验，建立信息检索自动系统，建立现代化的馆藏目录体系。

（二）加强文献信息的筛选、报道、分析和检索

加强文献信息的筛选、报道、分析和检索，能够使文献信息资源从多方面得到开发利用。在读者服务、图书馆管理方面全面实行自动化，使用户和读者能够从多种渠道获取信息，如进行文献的加工、编制二次文献、三次文献、索引综合评述、开设新书导读、名作鉴赏、书情分析等。深入教学、科研和社会生活实际，了解各方面的教育信息需求，提供各类专业、专题信息服务，并把上述资料分门别类。组成一个个系统信息集，为教学、科研、社会化科研提供方便。

（三）加强信息的综合和扩散

充分利用电信网、广播电视网和互联网三网融合平台，加强信息的综合和扩散，通过音像、动画、表格、图文等形式，更形象、生动、准确、及时地为广大学生、教育人员的学习、阅览、研究等实践提供服务。必要时可自建网站，为学校教育科目搞好配套服务，或开办网上图书馆，提高教学资料的传递速度。可以为手机用户提供简短、即时的实用信息；可以为 PC 终端用户提供详细的解决问题的方案；可以为电视用户提供多媒体信息资源。同时，图书馆应结合用户的特点，发展潜在用户。挖掘用户的潜在需求，主动提供信息推送服务。

（四）现代化的图书情报工作

情报信息的收集、加工、传递更需体现出准确性、科学性、时效性。在现今条件下，图书情报工作以计算机系统为重点，以多媒体技术为支撑，以光盘、音像、网络等现代化科教手段为辅助，通过各种渠道和多种形式，有目的、有组织、有系统地参与到高校图书建设和科研课题、科技开发项目中去。为教学科研工作提供代查、代检、定题咨询等方面的服务。基于此，可设立"网上图书资料需求信息登记""网上图书供货信息"等栏目便于及时沟通供需双方的需求信息；可设立"网上交谈""网上图书馆信箱"等栏目便于对教学要求和各方面的建议、意见迅速做出反馈，为各科教学提供有力辅助手段，支撑创新教育和素质教育。建立现代图书馆情报机构，集成资源管理和应用系统，支持大范围的资源共享和现代远程教育，树立现代图书情报意识，与国际标准接轨，为未来图书资源中心的建立和运行奠定基础。

（五）加快图书馆学科服务模式的建立

学科服务是 20 世纪 80 年代提出的，从 1998 年我国开展学科馆员制度至今已有二十多年的历史了，这种服务模式可以说是我国图书馆行业服务模式的"楷模"和"发展潮流"，但它的发展在我国许多高校极不平衡，一些名牌高校开展得很好，形成了自己的特色模式，如清华大学图书馆提供的"大数据环境下专业资源发现系统"、武汉大学的"学科数据管理与服务实践"等等。但许多地方普通高校还只是在探索中且初具雏形。学科服务是一项开拓性的主动参与式的创新服务。它通过参与用户的科研或教学活动，帮助他们发现和提供更多的专业资源和信息导航，是一种针对性很强的信息服务，它对学科馆员的素质有较高的要求，要求馆员是同时具有图书馆知识和某种（些）专业知识的复合型人才，一般以团队形式出现。现阶段没有条件开展学科服务的高校，可以考虑从本校选择重点学科作为试点对象，聘请重点学科带头人作为兼职

馆员，加强与他们的联系。学科带头人们虽然在本专业是专家，但他们在信息检索和利用方面缺少专业培训，大量的教学任务又不能让他们腾出更多的时间进行海量文献检索。因此，他们从内心急需具有信息创新能力、熟悉图书馆的现实馆藏和虚拟馆藏、文献检索技能较高、具有某学科专业知识、熟悉教学科研情况的学科馆员作为他们的信息收集者、信息宣传者和信息利用的指导者，缩短他们获取文献信息的时间，提高科研效率。

第三节　高校图书馆信息化建设的实施

电子化、数字化文献信息和计算机网络信息处理技术正在以迅猛的势头进入图书馆和社会生活的各个领域，冲击着习惯于传统印刷文本的图书馆的建设，新的文献载体、新的文献信息技术，不仅改变着图书馆自身建设方式，更重要的是它也影响到传统图书馆的整个服务体系，因此高校图书馆应从信息处理技术的发展和人的观念意识等多个方面进行现代化建设。

图书馆信息化就是利用现代的信息处理技术对有较高价值的文字、图像、影视、软件、语音等多媒体信息进行收集、整理、组织、规范、加工和压缩等处理，将其转化为数字化信息，并通过计算机网络技术对其进行高质量的保存和管理，实现信息增值，再通过网络技术进行经济、高效地传播和接收，使用户可以方便地从网上享受到各种信息服务。数字化、网络化的信息革命从根本上推动了图书馆的发展进程，计算机日益成为图书馆的主要设备，图书馆采用了各种自动化集成系统建立自己的内部网络环境，呈现出网络化、信息化、智能化和社会化的特征。信息技术的发展和应用不仅改变了图书馆信息资源的结构和获取信息的方式，同时，也促进图书馆传统功能模式向开放式、网络式的信息服务模

式转变，由单一功能向多功能转变，改变了服务的理念。在网络环境下，电子文献、数字文献的大量出现，海量信息蜂拥而至，增大了用户检索和利用的难度，那么，帮助读者过滤垃圾信息，汲取信息精华，获取自己所需的信息，高校图书馆的工作人员责无旁贷。

一、高校图书馆信息化建设对高等教育的影响

（一）高校图书馆是校园信息网中信息资源的枢纽

高等教育改革中重要的一环就是要建立信息化、网络化的校园信息化环境。网络化，首先是指校园网，即在校园范围内连接的计算机网络，它将行政管理、信息管理、教学服务、研究开发等各类系统连接起来，实现这些系统之间的信息交换和信息服务。校园网的建设使校园的教学科研资源与社会知识资源实现了高度整合，在校园信息网建设中，大学图书馆有着不可替代的作用，它是校园信息网中信息资源的收集者、组织者和管理者，是校园信息网的一个有机组成部分，是校园信息网中信息资源的枢纽。正是通过高校图书馆的智力劳动，校园信息网中的信息资源才能够越来越丰富。

（二）高校图书馆工作是教学、科研工作的重要组成部分

随着信息技术的发展、远程教育体系的确立、高等教育的大众化、终身学习观念的产生与发展、来自其他学习机构的不断增长的竞争压力以及大多数知识领域正在经历的强大的专业化，高等教育正面临着一场变革。在这场变革中，作为服务教学与科研保障的信息情报中心——图书馆正通过自身的变革来促进高等教育的改革与发展。

从事教学、科研工作的教师、专业研究人员和求知欲旺盛的莘莘学子，为适应本学科学术发展的变化，他们对新的文献信息和研究动态的了解、收集、研究有着强烈的主动性，他们需要把握各自专业学科的最新发展态势；同时，教师还承担一定的科研任务，这些科研任务中有相

当一部分属于国家或地方的研究课题，需要图书馆提供全方位的文献信息服务。

（三）高校图书馆信息化是教育信息化的重要标志

所谓教育信息化是在教育活动过程中以现代教育理论为指导，全面深入地运用现代教育技术促进教育现代化的过程。近年来，我国提出了一系列方针政策与措施，迎接信息时代的到来，促进教育信息化的发展，包括实施科教兴国战略，以教育信息化带动教育现代化，加速我国教育的跨越式发展等。事实上，高校网络辅助教学、网上信息查询、网络办公系统等日常教育教学活动和生活管理已离不开校园网络。图书馆作为学校信息化和社会信息化的重要基地，其信息化程度已成为教育信息化的重要标志。

二、图书馆自身建设

21 世纪，各种互交信息网名目繁多，国内外各类科技文献、信息成果数量都是呈几何级数增长，服务领域大大扩宽，图书导读、管理工作的难度增大。面对信息化、网络化建设的新挑战，大多数图书馆管理人员是很不适应的。由于传统的服务方式在图书馆管理人员的头脑中已形成定势，而且多数人没有系统地学习和掌握计算机基础知识和网络化相关知识，这些人难以胜任现代图书馆的管理和网络服务工作，所以，建立一支高素质的现代图书馆信息管理人员队伍是图书馆自身建设的当务之急。解决这一问题，一是要组织系统培训，使图书馆管理员们了解和掌握图书发展的动态，更新知识，扩大信息视野，增强信息意识，尤其是进行计算机、网络化技术应用方面的培训，使之能够熟练地使用计算机进行编目、检索、查询、指导阅读等，提高服务水平。二是通过继续教育，提高业务素质，以满足来自不同领域、不同层次的读者的阅读需求。三是改善馆内外环境，以现代信息技术促进图书馆信息收集、整理、加工、开发工作的自动化、标准化、系统化，以便及时地捕捉新的图书情报信息，加快文献的传播速度，为读者进行学术研究提供最新的动态和信息。四是大量引进图书情报专业高学历和其他专业热爱图书馆工作的人才，对引进的其他专业人员要进行系统的图书专业培训。这样才能为组建高素质的信息管理人员队伍奠定基础。

建立数字图书馆，加速高校图书馆信息化建设。要想实现这一目标，需要从以下三方面入手。一要加大电子文献的采购比例，突出本馆特色，提高本校、本地区的文献保障率。二要使馆藏资源数字化。图书馆经过长期的文献资源建设，已形成了符合学校学科专业的特色馆藏资源，将这一资源转化为数字化信息资源，是图书馆的一项重要任务。故图书馆应结合用户的需求，有重点、分步骤地进行馆藏数据库的开发及馆藏文献的全文数字化。三要积极开发网络信息资源。与政府机构、学术团体、出版社、网络公司以及各种商业性电子文献传递中心、联机检索中心、电子杂志中心和 Internet 等各级网络加强联系，形成本馆"虚拟馆藏"。目前，国家已投入巨资加速建设国家的信息基础设施，四大国家骨干网迅速发展、完善。各系统、各行业、各地区的各种信息网络也在不断开通，从而为图书馆的自动化、信息化建设奠定了良好的基础，并提供了极好的发展时机。

三、图书馆网络化建设

高校图书馆在由传统图书馆向现代图书馆转变的过程中，一项重要的工作就是将传统介质的馆藏经过数字化转成以光、磁为介质的馆藏，而完备的数据库则成为用户检索网上信息的重要桥梁。建立完善的数据库，一是要有适合的硬件资源，应根据馆情的需要和实际情况配置用户存储前端，如 web 服务器、多媒体、数据库服务器、工作站、交换机、NT 或 Novel 局域网。二是充足的软件资源，如信息、知识的数和量。适合自身的现代化管理系统，数据库的创立于维护系统。三是根据高校特点建立特色数据库。在互联网时代，图书馆员不再是单纯地帮读者查书、

借书。在网络环境中，他们是"网络交换手"，承担着网络管理与数据库开发和利用的任务。事实上，一些单位在建库过程中没有统一的标准和规范，致使数据库无法交换和共享；也有的单位建立了数据库后没有了后期投入，数据库便形同虚设。因此先进的计算机网络需要标准化、规范化的完备的数据库作为支持，才能发挥其广泛、迅速地传播信息、知识的功能，才能拓宽检索信息资源的空间，更好地为广大读者服务。

当今，一方面信息资源数量猛增、时效缩短，另一方面信息载体的成本升高、经费短缺。但高校图书馆与公共图书馆、专业图书馆之间还没有实现全国联网，馆与馆之间还是分散的封闭状态。因此，开发信息、实现信息资源网络化的传递便成为实现资源共享最有效的方法。馆与馆之间应打破各自为政的条框界限，尽快上本地网、逐片逐区联网，接入互联网，实现信息资源网络化，达到文献资源共享的目的。

加强技术的研究、开发和引进工作。现代化的计算机、网络技术、图像扫描技术及多媒体技术是建设数字图书馆的关键性技术。我们应加强对这些方面的研究、开发和引进工作，特别是对信息数字化技术、数字压缩、存储、传递、解压技术、人机交互技术、智能检索技术、网络通信协议、工具等方面的研究、开发和引进。图书馆信息化的实现并不仅仅依靠信息资源的利用和数字化、信息技术的提升以及人员的服务等来支撑，实现图书馆信息化需要一个完整的支撑体系，其体系结构如图1-1。

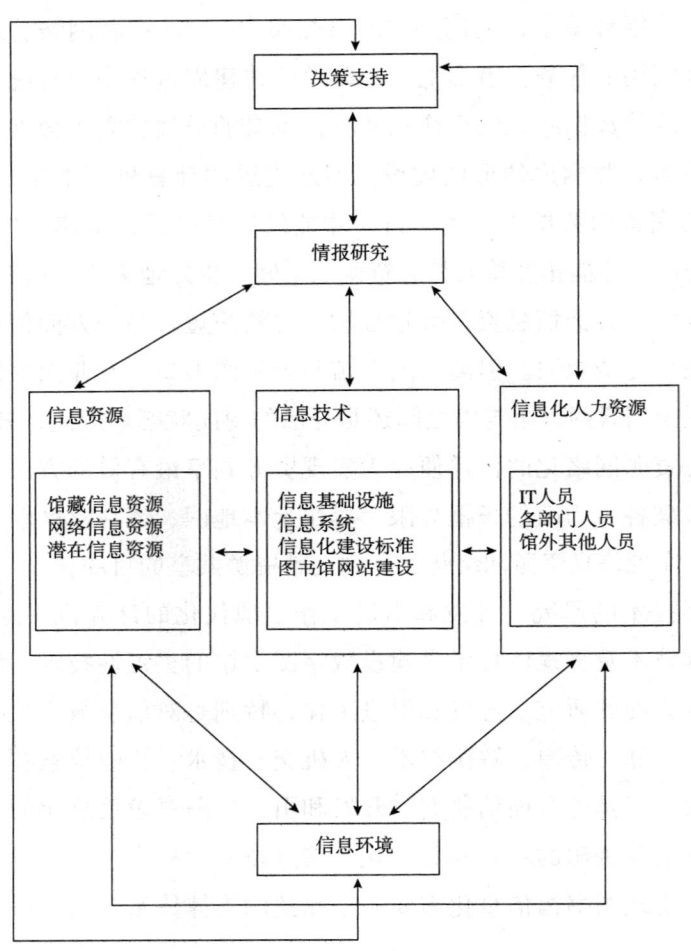

图 1-1　图书馆信息化支撑体系模型（图中双向箭头指要素间相互作用）

四、图书馆界的多类型合作

发展高校图书馆信息化和网络化的主要目的之一是资源共享。馆际互借是信息资源开放共享的重要方式，其目的也是促进书目资源的协作、协调。如上海图书馆作为市级总馆，负责统筹与支持全市图书馆的文献资源的建设与服务，统一数字资源采购建设，完善服务平台，同时发展

各分馆特色，实现"一馆一特色"。各分院资料室（馆）应借鉴公共图书馆资源共享的经验，主动把自己教学、科研方面"高、精、尖"的资料信息优势与公共图书馆的"大、多、全"的文献资料结合起来，在藏书建设、机读书目方面加强合作。做好馆藏目录交换，对书目资源进行合理的布局，实行馆际互借和网上快速检索。实行馆际互借可借鉴德国图书馆的一些做法，即将本馆藏书情况通报给各区域联合网络。各成员馆有权利向其他馆索取所需要的文献，也有义务向其他馆提供自己的文献。各高校图书馆资源的独特化、特色化，是实行资源共享的重要前提。

积极参与学校重点学科建设，提供优质服务。高校重点学科建设是学校高层次人才的聚焦点，他们视资料建设为学科灵魂。图书馆应积极为重点学科建设建立网上导航系统，加快重点学科的光盘数据库系统建设，实现光盘检索与全文光盘阅览网络化。信息技术对图书馆管理、服务及其馆员的影响是深远的，随着数字化技术和网络技术的发展，图书馆将成为高度发达的信息集散地，图书馆必然将朝着"数字化"的方向发展。在今天信息高速增长、技术飞快进步的环境下，图书馆只要合理、充分地利用数字化技术和网络技术，就有很大希望走在信息服务产业的前列。

图书馆信息化是一个复杂的系统工程，涉及图书馆的方方面面。图书馆信息化支撑的实现迫切需要这样的完整体系作为后盾，这个体系中的各要素之间相互影响、相互作用，共同组成一个完整的、不可分割的整体。

第二章　高校图书馆与信息服务

第一节　高校图书馆的信息服务

一、图书馆信息服务相关理论

（一）国内相关研究理论

国内学者对于 Web2.0 环境下的图书馆信息化理论研究主要建立在一些经典理论的基础之上，其中最有代表性的是图书馆学五定律与长尾理论。

图书馆学五定律一直被誉为是对图书馆职业精髓的最简明的表述，被当作图书馆工作的最高准则和职业规范。2006 年 3 月，范并思先生在自己的博客上提出了图书馆学 2.0 五定律："图书馆提供参与、共享的人性化服务；图书馆没有障碍；图书馆无处不在；无缝的用户体验；永远的 Beta 版。"① 这种理论可以说是对图书馆学五定律的进一步发展。

长尾理论是 Web2.0 时代兴起的一种新的经济理论，这种理论近年来在网络上得到了广泛的应用和证明。"长尾（The Long Tail）"一词是由《连线》杂志的主编克里斯·安德森（Chris Anderson）在 2004 年的一篇文章中最先提出的，用来描述诸如 Google、Amazon 之类网站的商业和经济模式，阐释互联网企业成功和失败的原因。

---

① 范并思，胡小菁.图书馆 2.0：构建新的图书馆服务 [J].大学图书馆学报，2006(1)：2-7.

就服务理念而言，图书馆学五定律与长尾理论有着高度的一致性。长尾理论是一种"去中心化"的理论，它强调的是经营与需求的差异化和个性化、市场的细分以及信息交流的双向性和互动性。这恰恰与图书馆学五定律中以读者为中心、服务至上和图书馆要适应社会需求的发展思想不谋而合。图书馆学五定律和长尾理论的核心原则对比如表2-1。

表2-1　图书馆学五定律和长尾理论的核心原则对比

图书馆学五定律（阮冈纳赞）	长尾理论核心原则（克里斯·安德森）
书是为了用的：优化馆藏结构，提供自由、通畅的文献信息服务 每个读者有其书：倡导信息平等和信息服务的公益性 每本书有其读者：为每本书找到它们潜在的读者，消除障碍 节省读者时间：以读者为本，不断探索新的资源组织和提供方式，节省读者发现和获取资源的时间 图书馆是一个生长着的有机体：不断调整自身功能，与时俱进	应有尽有：无穷无尽的品种，无限的选择 降低成本：普及传播工具，使消费成本下降，吸引更多的消费者 帮助消费者找到它：连接供给与需求，做好供求匹配服务 生产普及：让顾客参与生产，自我服务，促进市场的繁荣

胡舒莉在《图书馆学五定律与长尾理论》一文中认为，长尾理论不仅能够为新经济带来成功，而且为图书馆发掘资源内容、提高资源利用提供了新的思维方式。她将长尾理论对图书馆的启示总结为三点，即服务理念和服务方式的更新；资源的聚合与揭示；供给与需求的链接[①]。并通过分析让我们看到了图书馆学五定律变成现实的希望。

徐衍在《二八定律和长尾理论在图书馆参考咨询工作中的应用》一文中介绍了二八定律与长尾理论的核心观点及其辩证关系，以及如何把长尾理论和二八定律应用于图书馆参考咨询工作中，用以解决高校图书

---

① 胡舒莉.图书馆学五定律与长尾理论[J].图书馆工作与研究，2009(8)：35-37.

馆参考咨询服务中的问题。①潘薇在《"长尾理论"与图书馆学术信息资源聚合》一文中将商业营销领域的"长尾理论"引入图书馆信息资源管理领域，提出构建"学术信息资源长尾"的概念②。探讨图书馆学术信息资源聚合和建立信息资源长尾对图书馆生存与发展的重要性，并对学术资源聚合方式与品种以及学术资源聚合后的支撑服务提出了建议。

（二）国外相关研究理论

1. 阮冈纳赞的图书馆学五定律

1931 年，印度图书馆学者阮冈纳赞提出了著名的图书馆学五定律，对图书馆职业做出了高度的概括，对图书馆工作的影响甚为深远，对图书馆的发展具有深刻的指导意义。其主要内容是：

（1）书是为了用的：这是图书馆学的基本定律，历史上，由于当时科技水平的限制，传统的藏书楼主要是为了收藏和保存书籍，对书籍的利用很少。随着科技的发展，尤其在网络环境下，信息的收集、组织、存储和传递方式从根本上发生了改变。该定律提出图书馆要保证书籍得到充分利用，如果书籍得不到利用，图书馆的其他服务将变得没有意义。

（2）每个读者有其书：这是五定律内容的核心所在，它表明要使所有人都有平等利用图书馆的权利，图书馆服务是大众性的，应排除性别、年龄、文化程度和社会身份等因素的差别。平等阅读的原则是西方民主制度的体现，是图书馆共同支持和遵守的基本原则，让图书馆资源能够在公平的环境下被读者利用。同时说明，用户可以通过图书馆的信息服务满足自身需求，图书馆要从用户需求角度进行资源建设，图书馆应该进行社会性的信息服务。

（3）每本书有其读者：第三定律强调为每一本书找到合适的读者，

---

① 徐衍.二八定律和长尾理论在图书馆参考咨询工作中的应用 [J].图书馆学刊，2010，32(10)：14-16.

② 潘薇."长尾理论"与图书馆学术信息资源聚合 [J].图书情报工作，2010，54(S2)：82-85.

让每一本书都得到利用。图书馆要把"以用户为中心"作为信息服务的指导，要考虑信息资源建设和用户需求的匹配程度，第三定律注重于书籍的利用，缩小用户和图书馆之间的距离，使书籍被充分利用。

（4）节约读者时间：该定律引进时间因素，图书馆应该指导用户在繁杂的信息资源中排除无关信息的干扰，用尽量少的时间获得有针对性的信息，图书馆要提高信息服务的准确性，把读者的利益放在第一位。

（5）图书馆是一个生长着的有机体：在信息化环境中，图书馆的信息服务将处于重要的地位，其服务能力是决定图书馆发展的关键因素，图书馆必须不断提高服务能力，不断发展壮大，适应社会的需求与发展，第五定律深刻揭示了图书馆的发展规律。

这五条定律揭示了图书馆的工作目标在于为用户提供信息服务，用尽量少的时间、为更多用户提供准确的服务。吴慰慈教授在《图书馆学基础》一书中指出，图书馆学五定律深刻体现出"以人为本"的理念，对图书馆工作具有长远的指导意义，指引图书馆学的不断发展[①]。从提出图书馆学五定律至今已经接近一个世纪，图书馆的技术水平、外部的社会环境和内部的管理机制都发生了很大变化，但是图书馆的工作目标不会改变。在新的信息环境下，这五条定律蕴含的图书馆信息服务的机理，将继续在图书馆领域发挥指导作用。

2. 戈曼的图书馆学新五定律

1995年，美国图书馆学专家米切尔·戈曼（Michael Gorman）在《未来图书馆：梦想、疯狂与现实》一书中提出了"图书馆学新五律"，以阮冈纳赞图书馆学五定律为基础，立足于现实，对于现代图书情报工作提出了新的要求，指导图书馆在新的环境下更好地发展。其内容是：

（1）图书馆服务于人类：图书馆要为提高人类文化水平这一远大的目标服务，而不仅仅是为少数的真理探索者服务。

---

① 吴慰慈.图书馆学基础[M].北京：高等教育出版社，2004：65.

（2）掌握各种知识传播方式：新的信息传播技术会节约时间和空间，图书馆应该积极探索新的传播方式，提供更快捷的服务。

（3）明智地采用科学技术提高服务质量：图书馆工作是一个不断将新技术和新方法融入现有环境的过程。

（4）确保知识的自由存取：重视获取知识的途径。

（5）尊重过去，开创未来：图书馆不仅要继承优良传统，并且要面对变革和挑战，作为传播人类文化知识最重要的机构，始终保持服务和传播人类知识的观念。

"新五定律"是在新的技术条件和社会环境下提出的，是对"老五定律"的继承和补充，将"知识"的理念引入图书馆服务，再一次强调图书馆的最终目标是服务用户，并且预测图书馆今后会受到科学技术的影响，要不断提高技术水平，服务于广泛的用户。图书馆作为文献信息保存、传播的重要机构，新五定律对图书馆的发展进行了科学的分析，指引图书馆在新的环境下提高服务能力，取得长远的发展。

二、我国图书馆信息服务发展现状

图书馆信息化建设是图书馆发展的一个重要目标。其中人均藏书量是衡量一个国家图书馆信息化水平的重要指标。我国图书馆信息化发展和经济发展类型十分类似，都呈现出东部沿海地区明显好于西部欠发达地区的现状。一些先进的高校和发达地区的图书馆在信息化建设上已经和国际接轨，集成了世界先进的软、硬件系统设施，构建了集学术研究、图书全文、声讯视频等全方位的图书馆信息化承载模式，呈现出跳跃式的发展模式。而在西部偏远地区，甚至步行 100 千米才能找到一座图书馆，信息化的建设根本无从谈起。在我国已经步入信息化建设的图书馆中，普遍存在以下几个方面的问题。

（一）指导思想方面

目前我国图书馆现有的信息服务理念大多还停留在单方面阶段，也

就是图书馆的管理者和工作人员与用户缺乏互动，他们所设定的服务无论从模式还是内容都是大众化的，基本上就是"我提供什么，你就看什么"，用户的想法几乎不能对图书馆自身的建设产生任何实质性的影响。这种服务远远不能满足当今信息量爆发时代用户对于信息资源的多样化需求，因此信息用户的流失也就在所难免。这种长期形成的固有思想实质上违背了图书馆"以用户为中心"的初衷，而这正是 Web2.0 时代所推崇的理念。在 Web2.0 时代，用户既是知识的接受者，同时也是知识的创造者，这也是图书馆发展的基础和动力[①]。

（二）管理方面

信息数量的急剧增长和内容的无序庞杂，使人们想要高效获取所需信息的难度越来越大。因此，有效的信息组织和管理是信息资源建设的关键。然而我国的图书馆信息管理方面却存在着很多缺陷。首先，我国图书馆在行政归属上隶属于不同的行政管理部门，这种过于刚性的划分方式使得图书馆在管理上缺少有力的宏观调控，图书馆现行的管理体制条块分割，系统间缺乏横向协调协作机制，致使同一领域分属不同系统的图书馆无法真正联合起来。其次，传统的文献信息管理主要利用索引法和分类法对文献进行标引分类，由此建立起来的知识信息系统，提供给用户的仅仅是获取文献的线索，并不能揭示文献的知识内容。因此，传统的以文献为单元的组织和提供信息的方式，已难以满足用户的需求。然而很多地区仍然在耗费大量的人力、财力对这些相似甚至相同的信息资源进行着重复建设，这也是导致我国信息资源从数量上看十分丰富，但实际在质量和多样化程度上与发达国家还有很大的差距的原因所在。

（三）技术方面

我国的图书馆虽然已经逐步走入了信息化时代，但是现有的信息服

---

① 范并思，胡小菁.图书馆 2.0：构建新的图书馆服务 [J].大学图书馆学报，2006（1）：2-7.

务大多还停留在 Web1.0 阶段，用户通过互联网访问数字资源的方式较为单一，基本停留在"只读"阶段。通过对国内大多数图书馆数字资源的浏览和访问，可以明显感觉到国内图书馆在信息资源的建设上还亟待完善，无论是在用户界面、资源易用程度、资源的质量上都存在着诸多问题，难以让用户得到良好的体验。这种情况的出现与国内图书馆在互联网新技术运用上的滞后有着很大的关系。现今我国大多数图书馆的网站还是以 Web1.0 的形式呈现，用户界面陈旧，资源搜索困难，资源的更新速度十分缓慢，缺乏与用户之间的互动，这与 Web2.0 所追求的"可读写""用户参与"等开放的形式相去甚远。

三、图书馆信息服务演变过程

图书馆信息服务的演变是一个缓慢变化的过程，这个过程体现出一个时代的信息技术、信息处理、信息传播与信息交流的过程，也是社会开放度的一个体现。信息服务的演变是时代发展的内在要求，也是社会进步的重要标志。我们从四个角度对信息服务的演变做出详细的阐释。

（一）从文献管理转向知识服务

随着计算机和文献信息管理系统的普及，越来越多的图书馆已不再仅仅满足于单纯的文献信息管理，他们更希望为用户提供有价值的知识信息服务，采用更现代化的文献信息管理系统，产生了专题服务、一站式信息服务等许多服务方式。随之带来的是图书馆工作方式和模式的改变：厚厚的借书卡被一张小小的校园卡或者员工卡所取代，从文献的借出到归还统一实行自动化和智能化的管理设备，这一转变使图书馆的办事效率和流程得到了大大的提高和简化。但是计算机辅助系统的存在仅仅解决了文献管理的弊端，却不能使更核心的知识传播与流通得到质的变化，于是知识服务便出现了。

知识服务是文献管理的升华，文献管理侧重于物理文献的排序与整合，知识服务则是对抽象知识的提炼与传播。现阶段图书馆关于知识服

务开展的最典型的事例就是参考咨询，随之深化扩展出来的，便是图书馆的专题服务、定题服务、检索查新服务等，这些都是知识服务的具体表现形式。知识服务是高校图书馆信息服务发展的必然走向，而且，现有的知识服务也越来越多的借助于计算机信息系统的运行。更重要的是，这种知识服务的理念由高校图书馆传播开来，并得到社会主流意识的认可，在公共图书馆、私立图书馆、科研院所等，有关知识服务的应用随处可见。

（二）从被动型服务转向主动型服务

传统的"你问我答、你不问我不理"的被动型服务显然已不能被用户所接受，图书馆正在打破原有的等待用户上门的服务方式和单一、僵化、封闭的服务模式，采取开放型服务，主动为用户提供多种类、多渠道的信息资源。从历史上来说，传统的图书馆文献信息服务主要依靠大量的文献资源，而且由于物理文献资源本身的限制，图书馆员在信息服务的方式上也是比较单一的。现代计算机和文献信息管理系统的综合应用使图书馆员的工作重心由收集大量文献资源转移到了筛选文献并编目做成可检索书目供检索使用上面来。对于高校图书馆，由于网络的普及和应用，图书馆作为师生外部信息获取渠道的作用被大大削弱了，因此高校图书馆开始了服务的转型，由传统的被动提供书目信息和检索信息转向主动推送。

最为我们所熟知的主动服务就是图书馆主页的新书推荐栏目，图书馆通过醒目的新书推荐，展示了包括了作者、摘要、简介等书目信息，便于供读者选择，省去了读者自己翻阅的麻烦。在很多高校，图书馆在采购书目的时候会向学校师生发布推荐信息，设有读者荐购一栏，真正做到按照实际的需求购买最合适的书目，这无一不体现了现代高校图书馆的积极主动型服务的态势。更有一些地区高校之间组织图书馆联盟，实现地区间书目信息的共建、共享，这也是现阶段高校图书馆发展的一个大方向。

（三）从单一型服务转向多样型服务

传统的图书馆信息服务主要是指计算机时代以前的服务方式，例如卡片目录等，传统的图书馆信息服务的模式是单一的，无非是物理书籍的借、阅、还活动和简单的参考咨询服务，类似检索查重、科技查新之类的活动在当时看来所要耗费的人力、物力是无法想象的。

全媒体环境下，图书馆正试图打破原有的单一型服务，努力向多样型服务方向拓展。全媒体的具体表现形式丰富多彩，具体到图书馆来说，我们所熟知的主要有移动通信、数字电视、互联网等，甚至包括更先进的一些设施，如刚被推广不久的 RFID，以及被炒得火热的云技术。除了我们所熟知的借助于网络的个人检索功能之外，高校图书馆以其专业的学术素养、丰富的高技术教师队伍以及对时下各种功能齐全的检索系统的应用，很快将服务的外延往外扩展。高校图书馆面向不同层次用户的不同需求，为其提供分门别类的多样化服务，还提供信息定制服务、信息推送服务、特色数据库服务，等等，各种个性化服务层出不穷，既完善了高校图书馆的服务类型，也能更好地为广大师生、研究人员和其他用户服务。除了正常的学术交流及检索外，不少高校还设置了专门的参考咨询机构，与企业等主体的紧密合作，使高校图书馆得以冲出学校的"围墙"，开始面向外界发挥自己的余力。高校图书馆服务模式从单一型转向多样型，是高校图书馆适应时代发展的必然方向。

（四）从公益型服务转向有偿服务与无偿服务相结合

众所周知，图书馆的经费基本都是从财政拨款中获得，传统的公益型服务使得图书馆缺乏斗志、缺乏生气，经费紧张的问题将持续存在。这一情况的出现，归根结底是因为图书馆的公益性质，无论是公共图书馆，还是高校图书馆，其员工的付出与收入均不被看好，这也是图书馆一直缓慢发展的原因。如今图书馆为了自身发展引进了大批先进的自动化查询设备，每年的购书经费更是占了财政拨款的很大部分，给地方财

政支出也造成了极大的压力，虽然图书馆占据了丰富的资源，却难以为自己的生存发展做出贡献。

本着服务于教学又能充分发挥自己优势的原则，高校图书馆迈出了自己的发展步伐。全媒体环境下，高校图书馆可以尝试面向部分用户对部分内容提供有偿服务，将无偿服务与有偿服务相结合。面向企业、机构、公共部门等，针对部分服务项目，如文献检索、科技查新、集成服务、特色数据库服务等可以适当收费，这样既可以调动馆员的工作积极性，也可以弥补图书馆本身的经费不足情况。在现阶段高校图书馆的构建中，几乎所有的高校图书馆都设立了参考咨询部，均有科技查新与检索服务，相对低廉的收费使得学生和教师都能接受，便捷的服务和优势的资源让图书馆大放异彩。再如图书馆的馆际互借服务，实际上仅仅是将若干个图书馆的文献信息资源进行整合发布，但却带来了"1+1>2"的效果。实际上，高校图书馆的公益性有偿服务是提升高校图书馆整体形象的最佳措施，实现了社会效益和经济效益的有效整合。

第二节　高校图书馆信息服务的内容

一、高校图书馆与社会化信息服务

高校图书馆与社会化信息服务之间存在着一种必然的联系，这是高校图书馆的使命与责任所决定的，同时也是为了满足我国经济文化与信息服务需求，高校图书馆社会信息化服务逐渐由单一的角色向多重角色转变。

（一）高校图书馆社会化信息服务内涵

高校图书馆社会化信息服务从概念和服务内容的构成能够看出其内涵与本质，它体现了一种社会共享特质并在这种特质下衍生出诸多的相关服务，高校图书馆在社会化信息服务层面的广度和深度也在逐步提升。

1. 高校图书馆社会化信息服务的概念

高校图书馆社会化信息服务指的是高校在保证其主体需求的基础上，将已有的图书馆资源不同程度地向社会进行开放，提供有偿或无偿服务，使社会能够共享高校图书馆资源的行为。

高校图书馆社会化信息服务是一个持续的发展过程，它体现了高校图书馆的公益价值与社会价值。从公益价值方面讲，高校图书馆社会化信息服务是连接高校与社会，促进社会知识文化体系构建的重要纽带，充分体现了帮助国民提升文化素质的公益价值。从社会价值方面讲，高校图书馆社会化信息服务是对社会公共图书馆的一种客观补充，能够弥补社会知识体系中的部分缺失，在一定程度上促进社会文化服务的发展，具有广泛的社会价值。

从高校图书馆社会化信息服务的属性来看，它既是高校文化的一部分，又从属于社会文化，因而高校图书馆社会化信息服务水平直接影响着高校本身的发展以及社会文化素质的提升，它本身具备的双重特性，确定了高校图书馆社会化信息服务与公共图书馆的差异性，所展现的也是高校与社会之间的关系，既体现了教育为民的本质，又拓展了高校图书馆的发展路径。

2. 高校图书馆社会化信息服务的内容

高校图书馆社会化信息服务主要是从原有的为校内师生提供服务，扩展到同时为校内、校外读者提供信息服务，受众范围从校内群体向社会公众进行拓展，其内容主要有以下几个方面。

（1）信息服务。提供信息服务是高校图书馆的主要工作之一，在互联网时代，纸质资源已经无法满足读者的查阅需求，读者开始倾向于纸质与电子信息资源相结合的模式。在这种形势下，高校图书馆社会化信息服务除了提供校内常见的科研文献资料外，还会为读者提供电子文献资源，为公众提供有针对性的、更加专业的信息服务。

（2）培训服务。高校图书馆开展培训服务尚未普及，但这项服务在一些前沿高校还是得到了较好的发展，图书馆利用丰富的纸质资源与电子资源，为参加培训的企事业单位及个人提供信息服务与信息委托服务等，同时还提供远程学习、在线学习、在线讲座等培训服务支持。

（3）资源共享。许多高校图书馆会采取资源共享的模式，通过与企事业单位、其他高校、研究院所建立平台的资源共享，互通有无，实现知识的交流与信息的流动，这种资源共享是有益于文化与知识交流的，而资源共享程度则取决于双方的开放程度。

（二）高校图书馆社会化信息服务的目的与价值

高校图书馆社会化信息服务本身并不是盲目地跟随时代的潮流，而是根据高校在我国经济、社会、文化等领域的发展战略地位的不断变化而决定的，当社会图书馆资源存在一定程度的客观不足时，高校图书馆就有责任来体现和发挥社会信息服务的价值，以此来保持社会层面对信息服务的总体需求。

1. 高校图书馆社会化信息服务的目的

（1）顺应时代与社会需求。公共图书馆的资源在一定程度上可以满足大众科普的需求，但在专业程度要求较高的情况下，往往无法完全满足社会读者对于信息的需求，而高校图书馆强大的图书与信息存储，是解决与补充公共图书馆资源不足问题的关键，高校图书馆进行社会化信息服务正是为了顺应这种需求。

（2）满足国民需要。高校在教育中的重要角色也决定了其重要的社会责任，因而在社会需求下，高校图书馆资源的社会化已经形成一种趋势，这是在社会需求下产生的，有利于解决公共图书馆的不足及国民不断增长的文化知识需求之间的矛盾，高校承担的是一种社会使命。

（3）促进资源开放性。开放性的思维与建设观念能够促进高校向更高层次发展，故步自封的思想只会禁锢高校建设发展的步伐，知识是在不断地流动中体现价值，这种资源的开放性，也正是我国构建学习型社

会的必然要求。

2. 高校图书馆社会化信息服务的价值

（1）社会价值。高校图书馆能够不同程度地向社会开放，反映出我国知识的开放性及高校管理体制的开放性，与国外一些高校相比，我国高校图书馆的社会化程度还不高，需要通过拓展，促进社会层面的知识流动。

（2）资源价值。我国高校图书馆的藏书更新进度以及信息化发展状况，要明显高于公共图书馆，同时每个高校的资源内部需求是有限的，推行社会化信息服务，弥补了公共图书馆资源的不足，且有效地避免高校图书馆的资源浪费。

（3）宣传价值。对高校本身而言，纵观国际上的名校，其图书馆无一不是其深厚教育文化中的重要组成部分，而我国部分高校图书馆相对保守，缺乏开放性思维。图书馆社会化是一种发展趋势，图书馆通过社会化，能够向国民展示高校的教学文化与人文精神，并且通过提供社会化信息服务，也能够发现自身的一些不足，对高校自身的建设与发展也具有一定的促进作用。

（三）高校图书馆社会化信息服务的必要性与可行性

从辩证主义思想的角度来看，任何事物都存在两面性，高校图书馆社会化信息服务有其有益的一面，同时也具有一定的弊端，但总体而言，益大于弊。随着高校图书馆运作成熟度的增加，这种益弊的配比会更加倾向于。

1. 高校图书馆社会化信息服务的必要性分析

首先，高校是国家知识汇集的地方，除了公共资源以外，高校图书馆还有学术前沿的文献和研究成果等。对于企事业单位与科研院所而言，公共图书馆无法满足其客观需求，它们需要更加全面的知识来进行补充和提升，高校图书馆的资源自然是首先考虑的范围。

其次，公共图书馆的资源多以科普类、文学类为主，更新较慢，较

新的图书很少能够及时入馆，从图书的需求方面考虑，高校因其教育使命，图书文献的更新速度快，掌握的也是最新的资料，同时提供的教育培训学习内容，有助于公众通过学习提升自身的科学文化水平，从社会发展的角度上讲，这有助于提升国民的文化素养，推动社会知识化进程的发展，更有助于学习型社会的构建。

2.高校图书馆社会化信息服务的可行性分析

（1）个人信息需求与公共文献不足之间存在矛盾，高校图书馆丰富的资源能够有效地弥补这种境况。

（2）高校图书馆的资源利用率没有达到限制，开放高校图书馆的资源，能够有效促进资源利用，减少资源浪费。

（3）发达国家普遍采用的社会化模式已经得到验证，国内各高校也在积极地探索中，尽管目前仍然存在不足，但是从基本应用层面来看，这种模式是可行的。

（4）高校图书馆社会化能够促进高校与社会的联系，增强宣传成效，建立高校与企、事业单位、各大团体、有知识需求的民众之间的联系，强化高校在教育层面的主导作用，也响应了国家倡导的学习型社会的建设的号召。

（5）社会层面对高校图书馆向社会开放、提供信息服务的做法大都表示支持，同样这也是我国知识文化与教育引导机制方面的改革与创新，值得鼓励与支持。

（四）高校图书馆社会化信息服务的利弊分析

高校图书馆为社会提供信息服务各有利弊，分析如下。

1.高校图书馆社会化信息服务的益处分析

（1）促进社会经济发展。高校图书馆信息社会化从经济学角度理解，是一个公益性质向市场性质转变的过程。图书馆开放模式下的有偿信息服务已经十分普遍，除了较为基本的图书文献借阅以外，培训以及企业信息服务无疑是给高校图书馆带来了新的收益。国外一些发达国家的图

书馆收益已经成为高校总收益的重要组成部分，高校图书馆信息化成熟运作之后，除公益性外，还能在一些更深层次的业务模块进行有效的提升，促进社会经济发展。

（2）促进公众文化水平的提高。公共图书馆的文献与图书已经无法完全满足社会公众的文化需求，而高校图书馆则是对公共图书馆不足之处的有效补充。据了解，高校图书馆的信息存储量较公共图书馆更为丰富，专业性也更强，并且多是学术前沿较新的研究成果。特别是近些年，高校图书馆与科研院所、企事业单位的合作愈加深入，这有效地促进了科技成果转化，缩短了研发进程，显示出文化改变世界的信息价值。因而高校图书馆的社会化能够有效促进公众知识涉猎与更新，促进公众文化水平的提高。

（3）强化图书馆的开放观念。高校图书馆面向社会开放是党和国家提出的社会主义文化发展目标，目的是通过社会文化资源的最大化利用，推动资源共享，并促进全民文化素质的提升。因此，高校本身的这种开放行为，能够促进社会知识文化间的交流与提升，这种观念对于高校本身的建设发展也是十分有益的，高校图书馆社会化信息服务是一种必然的趋势。

（4）有利于学习型社会的构建。高校图书馆信息社会化有助于科学文化知识的普及，也有利于构建和谐的社会关系，重新定位高校的社会角色。高校图书馆开放不只是一种个体的行为，而是一个群体的转变，体现的是高校的社会责任。高校图书馆的开放有利于在全社会营造良好的学习环境和文化氛围，为更多单位和个人提供便利，更有利于人民文化素质的提升，推动社会文明的发展和进步，促进我国学习型社会的构建和发展。

2.高校图书馆社会化信息服务的弊端分析

（1）图书馆设备设施供求关系和资源利用率改变。高校图书馆信息社会化的弊端主要是从资源的供求关系来考虑的。一方面，在资源有限

的情况下，社会利用资源的比例增高，高校内部利用资源的比例就会相对降低，而这中间没有考虑资源叠加的问题，即资源的重复利用率。另一方面，社会参与增加，必然会带来图书馆资源配置的增加，原有的管理员数量无法满足激增的劳动强度。因而，高校图书馆信息社会化想要顺利开展，就要充分调动各方面的资源，以平衡资源利用率改变造成的负面影响。

（2）高校学生利益受损。高校图书馆推行社会化信息服务之后，社会民众、企事业单位等也将占有一定的文献资源及阅读场所的硬件配置，这必然会与校内师生的需求产生一定的冲突。网络资源的占用会对服务器的水平有较高的要求，人数超过一定数量，容易导致系统承载力不足而引发崩溃。而就纸质书籍而言，书籍破损以及书刊外借不还的风险也是客观存在的，这也会增加图书馆的投入成本。即使重新购书，也需要一定的流程和时限，这对高校学生的利益有一定程度的影响。

二、图书馆社会化信息服务的服务范围和内容

随着我国高校体制改革以及教学理念的创新，在国家政策的鼓励下，高校图书馆社会化信息服务逐步深化。

（一）图书馆社会化信息服务的服务范围

现阶段我国高等院校实施社会化信息服务的主要对象包括高等院校所在的相关政府部门、公司、小学和中学以及一些科研组织和军队等，主要的服务对象属于团体组织。

1. 限制性开放

现如今我国高等院校所开展的社会化信息服务大部分都属于限制性的服务工作，主要反映在对使用者身份方面的具体限制，对于使用时间的具体限制，对资源方面的具体限制，等等。从整体上来讲，对使用者身份方面的具体限制，也就是指高等院校图书馆有针对性、有选择性地对某些特定群体开放；对于使用时间的具体限制，也就是高等院校结合

本校教师以及学生对图书馆进行使用的规律和时间，规定在寒假以及暑假才会向社会大众进行图书馆的开放；对于资源方面的限制，也就是指高等院校图书馆只会将信息咨询服务以及电子资源服务等向社会大众进行开放。例如，我国福建省的厦门大学图书馆，该馆每年将办理借阅证的社会公众人数始终限制在五百以内，同时对于办证人的身份以及职业也存在一定程度的限制。

2. 和社会组织或者是公共图书馆进行合作

由于管理层面以及体制层面上的限制，我国大部分高等院校图书馆在开展社会化信息服务工作时，基本上都会和一些社会组织或者是公共图书馆进行合作，进而达到一种资源共享的良好状态，主要有以下三种合作模式。一是和公共图书馆组成图书馆联盟。比如，我国吉林农业大学图书馆以及吉林理工大学图书馆等十多家高等院校图书馆就与吉林省图书馆等公共图书馆和其他一些社会组织进行合作，共同成立了吉林省图书馆联盟。二是和其他公共图书馆一同建立分馆。例如，北京工业大学图书馆与北京图书馆一同合作，共同创立了北京图书馆分馆。三是和一些社会组织进行合作。例如，华东师范大学图书馆和上海东方房地产开发企业进行合作，该房地产企业投入高达五十万元人民币的资金，在该高等院校的图书馆内创立计算机教育中心，由该高等院校的图书馆进行管理。

3. 和地方政府部门一同构建

伴随着高等院校管理体制的改革和创新，大部分高等院校和当地政府部门之间的关系不断拉近，高等院校图书馆拥有的丰富文献资源和地方公共文化事业形成了一种良好的配合关系。政府部门为了更好地推动公共文化事业的健康发展，对社会中的文化资源进行优化、整合，便和高等院校图书馆一同创建相应的公共图书馆。比如，深圳政府为了大力促进公共文化事业的发展，便制定了"图书馆之城"的建设目标，进而建立了"深圳文献港"。

（二）图书馆社会化信息服务的服务内容

1. 文献借阅服务

现如今高等院校图书馆面向全社会提供文献借阅服务，在全国范围内已经属于一个十分常见的现象。现阶段，我国国内有深圳大学、北京大学、厦门大学、清华大学以及南开大学等多所高等院校为社会公众提供内容不同的社会化信息服务。

2. 信息加工服务

高等院校图书馆所提供的信息加工服务基本上面对企业以及事业单位，还有一些政府部门。高等院校图书馆依据高校内部所拥有的诸多资源以及高素质、高水平的专业人才，结合具体的专题对信息展开加工、归纳、研究等等，这在一定程度上促使原本的信息获得价值层面上的增值，为图书馆带来更多的经济效益。例如，我国广州大学图书馆，在2003 年的时候结合实际情况，创建了一个新闻资料数据库，多年来为政府部门以及社会机构提供专题服务，定期撰写新闻方面的分析报道，成为当地高等院校图书馆的一个典型代表。

3. 信息咨询服务

结合相关用户所提出的具体问题，为用户在收集信息、归纳信息、分析信息以及应用信息等活动中所遇到的问题提供有效地帮助和支持。基本上包括课题研发、科技创新以及定题等方面的服务。

一般而言，高等院校内部的教师以及学生等便是高校内部图书馆的主要服务对象，对象群体相对比较稳定，所以，基本上整所学校的专业教学工作以及科研工作便是本校图书馆建设的中心内容。高等院校图书馆的馆员们长时间进行图书管理工作，为本校的学生以及教师、科研工作者提供图书服务，在这种情况下，这些馆员们积累了大量文献检索、课题咨询等经验，拥有比较丰富的图书服务工作经验。一般而言，社会公众属于公共图书馆的主要服务对象，读者的年龄、职业以及对于文献资料需求等方面存在差异，这就要求公共图书馆的建设工作必须全面性

地覆盖，从根本上来讲，公共图书馆的藏书必须拥有一定的全面性。为社会群众提供服务便是公共图书馆的根本功能，馆员举办多元化的知识讲座活动、图书展览活动，进而拥有了相对丰富的经验。从本质上来讲，共建图书馆的举措实现了文献资源、专业人才、读者等层面上的综合，为公共图书馆走出文献资料单一的困境提供了一个有效的途径；同时也在一定程度上缓解了高等院校图书馆资源过于闲置的状态，提升了文献资源的使用效率；从整体的角度来看，共建图书馆能够最大限度地发挥高等院校图书馆的文献使用效率和服务功能。

第三节　现代高校图书馆服务创新

一、图书馆信息服务的创新研究

（一）图书馆信息化建设的新机遇

Web2.0 是相对 Web1.0 的新一代互联网应用的统称。它本身并没有专门制定的标准，我们一般将这一阶段的各种相关产品服务和技术统称为 Web2.0。Web2.0 是以百科全书（WIKI）、简易信息聚合（RSS）、博客（BLOG）、标签（Tags）、社交网络服务（SNS）、即时信息（IM）等技术为核心，依靠六度空间理论、可扩展标记语言（XML）以及 Ajax 等新理论和技术实现的新一代模式。Web2.0 的本质是用户的参与和交流，这一点恰好弥补了 Web1.0 的不足。在 Web2.0 时代，图书馆与读者之间的关系从单向流动变成了双向沟通，读者既是图书馆信息资源的利用者，同时又是信息资源的创造者，这一点与图书馆"用户至上，以人为本"的理念完全吻合。图书馆完全可以借助微博、WIKI、RSS、IM 等 Web2.0 的手段拓展读者和馆员、馆员和馆员、读者和读者之间的信息交流平台。例如：图书馆可以通过创建公共微信或微博来向读者推送新书、

发布一些重要的通知等，这比等着读者自己登录图书馆的网站来查找咨询要方便快捷得多。图书馆学科主题工作人员往往面临着信息面窄、资源相对有限等困境，对此，图书馆完全可以建立一个以 WIKI 为基础的学科资料库，开放用户上传资源的权限，让读者分享更丰富的学科资源。

（二）图书馆信息服务的理念创新

图书馆进行信息化建设首先要从理念的转变开始。图书馆的理念，包含图书馆的发展观、价值观、人才观以及图书馆改革与发展的指导思想与理论基础。图书馆是服务于各类群体的实体机构，现代图书馆理念包括了服务宗旨、服务目标、服务政策、服务精神、服务使命等。我国网络化、数字化和信息产业化大规模迅速发展，各种挑战与竞争也随之而来，图书馆正面临着多种文化传媒方式和载体的强力冲击，因此，图书馆需要不断完善和发展自身的服务理念才能适应新时期的发展需求。图书馆从业人员需要普遍树立起新的图书馆理念，才能在实际工作中充分体现图书馆的文化传播价值。图书馆信息化建设的理念创新可以从以下几个方面着手。

1. 升级以人为本的服务理念

以人为本就是要以用户为中心，在提供各类用户图书馆基本信息服务的同时，给予用户在各方面细节上的人文关怀，例如：设立亲子图书室，加装饮水机和自动售货机，提供寄存服务，覆盖快捷的无线网络，等等。这些都是根据"以人为本"的传统理念打造的人性化设施和服务。升级以人为本的服务理念就是在此基础上通过信息化的手段，直接增强使用图书馆服务本身的用户体验。例如：通过建立公共社交账号在用户和图书馆之间搭建一个方便高效的信息交换平台，让用户可以二十四小时不间断地和图书馆保持联系。

2. 打造先进高效的管理理念

传统图书馆给人的感觉是机构臃肿、层级繁杂、馆员的素质参差不齐。建设信息化图书馆的同时，应当打造适应新型图书馆发展的管理理念和方法。这样才能保证各项改革能够迅速、高效地实施。从理论上讲，管理学主要是研究人们在受到稀缺性制约时，如何提高效率和获取利润最大化。而我国图书馆所面临的问题恰恰是资金短缺、政府重视力度不够、馆员素质较低、硬件条件落后等。因此如何提高管理效率、拓宽服务领域、提升社会地位成了图书馆管理的核心问题。国外有许多成功的先进管理经验，但我国图书馆如果只是一味地移植照搬，往往得不到满意的结果，甚至失败。原因就在于没有根据自身的实际情况进行针对性的改变。因此我们在吸收国外先进管理理念的同时应当结合自身实际情况，去芜存菁，加以完善，打造适合自己发展道路的管理理念。

3. 加强人才培养的理念

我国的图书馆对于信息化人才的吸引力相对有限，特别缺少那些拥有顶尖技能的高层次专业人才。因此，培养适合图书馆发展的人才成了图书馆可持续发展的关键问题。在图书馆这个最具有文化信息价值的平台，图书馆人才既是服务的提供者，又是资源的第一时间享用者，其工作的过程其实就是享用和研究的过程。如果能将这个宝库好好利用起来，让图书馆馆员和管理者在工作中学习，在学习中工作，那么这种实践过程中培养的人才将是最合适的人才，也将是最有创新精神的人才。

（三）图书馆信息服务的技术创新

图书馆的工作流程主要由以下五个项目组成，即：采购、分类编目、流通、馆藏、咨询（见图 2-1）。

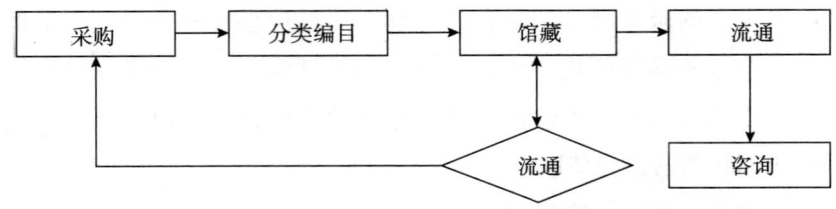

图 2-1　图书馆工作流程图

根据这个工作流程，图书馆技术也有与之相对应的五个技术环节，即：采购技术、分类编目技术、馆藏技术、检索技术、共享技术。Web2.0 的技术将着重运用于图书馆的共享技术环节。阮冈纳赞在图书馆学五定律中提出了"书是为了用的""每个读者都有其书"。在古代，图书仅向皇亲贵族等少数权贵提供。之后随着活字印刷术的发明，可保留的文献数量大大增加，图书的获取变得更加容易。随着现代图书馆的信息化建设，包括图书在内的信息资源共享方式呈现出多样化的发展趋势。随着 Web2.0 技术的成熟和它在信息技术领域的成功，图书馆将 Web2.0 技术运用于自身信息化建设变成一种可能并且逐渐成为一种趋势。开放和参与是 Web2.0 时代的重要特征，自上而下的由图书馆主导信息传播的服务模式将逐渐向自下而上的由普通用户运用集体智慧参与的新体系转变。例如通过开发移动 App，用户可以直接通过无线网络或移动互联网来查询馆藏书目并且对资源进行点评和分享。

二、社交网络在高校图书馆中的应用

（一）社交网络在高校图书馆中应用的可行性分析

1. 开展社交网络服务的必要性

（1）用户的信息获取离不开社交网络。高校图书馆的主要用户是本校学生、教师、科研人员等。教师和科研人员希望获得研究领域的前沿动态，大多以图书、期刊、互联网、工具书为主要的信息来源。随着信息资源呈现几何级数增长，出版物的大量发行，数据库的不断建设，为了满足用户的文献需求，图书馆的信息资源也应不断更新。这就要求图书馆能够提供及时、准确、专业性强的信息资源。高校学生主要从事专业学习并且涉猎其他领域，由于学生的好奇心和求知欲强，无论在互联网还是图书馆，他们都希望获得及时、新颖、趣味性强的信息资源。

戈曼的图书馆学新五定律强调重视知识的自由获取、采用快捷的知识传播技术。传统用户获取信息资源的方式是登录图书馆网站，图书馆网站的信息资源可以通过信息公告、参考咨询等方式直接传递给用户，但是图书馆网站能够提供的资源有限，给用户获取信息造成了困难。社交网络相比其他网络工具拥有更大的优势，用户想获得全面的信息资源离不开社交网络。首先，社交网络作为平等开放、充分共享、实时通信的网络平台，能够在不同终端和应用平台上稳定应用，使获取信息的公开性与平等性得到最大限度的保证。另外，社交网络以个人的现实社会关系为基础，应用互联网扩大了人际传播网络。在社交网络上，图书馆和用户发布的信息资源能够有效地从一个好友向其他好友传播，不同群组之间通过互动将这些信息在更广泛的群体中得到分享与利用，通过聚集更多用户的评论和分享，这些信息资源变得更加丰富，这有效改善了图书馆资源有限的不利条件。

（2）图书馆创新服务离不开社交网络。戈曼的图书馆学新五定律认为图书馆应该掌握各种知识传播方式，积极采用新的科学方法和技术，提高服务质量。图书馆创新理念要求图书馆继承以往的工作经验，同时要推陈出新，适应网络环境下用户的信息需求。高校图书馆依赖社交网络提供创新服务主要体现在以下几个方面。

提供个性化信息服务。个性化服务的理念源于 2000 年上海图书馆提出"把我的图书馆送入千家万户"的工作要求，这一理念引起图书馆界的一致认可，从此开始了个性化服务的探索。用户创建富有个性和创意的数字图书馆，根据个人需求定制专属的个性化服务，如"我的收藏""我的读书""我的博客"等，要求具有个人专属空间、个性化的信息资源、广泛的用户参与互动等，这些需求能够在社交网络平台得到满足。同时，在图书馆的个性化空间中，用户可以根据需要设置页面模块、添加关注、加入朋友圈或小组论坛、提问并解答问题。这些个性化的应用结合了互联网的优势，随着社交网络在图书馆中的应用不断受到重视，社交网络将会在个性化服务中发挥越来越重要的作用。

提供虚拟参考咨询服务。网络环境下，图书馆数字参考咨询必然由单项的信息传递发展成用户参与互动，从由少数馆员独立工作发展到联合更广泛网友的智慧。图书馆的信息传递传统上由馆员发布信息，用户被动接受，这很容易造成严重的信息不对称问题。大多数图书馆的参考咨询都采用"用户提问—馆员回答"的方式，以往的电话咨询、Email咨询、FAQ 咨询等咨询方式都是用户和馆员之间的对话形式，但是由于用户的参与积极性不高，遇到问题不愿意向图书馆员寻求帮助，还有馆员数量和知识结构的限制，用户提出的问题往往无人应答或者得不到满意的答案，这违背了图书馆学五定律强调节约读者时间、提供准确的信息服务的要求。

社交网络的特色之一在于拓展用户的交际圈，拥有用户日益适应的网络环境。图书馆借助社交网络提供虚拟参考咨询服务，不仅是咨询馆员，包括众多热心用户都可以参与到问答之中。社交网络能够更快捷地获得众多网友的答案，从而提高了解决问题的效率，缩短了时延的缺陷，并且网友贡献的信息量越多，越容易得到确切的答案。

用户参与资源构建。随着学科发展和专业细化，高校不断开设一些新增专业，并且不断探索新的研究成果。图书馆资源采购大多以该校学科建设和教师的建议为依据，很少征求和采纳学生的意见。高校图书馆应该调整以往的资源构建方式，允许学生参与资源构建。通过建立师生反馈机制，表达需要图书馆提供的科研支持，图书馆依据用户意见合理优化馆内信息资源。社交网络中的用户反馈功能比其他方式更具有优势。首先，社交网络已经深入人心，广大的图书馆用户同时是社交网络的用户，大量的用户是获得客观的反馈意见的前提条件，参与的用户越多，得出的结果就越真实，可以作为参考的依据。其次，社交网络即时通信的功能可以保证用户随时反馈意见，馆员可以第一时间了解用户的想法。

图书馆是汇集文献资料的重要机构，用户可以向图书馆索取文献资料，但是用户收藏的文献资源同样有利用价值，如果用户的个人收藏能够相互利用，这将是对图书馆资源的极大补充。社交网络作为充分共享的平台，鼓励用户分享个人收藏的文献资料，用户在分享个人收藏的同时，也会从其他用户的分享中获得感兴趣的信息，图书馆借助社交网络能够实现用户参与资源构建的目的。图书馆应该鼓励用户发挥网络优势，借鉴豆瓣书评、亚马逊评论等形式，这样既能保证资源的持续性，又能把有用的资源传递给大众，甚至影响用户的信息需求。可以预见，充分发挥社交网络与图书馆的协同作用，有利于促使图书馆资源不断增长并且被广大用户使用，可以使用户在一定程度上实现高质量的信息自给。

提供主动服务。传统的图书馆服务处于被动的服务阶段，高校图书馆主要依靠图书馆网站、面对面的服务形式，这些被动服务严重影响用户的积极性，导致用户不了解图书馆资源。图书馆创新服务理念要求图书馆提供主动服务，但是传统的服务空间严重影响了图书馆开展主动服务，而开放的社交网络能够为图书馆提供主动服务的平台。首先，社交网络聚集了众多的学生用户，图书馆用户熟练地利用社交网络浏览信息、查找资料，图书馆将服务放在用户经常使用的网络平台上，使用户在上网的同时关注到图书馆信息，如果用户被其中内容吸引，就会做出使用图书馆的行为。当用户点击某条视频或某张图片时，其他相关信息也会进入用户的视野，这样可以满足用户的多种信息需求，改变以往信息资源被动地等待用户检索的局面，主动地呈现给用户。另外，在传统的信息推送服务中，图书馆往往通过用户的检索历史、借阅习惯来推测用户的使用偏好，从而决定信息推送的方向。但是用户兴趣的转移或者对图书馆使用的减少都会给信息推送带来困难。但是在社交网络上，通过用户的博客或者动态签名就可以了解用户的信息需求，从而进行准确的资源推荐。

2.经济上的可行性

高校图书馆在选择应用社交网络时，不仅需要考虑用户需求和服务质量，也需要考虑图书馆承担经济成本的能力。现有的网络环境下，应

用社交网络大多是免费使用的，不需要很高的经济成本，如 Facebook、MySpace、人人网、开心网等，图书馆可以直接利用现有的社交网络，省去构建网络平台需要的人力、物力、财力。图书馆员或者图书馆用户通过简单的注册申请便可以获得使用的权限，拥有个性化的服务空间。直接应用现有的社交网络既可以节省构建平台和运营维护的成本，又能充分利用社交网络的优势。相对于传统图书馆网站的服务方式，社交网络具有一定的成本优势。所以，如果高校图书馆的经济基础相对薄弱，可以选择直接应用现有的社交网络，如果高校图书馆有一定的经济实力，可以结合技术和服务能力，选择直接应用现有的社交网络或者开发网络服务平台。

3. 技术上的可行性

社交网络成为 Web2.0 时代发展最快的互联网应用，究其原因，社交网络集成了各种通信方式，而且应用较为容易，所以保障了用户的使用黏性。社交网络为通过注册的用户提供完整的网页应用模块，图书馆员根据本馆开展的服务项目，选择合适的应用模块便可以完成网页布局，即使图书馆员缺乏网页设计、网站架构、程序编码等相关知识也可以轻松地完成相关操作，并且不需要进行网络的运营维护，图书馆员只需要按照页面的功能提供相应的图书馆服务即可。

（二）社交网络在高校图书馆中应用的对策

在社交网络普及应用的今天，图书馆的社会性和信息传递的工作责任决定了它必须使用社交网络。社交网络在图书馆中的应用是指经过不断完善、创新应用，最后建立成一个功能完备、科学合理的社交网络应用平台。国内高校图书馆在应用社交网络方面与国外相比还有很大差距，要缩小这些差距，图书馆应该积极采取有针对性的对策。

1. 加强用户的信息需求调研

高校图书馆应该对开展社交网络服务进行准确定位。满足不同用户的需求是图书馆的目标，图书馆可以首先调查用户的文献需求和对社交网络服务的需求情况，从而提供准确的用户服务，使用户需求获得满足。教师和科研人员对图书馆最主要的需求是获得学术信息，更加侧重于应用图书、期刊和数据库，社交网络中繁杂的信息对他们的利用价值很小。但是对于学生，社交网络的新颖性、趣味性、娱乐性是吸引他们的主要原因。所以，图书馆开展社交网络服务应该以师生的不同需求为导向，为他们提供合适的服务。在应用社交网络初期，由于图书馆用户对此比较陌生，因此图书馆可以使用"个性化推荐""话题讨论"等活动形式来吸引用户参与构建社交网络社区，促成信息在网络上的积累和流通。开展社交网络服务需要投入一定的人力资源、技术资源，图书馆应全方面考虑本馆的优势与不足，借鉴其他图书馆应用社交网络的经验，制定行之有效的服务计划，从而保障图书馆顺利地开展准确、合理的社交网络服务。美国学者 Jason Sokoloff 在研究英国朴次茅斯大学图书馆的 Facebook 主页时发现，该主页的链接冗余而且欠缺特色，没有吸引用户的优势。这说明了图书馆应该加强用户需求调研，开展有吸引力的服务。

2. 选择合适的社交网络服务模式

互联网上存在着多种多样的社交网络，图书馆选择的社交网络应用模式关系到其以后的发展。图书馆的三种应用模式各有侧重：直接加入模式经济成本投入较少、容易维护，适合小型规模图书馆；积极引进社交网络需要一定的技术水平和服务能力，适合大中型规模图书馆；自主开发社交网络必须有一定数量的用户，适合用户数量较多的图书馆。高校图书馆主要采用直接加入社交网络的应用模式，这主要由于直接加入社交网络的应用模式操作简单、维护方便，用户已经习惯了网站应用，更容易接受并乐于参与。需要注意的是，不是所有图书馆都适合自主开发社交网站，图书馆应该选择适当的服务模式，考虑用户的应用需求和使用习惯，扩大资源建设。

3. 引入信息构建理论

图书馆学五定律提出"节约读者时间"，对于使用者来说，合理

的页面设计、明确的导航能够给用户带来指引，使用户利用尽量少的时间，快速找到所需信息。信息构建（Information Architecture，简称IA）最早于 1976 年由美国建筑师理查德·索·沃尔曼（Richard Saul Wurman）提出，最开始应用于指导建筑设计工作，后来被应用到多个领域。信息构建理论综合了 Web 设计、信息科学、图书馆等多个学科，强调可用性、可视化、系统论与信息生态论，满足用户对信息的获取与使用，提倡清晰的访问路径和使用者与信息之间的交互，突出以人为本、注重信息表达。图书馆开展社交网络服务既向用户传达信息又重视用户的反馈，所以应该包含关于读的导航和关于写的导航。为了给用户带来更好的体验，图书馆应该考虑以下几个因素：①链接的丰富性。链接指引用户获取信息的途径，明确的链接方便用户在网页之间转换。②导航的易见性。一个清晰可见的导航能引导读者发表博文、参与讨论、发表意见，引导用户参与，促进信息流通。对于重要的服务内容要给予重点标识，例如个人收藏、话题讨论模块，对于最新信息要放在醒目位置，让用户清晰地找到所需服务。③导航的有效性。确保导航能进行正常的操作，经常有图书馆设置微博互动、IM 咨询，但是只有一个图标而已，并不能进行有效的链接。

4.有效保护用户隐私

用户在社交网络浏览网页、查找信息的同时，往往会忽视个人隐私安全。图书馆应该加强用户的信息安全教育，用户在网站填写个人信息时可以通过安全程度高的权限设置，将个人资料设为私密，不要随便和陌生人加为好友，避免在聊天过程中泄露个人隐私。图书馆可以采用防火墙防止黑客进攻，通过 IP 地址限制登录者的身份，对 Cookie 等追踪软件进行限制，同时图书馆员应该加强行业自律和职业道德，对于用户的信息除用于工作统计、日常管理等工作以外，不作任何公开。逐层的隐私保护，可以为用户提供可信赖的网络环境，使用户可以放心使用图书馆资源。

5. 开展适当的社交网络服务

高校图书馆应该根据用户需求和本馆现状开展适当的社交网络服务，图书馆通过开展周到全面的服务，可以提高服务效率，巩固高校图书馆的地位。通过之前调查社交网络在高校图书馆的具体应用，此处对图书馆利用社交网络开展的信息服务进行总结，为图书馆开展社交网络服务提供参考。图书馆主要提供以下服务。

（1）图书馆信息公告服务。图书馆信息公告服务就是及时地发布图书馆的有效信息，将信息传达给用户。图书馆以发布最新动态、写日志的方式将图书馆的工作通知和新闻动态传达给用户，可以是关于服务时间、用户管理、举办讲座、开展活动、数据库使用等信息。社交网络聚集的大量用户能够保证信息向外扩散传播，用户的转发和群组间的交流使信息在网络上得到迅速传播，传达给更多用户。相比在图书馆网站上发布信息、用户登录网站才能得知，应用社交网络发布信息的效率更高，传播范围更广阔，使更多用户及时、方便地获得最新信息。

（2）文献检索服务。高校图书馆拥有海量的文献资源，用户利用图书馆最常见方式是文献检索，查找关于书籍、期刊、电子数据库资源等文献信息。图书馆借助社交网络提供 OPAC 查询功能，方便读者获得馆藏信息以及个人的借阅情况。加拿大阿尔伯塔大学开发了"U of A Libraries"应用软件，用户通过该软件可以查询该校图书馆的书目、期刊、音乐视频；埃德蒙顿公共图书馆开发了在 Facebook 上应用的软件，提供馆藏书目、新到书目查询等服务。

（3）参考咨询服务。图书馆的参考咨询能够帮助广大用户解决疑难问题，是图书馆和用户保持沟通的重要手段。在当前网络环境下，参考咨询服务正向着联合更广泛用户参与互动的方向发展，图书馆为了摆脱资源闲置、无人咨询的情况，可以借助社交网络开展参考咨询服务。社交网络的本质在于互动性，图书馆应用社交网络可以借助留言板、即时通信、讨论组等开展咨询服务，和网站上大多通过电话、邮件、表单等

工具相比，社交网络由于提问公开，能够得到更多用户的帮助，用户会获得更有价值的答案。密歇根大学图书馆在 Facebook 主页上开展专门的参考咨询服务；OCLC 的图书馆员在 Second Life 开设参考咨询台，包括用户教育、阅读讨论等方面。图书馆重视交流互动，鼓励用户分享个人见解，社交网络为参考咨询服务创造了条件。这些例子为图书馆利用社交网络开展参考咨询服务提供了典范，图书馆可以借鉴这些成功经验向用户提供参考咨询服务。

（4）学科馆员服务。学科馆员服务是指馆员具备图书馆相关知识和某一学科的知识背景而负责该学科的馆藏资源建设。用户希望学科馆员能够提供更准确、专业、符合个性化需求的服务。馆员通过建设学科群组、微博、主页，发布学科前沿信息，利用音频、视频、图片等方式将专业资料、数据库使用指导等发布在网络上供用户使用。馆员和用户的互动，既有利于促进用户对学科专业的了解，又能使图书馆提供有针对性的学科服务。

（5）新书推荐服务。新书推荐服务由馆员用文字、图片等形式将书籍的主要内容、借阅情况等信息介绍给用户，使用户了解书籍的主要内容，帮助读者做出借阅决定，做到"每本书有其读者"。新书推荐服务一般由馆员负责完成，但是馆员的知识结构的限制，向用户推荐的书目有限，因此并不能满足用户的借阅需求。在社交网络上，不仅馆员可以推荐书目，其他用户也可以参与推荐，从而使推荐更加准确和多样，参考价值更高。图书馆应该鼓励用户参与推荐，用户推荐越多，对一本书的介绍也就越全面，图书馆根据用户的借阅历史和互动讨论可以推测用户的阅读倾向，准确地进行馆藏建设。

（6）建立话题讨论、兴趣小组。话题讨论和兴趣小组是社交网络吸引用户的重要模块，用户在这里可以获得关注、在网络上得到认可。Facebook、MySpace、豆瓣网、人人网等网站自成立以来不断有网友建立各种各样的讨论话题，涉及内容非常广泛。Facebook 中建立了

"Library2.0 Interest Group" "Libraries and Librarians" "Digital Reference in Facebook" 等图书馆交流小组，用户可以讨论关于图书馆技术、服务各个方面的内容，还可以在小组中得到图书馆员的帮助。豆瓣网上，有很多图书馆建立小组，开展话题讨论。中国国家图书馆从话题讨论模块建立以来，不断展开新的话题讨论，有些话题甚至引来上百人讨论，这些兴趣小组和话题讨论聚集了对同一话题感兴趣的人。图书馆员可以根据本校的院系、专业、社团、校园特色等建立本校话题讨论、兴趣小组，用户可以根据自身喜好，自由选择加入感兴趣的小组。通过网络聚集广大用户的智慧，每一个用户都能找到自己需要的信息，发现兴趣相同的好友，拓展生活中的社交圈。

（7）开展用户教育服务。高校图书馆的资源处于动态变化之中，图书馆用户不断变化，所以图书馆有必要开展用户教育，指导用户怎样更好地使用图书馆，增强用户文献检索和利用的能力，提高用户文献信息道德水平。在信息爆炸的时代，由于各专业领域信息激增，文献类型复杂多样，根据文献题名并不能准确判断其内容，这会导致用户不能准确获取知识。另外，用户使用图书馆的能力参差不齐，有些用户不了解图书馆的服务功能、馆藏布局，不能熟练利用图书馆服务。通过社交网络，可以利用文字、音频、视频等形式发布图书馆使用指南、数据库应用方法、文献检索技巧等，将用户培训课程制作成多媒体，使用户可以系统地学习。图书馆应该持续地进行用户教育，用户也可以分享自己的使用心得和技巧，社交网络应用简单、随时随地的特点会引导更多用户参与学习和分享，从而保证用户教育的持续性。

（8）开展其他服务。图书馆学新五定律强调图书馆要"尊重过去，开创未来"，图书馆面临的环境在不断改变，图书馆也要不断调整自身服务，以获得持久的发展。网络环境下，为了保持图书馆的可持续发展，图书馆要不断创新服务项目。图书馆借助社交网络可以开展相册服务模块，通过相册展示图书馆的面貌，使读者生动、形象地了解图书馆，改

变传统图书馆沉闷的气氛，塑造生动、亲切的用户喜爱的形象。通过开发社交网络的专用软件，开展座位管理、书包柜管理等，用户在进入图书馆之前，通过座位系统查询哪些自习室有空闲座位，节约了寻找座位的时间。开展摄影、检索等学生活动，图书馆借助社交网络展示用户作品，有利于丰富网页内容，增进图书馆和用户的互动。澳大利亚国家图书馆在 Flicker 网站开展"Picture Australia"活动，鼓励用户参与图片上传，通过这些图片扩大了图书馆的影响力。美国加州大学伯克利分校图书馆在 Youtube 上传校园和图书馆视频，通过用户间的不断分享和传播，从而使更多人了解学校和图书馆，扩大了营销广度。台湾中兴大学图书馆利用 Youtube 开展视频短片比赛，吸引了用户对图书馆的兴趣，使各学科领域的信息资源得到利用，树立了图书馆的良好形象，改善了营销效果。社交网络特别强调便捷的沟通、开放的内容和集合群体智慧，其新颖之处在于极大地顺应了 Web2.0 的发展，丰富了人们交流的内容和方式，增进了网络空间的互动。高校图书馆借助社交网络，一方面通过 SNS 平台延伸了图书馆服务的空间，利用社交网络的优势弥补了图书馆的不足，另一方面又把一部分图书馆资源整合到互联网中，丰富了网络资源。随着社交网络的发展和用户需求的不断变化，图书馆可以借助社交网络开展更多的用户服务，无论图书馆利用社交网络开展哪项服务都应该深入了解用户需求，才能吸引读者，挖掘潜在用户。

三、基于 Web2.0 的图书馆信息化新型服务

（一）基于 RSS 的图书馆新型服务

1.RSS 技术的概述

RSS（Really Simple Syndication）一般称作简易信息聚合。它是一种基于 XML 标准的互联网内容描述、发布和聚合技术，是共享互联网内容的简易方式。RSS 起源于 20 世纪 90 年代后期网景通信（Netscape）的推送技术，是目前使用最广泛的 XML 应用，也是 Web2.0 的代表技术

之一。用户通过 RSS 阅读器订阅 RSS Feed（描述网站内容的文件或符合 RSS 规范的 XML 文件）后就可以在不打开网站页面的前提下，借助支持 RSS 的聚合工具软件，阅读到订制的互联网内容。RSS 作为快捷简易的互联网信息交流、传递、管理、联合的技术，通过其强大的信息聚合和传递功能给图书馆提供了新的服务项目和手段。RSS 在西方发达国家，特别是在美国已经达到相当的规模。如今国内图书馆也已经开始大量运用 RSS 技术，向读者提供 RSS 服务。RSS 的使用十分简单，流程如下图 2-2。

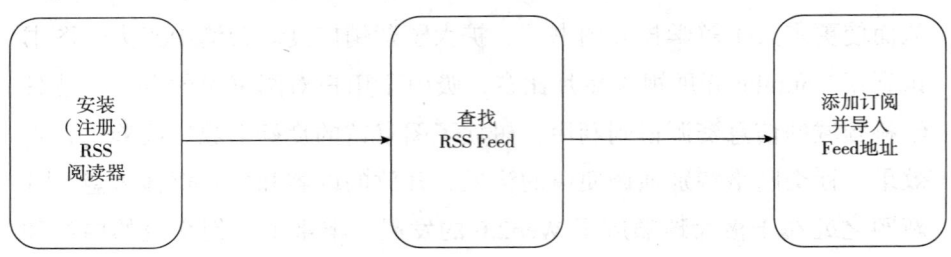

图 2-2　RSS 使用流程

用户在使用 RSS 时首先需要安装（或注册）一个 RSS 阅读器。然后是获取 RSS Feed，在提供 RSS 订阅服务的网站上一般都有明显的"RSS、XML"或者"RSS 订阅"字样，点击相应图标之后就会出现内容页面，最后一步，只要将浏览器地址栏里的 URL 地址复制粘贴到你的 RSS 阅读器，就实现了 RSS 订阅。

2.RSS 的特点

与传统信息获取方式相比，RSS 具有以下特点：

第一，效率高，使用成本低。RSS 技术秉承"推（Push）"信息的理念。当服务器上的内容有更新的时候就会通过阅读器将信息推送给用户，这样就使信息的时效性大大增强。服务器端的 RSS 内容包装在技术实现上也较为简单，并且是一次性的，这样就使得信息发布边际成本几乎为零，与传统的卫星传输、互联网传输等方式相比有很大的优势。

第二，定制自由，方便管理。RSS 阅读器的一大特点就是用户完全可以根据自己的偏好来定制各种内容。RSS 阅读器可以轻松地屏蔽掉令用户反感的广告、垃圾邮件等无价值内容。另外，对于已经通过阅读器在线下载过的订阅内容，用户可以通过软件随时进行离线阅读、搜索排序、分门别类等操作。这样就使 RSS 阅读器从一个必须联网才能使用的"浏览器"变身为一个多用途的"云资料库"。

第三，聚合多种内容，安全性高。RSS 就是简易聚合内容，所谓的"聚合"，就是通过 RSS 将互联网上多种不同的信息源以 Feeds 订阅的方式集中到同一点的模式。"聚合"的优势显而易见，用户通过 RSS 就不需要每天手动打开多个互联网站，而只需打开 RSS 阅读器等待新消息的推送就可以了，用户此时作为信息的获取者与信息的提供商之间已经基本实现无缝连接。另外，RSS 文件是 XML 文本文件，不会自动加载可执行文件，这就从很大程度上降低了用户受到病毒或恶意软件攻击的风险。而且订阅 Feeds 的过程不需要提供个人信息，只需添加 URL 网址，这样也就避免了用户个人信息和隐私的泄露。

3. 基于 RSS 的图书馆服务创新

基于 RSS 技术的信息推送模式具有良好的动态性和时效性，但是在用户使用的过程中比较缺乏交互性，没有更深入地考虑用户的个性化需求。满足用户需求的个性化服务主要可以从多个方面着手，其中最主要的途径包括建立用户模型和嵌入推荐技术。因此，我们在这里提出将个性化技术与 RSS 技术相结合的个性化信息推送方法。主要包括以下几种模式。

（1）利用 RSS 技术开展馆藏资源推送服务，提高资源的利用率。随着电子通信技术的发展，图书馆的馆藏资源也日益丰富起来，除了纸质的图书、期刊外，还包括许多其他载体形式的文献，如电子资源、视频、音频、照片，等等。这些各式各样的资源在图书馆网站以怎样的形式呈现在用户面前，每个图书馆都有不同的常规做法，这无形中增加了用户

查找资源的难度。图书馆开展 RSS 应用后，可以利用 RSS 来描述馆藏资源，并制作成各种类型的 RSS Feed 在图书馆网站上发布，而用户只需提前订阅自己感兴趣的资源即可。对于该技术，国内外都有较好的应用，如上海大学图书馆的随书光盘 RSS 订阅、美国麻省理工学院的 Music 订阅、阿根廷国立科尔多瓦大学的博士学位论文和图书馆战略计划订阅、比利时布鲁塞尔大学图书馆的报纸订阅等。这无疑为用户提供了资源查找、选择的捷径，大大提高了馆藏资源的利用率。

（2）通过 RSS 订阅发布图书馆最新消息，提高信息服务的时效性。图书馆的通知、公告、学术讲座、服务时间调整、超期图书催还、数据库使用等这些时效性强的信息，常常被放置在图书馆的主页上。通常情况下，用户只有访问图书馆网站时才能了解到这些信息，极有可能因此错过自己感兴趣的内容。而当图书馆使用 RSS 技术，提供 RSS 订阅服务后，这些信息就可以在第一时间通过 RSS 直接推送到读者的桌面上，使信息的时效性得到充分的发挥，增强了图书馆信息服务的主动性，提高了信息的利用率。据有关人士调查，国内外提供 RSS 服务的图书馆中，最新消息发布是图书馆 RSS 推送服务中最流行和普及的一项。

（3）利用 RSS 技术开展专题信息推送，满足用户个性化需求。图书馆根据用户的需求，及时组织如专题目录、专题报道和其他专题文献等专题信息，并制作成 RSS Feed，将其直接推送到用户桌面，从而实现用户的个性化需求。例如厦门大学图书馆根据用户关心的内容，提供了"八闽大地、高校动态、党建信息、华侨华人、台海时风"等 25 个热点专题频道订制，来满足不同用户的阅读需求。

图书馆的信息服务工作是一个不断发展的有机体，随着信息环境和网络技术的发展，其信息服务的内容和手段也在不断丰富、发展和完善。RSS 技术作为当前图书馆信息服务创新的有力工具，具有信息的聚合、推送、方便管理、使用简单、安全性能高等特点，已日渐受到越来越多图书馆的重视，RSS 技术在图书馆广泛地开发、推广和应用，必将开创

图书馆信息服务工作的新局面。

（二）基于 SNS 的图书馆新型服务

1.SNS 的概述

SNS（Social Networking Services）被称为社交网络服务，它是一种以互联网为平台协助人们构建虚拟社会网络的网络应用服务。SNS 能够在网络上给用户打造多层的人际关系网，还能够从多个渠道向用户提供网络资源，这些功能完全能够让用户反客为主参与到网络互动建设中来，这也就给 SNS 在图书馆建设中的应用提供了可能性。目前，已有众多图书馆开始了利用 SNS 进行读者管理的尝试，如建立读者俱乐部、读者交流中心等。SNS 主要侧重于人与人之间的交流行为和人与人之间的互动行为，而这正是教学和科研活动的侧重点，因此 SNS 技术在教学和科研活动中具有广阔的应用前景。在网络上建立起更多类似于读者到馆员、读者到读者这样的双边交流关系，有利于反馈使用情况，分享优质资源。而馆员和读者之间通过协同合作对各类资源进行标签分类，引发大家的积极讨论，则能够提高科研、教学工作的效率，促进更多的学术交流。图书馆的工作人员是相对有限的，而读者则是相对无限的，如果能够让广大读者合理有效地参与到图书馆的服务和建设中来，那将会大大提高图书馆资源的传播效率。总之，将传统的图书馆服务性网站逐渐改变为具有鲜明 Web2.0 特征和功能的 SNS 社会性网站是一种新的有益尝试。

2.SNS 的特点

SNS 的目的是构建一个类似于现实生活的人际关系网络。和现实生活中的人际关系网络相比，基于 SNS 构建的虚拟人际关系网络有如下特点：第一，扩充了人际圈。在现实生活中，人们通过面对面交流、打电话、发邮件等方式维系朋友关系。如果想认识朋友的朋友，必须通过中间朋友的介绍才行。而基于 SNS 构建的虚拟人际关系网络，可以根据兴趣爱好主动认识朋友的朋友，省略了中间介绍环节。第二，交友更加方便快捷。基于 SNS 构建的虚拟人际关系网络主要是通过直接注册的方式

扩展人际关系。用户可以主动在社会性网络服务网站注册，建立自己的页面，再根据兴趣爱好建立自己的朋友圈子，如校园网。用户只要上网，就可以结交朋友，不受时空限制。第三，融合显性资源和隐性资源。将SNS应用到图书馆信息服务中，能够把显性资源和隐性资源有机地融合到一起。通过基于SNS的虚拟社区网络进行对话和学习，个体将能够方便、快速地加入所关注的群组，对所关注的领域进行针对性的交流与研究，这样就能更容易地使个人的隐性知识不断得到积累和发展，有利于隐性知识显性化。

3. 基于SNS的图书馆服务创新

（1）通过SNS，做到一号登录。一般图书馆的数字资源平台都不止一两个，多的甚至能达到几十上百个，其中有很多平台都要先登录账号才能够使用，而注册账号的过程往往比较麻烦，用户需要花费很多不必要的时间。加入社交网络后用户就可以省去多次注册的麻烦，通过注册一个社交账号就能做到一号通用，一劳永逸。比如将馆藏检索登录系统与新浪微博账号相连接，用户通过微博账号就可以快速地登录馆藏检索系统，使用图书馆的图书预约、续借等服务；毕业生在提交毕业论文时，同样可以通过社交网络账号登录毕业生管理系统来完成毕业所需的各项操作，这样就大大减少了许多烦琐的步骤。

（2）利用SNS，添加兴趣爱好小组。这个功能模块主要是利用SNS平台将相同兴趣爱好的读者聚集在一起，扩展读者的人际关系网。兴趣爱好小组内的交流与沟通，不仅可以增强读者的自信心，而且可以整理为图书馆资源的一部分。这种兴趣爱好小组对于组建虚拟研究团队非常有参考价值。

（3）通过与SNS网站的合作，完善图书馆的书目检索系统。豆瓣网是一个典型的Web2.0社交网站，也是Web2.0成功运营的经典案例之一。它门户下的豆瓣电影、豆瓣音乐、豆瓣读书等栏目建立了以相关元素为介质、兴趣相似的人为核心的互动圈子。其特点是：数据库强大，用户

层次较高，界面美观易用。豆瓣读书这个分类聚合了新书推荐、书评、同城等多种实用又有趣的功能。图书馆如果能够利用好豆瓣网的强大的数据库和 SNS 平台，那么对自身的信息化建设会是一个极大的提升。传统图书馆在使用书目检索系统时所得到的结果比较单一，除了能查到馆藏情况之外，几乎获取不到其他有价值的信息。而通过引入 SNS 链接，我们在某本书的检索结果页面中就可以通过点击豆瓣网的图标进入该书在豆瓣读书中的页面，之后就可以和豆瓣网上的用户进行互动，也可以阅读豆瓣网上的书评和类似书目以及社区知名成员的推荐信息。例如在某高校图书馆的书目检索栏中输入要检索的图书《悲惨世界》，点击进入图书页面中就可以在下方看到豆瓣网的图标，点击进入后就可以看到豆瓣上关于《悲惨世界》这本书的简介、作者信息、书评、相似书目，甚至在哪里可以买到这本书等信息。这样图书馆的用户就可以无缝进入豆瓣网与"豆友"进行互动交流，以书会友，结交志同道合的朋友，同时也可以延伸图书馆的服务，帮助图书馆利用现有的强大资源来弥补自身的不足。

（4）与 SNS 平台合作，在图书页面显示馆藏信息。在豆瓣图书的页面右侧有一个"在哪儿借这本书"的标签，这正是豆瓣读书与图书馆合作的一项新服务。"在哪儿借这本书"通过图书馆与豆瓣的合作，可以在豆瓣的图书页面展示合作图书馆的馆藏信息，为用户提供最便捷的图书借阅渠道。在条目页右侧展示有馆藏的图书馆链接，读者可以快速查到这本书在附近图书馆的馆藏信息。图书馆也可以参与这个项目，这不但可以提高读者对本地图书馆的使用效率，同时也能够大大提高图书馆的知名度。SNS 在互联网行业的广泛应用，促使我们从新的角度来看图书馆，SNS 不仅提供了方便的用户交流，也促进了信息的重新组织、传播和增长，更提高了发掘潜藏于用户中的隐性知识的可能性和效率。联系图书馆与 SNS 的可能性设想以及提供类似服务的社交网络的成功给图书馆引入 SNS 奠定了良好的基础。SNS 与图书馆信息服务的融合不是一次性就能完成的，这是一个循序渐进的过程，这过程将会不断使图书馆的服务功能得到完善，从而大大提升图书馆在社会大众心目中的形象。图书馆建立 SNS 平台的思路必须与以纯粹交友互动为主要目的的传统 SNS 有严格的区别。有的用户在使用传统 SNS 一段时间之后，认为该社交网络并没有提供大量有价值的信息给他们。鉴于此，图书馆在建设 SNS 平台的过程中必须将图书馆所有的信息资源加以充分的利用。种类繁多的信息资源能让读者们形成有一定聚合力的群体，读者可以针对和自己相关的图书、期刊、电子资源和学术文献进行一定范围内的自由讨论和交流，这种相关性可以是曾经阅读，也可以是正在阅读中，也可以是将要阅读。图书馆提供 SNS 平台，改变了传统的、单向的用户服务方式，又能调整、丰富馆藏资源，构造动态的个性化学科知识平台。这对于图书馆打破以资源为中心的服务模式，树立以用户为中心的服务理念有着重要意义。

（三）基于 IM 的图书馆新型服务

1.IM 的概述

IM（Instant Messenger）称作即时通信，它的创始人是三个来自以色列的年轻人，软件在 1996 年被开发出来，被命名叫作 ICQ。到了 1998 年，ICQ 注册用户数飙升至 1200 万，ICQ 被 AOL 看中，并且以将近 3 亿美元的将其收购。截至 2008 年，ICQ 拥有一亿多用户，这些用户主要分布在欧洲和美洲，在当时是世界上规模最大的即时通信系统。目前在我国，IM 即时通信软件是网民使用率最高的软件，它的功能主要包括信息即时收发、在线显示、视频聊天、群体聊天室、E-mail 收发、移动运营商辅助功能、搜索引擎整合、文件传送。可以说 IM 即时通信软件是整合多种信息技术的全能网络软件。根据中国互联网络信息中心发布的第 51 次《中国互联网络发展状况统计报告》，截至 2022 年 12 月，我国网民规模达 10.67 亿，较 2021 年 12 月增长 3 549 万，互联网普及率达 75.6%。而在网民中使用即时通信的用户数量更是与日俱增。通过上

述数据我们不难发现，IM 软件已经深入人心，并且有了雄厚的群众基础，它的适用范围已经从单一的聊天工具逐渐变成了人们工作、生活所不可或缺的即时信息交流平台。

2.IM 的特点

第一，操作方式简单，用户界面友好。现阶段几种常见的 IM 软件的上手使用都十分简易，基本的功能不需任何基础都能够在短时间内掌握，图书馆无须对用户进行专门的培训。IM 软件的用户界面一般都十分友好，个性化与人性化的设置非常丰富，用户可以在选项中自定义属于自己的操作面板、收藏和整理，而灵活的快捷键设置更能让用户提高使用效率。因此 IM 软件应用在图书馆的信息服务中可以有效地缓解部分读者在面对面交谈时的羞怯和拘谨，同时也加强了对读者个人隐私的保护，这些细节使图书馆与读者离得更近，使图书馆所推崇的"以人为本"的人文关怀理念得以发扬。

第二，能够做到即时互动，附加功能强大。即时通信是当前互联网应用的重要组成部分，它之所以可以大范围地被用户所接受，这与其自身的特点密不可分。IM 软件可以即时发送消息、传送文档、语音、图片等多种形式的文件资料。IM 软件也可以借助简单的设备，通过语音和视频聊天来进行快速的咨询和反馈。此外，即使当前用户不在线，人们也可向其发送离线消息和文件。或者向对方的手机发送短信或给对方的电子信箱发送邮件。图书馆使用 IM 软件能够有效地缓解传统服务的延迟性和单一性，从而实现传统服务模式无法达到的效果。

第三，服务持续时间长，费用低廉。IM 软件在一定程度上清除了图书馆地理位置的障碍，为读者节省了宝贵的时间和金钱，这一点对于许多建有新校区并拥有图书馆分馆的高校显得尤其重要。在开放时间之外，图书馆值班的工作人员也能够做到第一时间查看读者留言并及时回复读者的提问，这样读者就能够享受到图书馆全天候的各种信息服务。图书馆的咨询人员可以是馆内的工作人员，亦可邀请相关的专家或学者进行专业的知识问答和讲座。甚至可以和其他图书馆联盟伙伴进行合作，合作馆各派人轮流值班，实现资源的合理分配和共享。现阶段，主流的IM软件都可以免费下载、安装、注册和使用。只要硬件和网速达标，软件中的语音、视频等功能和语音电话和视频电话的质量相差无几，甚至更好。而且现在的即时通信软件一般都带有群聊功能，这个功能基本等同于视频和电话会议。IM软件对于硬件的要求并不高，只要网络通畅，几十元的输入输出设备完全可以满足应用需求，所以图书馆无须再去购买专业的视频会议软件和摄像机等昂贵的软硬件设备就能得到同等的服务。

3. 基于IM的图书馆服务创新

IM软件发展到今天已经有了许多不同的种类，目前常用的即时通信软件有腾讯QQ、微信、米聊、MSN、Skype、雅虎通、Gtalk等。这些IM软件都经过了许多版本的测试，功能完善而强大，在互联网中的应用范围也越来越广。不同类别的IM软件往往都具有不同的自身优势，一部分IM软件已经完美嵌入到操作系统中，安全性和稳定性大大增强。图书馆在整合IM技术时，可以结合本馆的实际情况和用户的需求选择一款适合的IM软件来向用户提供信息服务。以腾讯QQ为例，它的原名叫作OICQ，它是1999年由深圳腾讯计算机公司所发布的一款免费的IM软件，腾讯QQ一开始是通过模仿ICQ起步的。与众多IM软件相同，腾讯QQ最基本的功能是网络呼叫，在之后的发展中，腾讯QQ又加入了群体聊天、视频聊天、文件传送、远程协助、收发电子邮件等功能，而且这些功能绝大多数都是可以免费使用的。腾讯QQ简洁友好的操作界面和日趋完善的功能得到了用户的喜爱，用户的口碑就是最好的广告，因此腾讯QQ在互联网中大范围地快速传播开来。同国内现有的其他常用IM软件相比，腾讯QQ的用户数最多，QQ的最高在线人数在2012年已经突破了1.7亿。腾讯QQ的用户分布很广，其中以年轻人为主力军，在我国大学高校中，几乎所有的学生都有一个甚至多个QQ账号，腾讯QQ已经成为大学生最主要的通信方式之一。与此同时，随着

近年来信息化建设的大力发展，我国大多数高校基本拥有了较为完备的校园网络，这就给网络平台的搭建提供了坚实的基础。基于上述因素，高校图书馆在信息服务建设中如果能将腾讯 QQ 的各项功能加以充分利用，就可以加强图书馆与读者之间的联系，通过技术手段实现即时交流、文献传送、视频指导等功能，这样就能够在控制成本的基础上更加有效地提高工作效率。

（1）图书馆与读者建立沟通桥梁。腾讯 QQ 的普及率十分高，而且它是免费使用的，所以图书馆通过 QQ 和读者进行沟通联系是既便捷又低成本的方式。新生在入学时留下基本联系方式的同时，还可以将 QQ 账号、E-Mail 邮箱等联系方式添加到读者联系方式中。通过这种方式，图书馆和用户之间可以方便、快捷地通过 QQ 或邮箱等方式进行即时文字交流和信息交换，比起电话这种传统的方式，腾讯 QQ 拥有离线留言功能，即使对方不在线上，我们仍然可以向对方发送消息或留言，一旦对方上线后，就能够看到之前所有的消息和留言，这是传统沟通方式难以做到的。相比传统通信方式，腾讯 QQ 的通信成本要低得多，例如证件挂失、紧急信息发布等临时紧急服务都可以通过 QQ 来进行。在图书馆的日常工作中，馆员最常面对的就是读者的各种咨询，有时就需要对不同的读者的相同问题做许多次相同的回答。但是组建图书馆 QQ 群，可以从很大程度上解决这个问题。QQ 群为群体交流提供了一个平台，如果某位读者的提问之前群里其他读者问过，或者问题没有问过但是某些群友有能力解答，那么读者之间就可以进行交流，解决一些简单的问题。即使提的问题暂时没有群友能够解答，还可以之后再将这些问题反馈给图书馆工作人员来解决。QQ 群的功能十分强大，只要有一定等级的 QQ 账号就可以建立容量达几百人的超级群，在群内发布的消息所有群成员都可以看到，用户们可以针对某个话题进行讨论，某些志趣相投的群友也可以互加好友进行私聊。只要有网络，距离再远也不会阻碍大家的信息交流。图书馆一般会有培训项目来帮助读者，比如在高校中，会有针对新生的入馆教育或一些互动学习内容，这些工作都可以借助 QQ 群以社交网络的形式远程来完成。腾讯 QQ 还可以保留完整的聊天记录，这让日后的查询和备份工作变得十分方便。总之，充分利用 QQ 的即时与交互功能是图书馆密切联系读者，做好服务工作的有效方式之一。

（2）文件传送系统。文献传递服务是信息化环境下图书馆为满足用户，尤其是针对异地用户文献资料查阅需求，而推出的资源共享和提高工作效率的一项信息服务。IM 软件的文件传送功能够让双方通过 QQ 客户端传送和接收各种格式的文件，并且在很大程度上保证传送文件的完整和快速。例如腾讯 QQ 可以通过使用 UDP 通道和断点续传等方式对文件传送系统进行优化，在保持文件传送的稳定性的同时，大幅度提升 P2P 特别是 LAN 内的文件传送速度，再加上 QQ 文件传送系统简易合理的操作和超强的多平台兼容性，使其成为图书馆文献传递服务的首选工具。

（3）对用户进行教育和培训。随着网络技术和现代通信技术的应用，图书馆大量的硬盘光盘数据资料、电子出版物，集中引进的国内外各种数据库等，使图书馆馆员感到目不暇接，读者更加难以适应和利用。借助 IM 软件，图书馆可以快速、高效地对用户提供技术支持和指导，解决用户在使用图书馆资源时遇到的困难和障碍。图书馆还可以通过建立公众聊天室，适时地举办网络知识讲座和在线专题报告会，向用户传播检索理论基础、检索工具使用、数字文献使用方法等知识。

（4）调查用户的需求。图书馆是文化传播的重要媒介和窗口，也是用户获取知识和信息的重要途径。作为这样一个重要的社会机构，图书馆应当及时掌握各类读者的类型特点、层次分布、需求变化等信息，以便更有针对性地对各种服务进行改善。负责咨询的工作人员通过 IM 软件与用户进行交流的过程实际上就是给用户提供服务的过程，同时也是征集用户信息反馈的最佳时机。除此之外，图书馆也可以组织用户以群聊的方式召开读者交流活动，通过恰当的方式鼓励用户提出建议和意见，

积极参与到图书馆的管理中来，让图书馆所提供的各项服务更加完善。虽然腾讯 QQ 有许多优秀之处，但是从计算机软件的角度来说，腾讯 QQ 还不算完美。例如，QQ 的安全性始终不能达到令人满意的程度，黑客和恶意软件经常会通过 QQ 的漏洞来对用户进行攻击。因此，用户在使用 QQ 时应当主动加强自身的网络安全防范意识。最简易、便捷的方法就是提高密码的复杂程度，妥善保存密码，如果能够绑定手机和邮箱或者使用密码保护功能，那么 QQ 的安全性也会大大加强。此外，为了防止使用过程中被黑客攻击和种植木马，用户应当做到不点击不明的链接，经常升级系统补丁并安装防火墙和防病毒软件。如果用户能在使用时稍加注意，避免安全方面的问题，那么腾讯 QQ 将在高校图书馆工作中发挥重要的作用。

第三章 当代高校图书馆信息化建设中的版权保护

第一节 数字图书馆信息来源与版权问题

一、数字图书馆概述

（一）数字图书馆的定义

随着计算机和互联网的出现，人类文明得到飞跃式发展，而计算机网络的触角也深入了人们生活的每一个角落，并彻底地改变了人们的生活。图书馆作为人类文化传承的重要部分，也在被逐渐渗透：自 20 世纪 60 年代以来，以计算机、通信、网络为核心的现代信息技术推动着图书馆的自动化、数字化。随着计算机网络化的普及，数字图书馆已经成为现代图书馆发展的必然趋势。数字图书馆（Digital Library）的概念最早出现于美国"国家信息基础设施（National Information Infrastructure）"计划，而随着美国在 1991 年开始对数字图书馆进行研究之后，英国、法国、日本、德国、意大利等国家也开始投入巨资进行本国的数字图书馆建设。数字图书馆已经逐渐成为一个国家信息化水平的重要标志。

对于数字图书馆的定义，学术界目前并没有达成共识，不同的机构和学者对于数字图书馆都有其不同的定义。高文教授认为，"数字图书馆是以电子方式存储海量的多媒体信息并能对这些信息资源进行高效的操

作，如插入、删除、修改、检索、提供访问接口的信息保护等"①。这一定义着重从计算机技术的角度对数字图书馆进行定义，并强调了数字图书馆的高效操作性。

美国大学图书馆协会给数字图书馆下的定义为：①不是一个单一的主体；②是把许多地方的资源连接在一起的技术；③众多数字图书馆和信息服务的连接对终端用户应该是透明的；④目标是让广大用户最大限度地获取信息，得到信息服务；⑤馆藏不应限于原件的替代品，还应包括将无法用印刷方式表现或传递的实物数字化。

大英图书馆则认为，数字图书馆是利用数字技术获取、存储、存取、发布信息的图书馆。我国的国家图书馆则认为，数字图书馆为国家信息基础设施提供关键性信息管理技术，同时提供其主要的信息库和资源库，是国家信息基础设施的核心。

综合以上的说法可知，数字图书馆是一个完整的信息技术体系，是数字化技术和网络传播技术在图书馆事业上的应用，其对信息资源处理的基本方式是对图书资料进行数字化处理，将其转化为数字化形式的信息，然后将数字化形式的图书信息资料上传到互联网或局域网上，通过网络进行传输，使处于网络终端的读者可以在网上进行阅读。

数字图书馆不仅是传统图书馆的数字化和自动化，其建设的目的是通过廉价、便利的数字复制和网络传播，其承载的或分散的数字资源能够有效地传播和利用，并且图书馆的服务能够突破传统图书馆时间和空间的束缚，在人类社会中实现信息资源最大范围的共享，促进人类文明的进步。

（二）数字图书馆的特点与性质

1. 数字图书馆特点

数字图书馆是图书馆未来发展的趋势和方向，传统图书馆在人类社

---

① 高文. 云计算在图书馆中的应用研讨 [J]. 黑龙江科技信息，2016(30)：213.

会和文明中一直扮演着十分重要的角色，数字图书馆与传统图书馆在功能上都是为了传承人类文明，使信息资源能够在更大的范围内传播。但是与传统图书馆相比，数字图书馆还是有所不同，数字图书馆在功能、特征、馆藏建设、读者服务等方面都有了许多新的发展。数字图书馆利用网络和高性能计算机等条件，向读者提供更为先进、广泛和便捷的服务，实现了人们获取和使用信息方法的变革，数字图书馆相比于传统图书馆具有更大的优势。

在文献存储方面，传统图书馆的馆藏载体为纸质介质，而数字图书馆对于"馆藏"的含义有了新的变化和发展，数字图书馆对于不同信息格式（磁盘、光盘、磁带）以及不同信息类型（书目信息、全文信息、图像、音频、视频）的收藏，使得数字图书馆不再像传统图书馆一样受制于物理空间的制约。信息被数字化后，储存于电脑光盘或硬盘中，在一定程度上避免了资料多次查阅后的磨损，这使得一些珍贵的原始材料能为一般读者所接触。

在检索方式方面，传统图书馆的信息检索，需要读者从众多卡片中寻找资料，这样的检索方式无法保证全面性和准确性。而数字图书馆的电脑检索系统，使读者仅需要检索关键词，就可以准确地获得相关的信息资料。相对于通过检索、找书库、按检索号寻找图书这种传统的检索模式，数字图书馆的电脑检索模式更为简便、快捷。

在信息传递方面，传统图书馆由于物理位置的固定，读者在使用时，必须花费大量时间前往图书馆，跨国家、跨地域进行信息检索和使用会耗费巨大成本，而数字图书馆则有效改变了这一状况。读者可以利用互联网迅速获得信息，读者只需要登录相应的网站，即使处于不同城市、不同国家，也能在几秒钟内看到自己想要查询的信息。除此以外，传统图书馆中的纸质书籍和资料，同时仅能供一人使用，而数字图书馆则打破了这一限制，同一本"书"可以通过服务器供多人查阅，提高了信息的利用率。

2. 数字图书馆的性质

（1）公益性。

对于数字图书馆的性质，学者和机构并没有做出定论，数字图书馆从诞生至今，没有传统图书馆那样久远的历史。数字图书馆在不断适应着当前的社会环境，并在不停完善。

数字图书馆的公益性与营利性之争，已经成为数字图书馆主要属性问题争论的焦点。相较于传统图书馆，数字图书馆发生了很大程度的变化：由于数字技术的运用，数字图书馆的信息增值能力大大增加，其营利性业务也在逐渐增加。这样的改变是无法避免的，随之而来的则是人们对数字图书馆公益性的质疑。数字图书馆的功能拓展，直接导致数字图书馆法律地位的改变，著作权人、邻接权人、最终用户等多重身份，也注定了其具有公益性和营利性的双重属性。

国际图书馆联合会在其一项声明中指出，"图书馆是一项公益性事业，是唯一致力于向公众提供最宽广范围的信息和思想的社会组织。图书馆长期建立起来的自由使用信息和有平等机会接触信息及文化表达的传统，构成了确保图书馆的这些宗旨实现的基础。"传统图书馆在人类社会的文明传承过程中，具有明显的公益性，但是，随着计算机网络技术的出现和发展，在数字环境下，无论是服务方式还是运行机制都与传统图书馆不同的数字图书馆，衍生出了有偿服务等诸多新型服务模式，本来由传统图书馆在公共利益和作者，也就是著作权人之间建立的利益平衡就被打破了。那么对此，如何认定数字图书馆的性质呢？

首先，由于数字图书馆依托网络，向公众提供信息服务，其性质已经接近于互联网服务提供商 ISP（Internet Service Provider），数字图书馆所提供的服务不局限于内容提供，还包括目录、路标、链接、索引等信息检索服务。但是我们不能仅仅因为两者功能相似就将数字图书馆视为 ISP，图书馆还兼具公益服务性和特殊的社会职责——传承人类文明。

对于数字图书馆公益性和营利性，我们不应当片面看待。数字图书

馆本身是信息传播的枢纽，其根本使命就是通过网络向社会大众传播知识。正如前文所述，我们不能简单地将数字图书馆视为互联网服务提供商，如果仅仅将数字图书馆视为图书交易市场，就会忽视其公益性。

徐家力对于数字图书馆的公益性持有一种观点，他认为数字图书馆能否搭上传统图书馆的便车，适用我国《著作权法》第22条，由数字图书馆的性质决定。他将企业运营模式的数字图书馆称为数字图书服务商，如中国数图公司、书生、超星等，其并非公益性机构；而大专院校的数字图书馆公益性比较明显。

黄洁持类似的观点，其认为数字图书馆发展至今，可以分为两种情况：第一，数字图书馆只是图书馆开展的一个服务项目而非实体，如高校图书馆的数字图书馆项目，具有明显的公益性；第二，企业化运营体制和模式的数字图书馆实体，如书生、超星等，属营利性数字信息企业。

张平教授对数字图书馆进行了更深层次的分析，其认为数字图书馆在不同层面扮演着不同的角色，人们应当予以不同的对待，例如数字图书馆在"作品收集"和"内容服务"时，完全属于作品的传播者，以网络内容提供者（ICP）在著作权保护中的地位论之较为合适。虽然数字图书馆突破了传统的图书馆的概念，能够提供在线、高效、多媒体、信息流量大的阅读、检索与复制服务，尽管数字图书馆在功能和表现形式方面有别于传统图书馆，如数字图书馆兼具"书店"（Bookstore）服务与"图书馆"（Library）服务、"内容"（ICP）服务与"链接"（IAP）服务、"公益"服务与"营利"服务、"文字"（Literature）服务与"多媒体"（Multimedia）服务，但是其仍称为图书馆，那么其仍应当享有传统图书馆在著作权法中的一些权利和义务 [①]。

云凤羽认为，数字图书馆的公益性不应动摇的原因有以下三点：第一，数字图书馆的使命是为人们获取知识和信息提供方便和保障；第二，

① 张平 . 新形势下图书馆流通部管理与读者服务分析 [J]. 赤峰学院学报（自然科学版），2015，31(8)：199-200.

数字图书馆是保障公民阅读权利的机构；第三，数字图书馆在我国现阶段有特殊的功用①。基于以上原因，云凤羽认为数字图书馆应由政府投资建设，其显著的社会效益使其不适合企业化运作。

数字化技术带来的便利，如果为公益性所限制而局限于传统图书馆的物理范围内，那么数字化技术也就失去了其价值，这样不仅不符合图书馆发展的趋势，更不符合社会发展的趋势。因此我们应当肯定数字图书馆的公益性，并在将来对数字图书馆的权利、义务的设置过程当中，在平衡相关权益者的情况下，尽量考虑数字图书馆在物理位置以外的信息服务的著作权实现方式。

（2）营利性。

传统图书馆享受合理使用著作权等限制权利的基础是公益性，但事实上，我们也必须认识到，部分数字图书馆的公益性已经相对模糊，正如同上文所探讨，如果没有营利作为基础，需要大量资金进行建设的数字图书馆将无法生存。数字图书馆最早产生于美国，美国版权法试图对数字图书馆的营利性与公益性进行判定，但是其并不是基于该图书馆本身的性质，而是由其使用作品的性质来界定的。

我国现行的著作权法，并没有对图书馆是营利机构还是非营利机构做出规定，在对著作权以外的适用主体进行阐述时，提到了图书馆、档案馆、纪念馆、博物馆、美术馆等。这也是由于在我国，公益性是图书馆的主要属性，大部分的图书馆均依靠国家和地方政府设立，属于公益性文化事业单位，只有极少数私人设立的图书馆，而且这类图书馆的规模较小，难以长期生存。

争议就此产生，传统图书馆不具有营利性，也没有营利的能力。数字图书馆将作品提供给读者在网络上进行浏览，这样的行为本身并没有营利性，而且是以公众利用为目的，并促进了文化在人类社会的传播。

---

① 云凤羽．数字图书馆公益性的秉持 [J]．科技情报开发与经济，2007(18)：68-69.

事实上，出现这样的偏差主要是当前的环境对于营利性的判断标准发生了变化。从目前的各国立法以及国际著作权保护条约来看，对于"商业上的利益"以及"商业使用"的判断标准发生了改变。"商业性的概念已经被扩展，它不以是否营利作为评判标准，而是以是否'公之于众'为评判准绳。"《世界知识产权组织表演和录音制品条约》中就对"商业目的"定义为："在本条中，以有线或无线的方式向公众提供的、可为公众中的成员在其个人选定好的地点和时间获得的录音制品应被认为仿佛其原本即为商业目的而发行。"

从以上规定，我们可以看出，法律对于"商业目的"和"营利"的定义已经改变了，商业目的的判断标准逐渐宽泛化，无论主体的行为是否出于故意或者具有商业目的，是否有营利，但是只要其将作品公之于众，那么就会对该作品的潜在市场造成影响。传统图书馆的业务活动散布范围小，对作者尤其是对作品的潜在市场价值并不是特别明显。但随着数字图书馆的出现，网络和数字化技术的运用，这种影响已经逐渐发生改变，那么无论是公益性数字图书馆还是营利性数字图书馆，其行为从本质上来说，都符合上述条约中规定的"商业目的"，那么数字图书馆的营利性，也成为我们从著作权法角度考量数字图书馆保护不得不面临的现实。

（3）网络性和数字性。

数字图书馆目前所处的困境，尤其是著作权方面的诸多问题，都是由其网络性和数字性所带来的。传统著作权法的立法是基于复制技术规模有限并且成本高昂的背景，但是随着数字化技术和网络技术的运用，作品的复制变得轻而易举，而网络更使得作品能突破物理局限，跨越国界进行传播。不仅如此，网络技术的出现，使得知识产品，也就是作品的公共物品属性体现出来，使用者通过网络就能获取其需要的信息，并且不需要花费巨额成本就能进行大规模的复制和传播。

图书馆从诞生至今，其社会功能一直都没有改变，就是为了记录、

保存人类文化和历史，传承文化、传播知识、教育民众。1975 年，国际图联（IFLA）在里昂召开的会议上，再次重申了图书馆的职能："一是保存人类文化遗产，二是开展社会教育，三是传递科学情报信息，四是开发人类智力资源。"传统图书馆在版权利益链上扮演着一个重要且不可或缺的角色，其处于版权持有人和广大读者之间，它同时代表着双方的利益，一方面收集、整理、收藏、保存和传播作品，保证作者和出版商的利益，另一方面，它还维护公众获取作品的权利。

数字图书馆在传播方式和阅读方式的改变确实使其在本质上与传统图书馆有所区别，也因此带来了许多新的著作权法问题。但是无论数字图书馆的形态和内容发生了何种改变，它都是图书馆的一种，都肩负保存人类文化遗产、教育公民、传播知识的职责。这一点也是国际图联一直强调的，《国际图联关于在数字环境下版权问题的立场》中就强调了一个观点——"数字的并没有不同"。国际图联坚持认为，除非有这样的例外存在，即允许在以公共利益为目的和诸如教育和研究等合理利用的情况下，图书馆和公民可以无偿地接触和使用信息。否则，将存在这样的危险，仅仅只有那些承担得起费用的人能够利用信息社会的好处。这将导致信息富裕者和信息贫困者之间的差距甚至更大。

因此，既然传统图书馆在传统条件下被允许享有特殊的著作权责任豁免，那么在信息网络社会中，数字图书馆作为图书馆在网络时代的衍生产物，也应当拥有类似的责任豁免。世界产权组织（World Intellectual Organization，简称 WIPO）在其关于万维网的两个条约中就明确了现存的著作权例外和限制原则应当有条件地延伸到数字环境中。著作权的复制权、发行权等多项权利都应当进行重新界定，信息网络传播权和技术措施的保护法律的出台，也是学界和实务界对数字图书馆面临众多著作权问题所做出的回应。人们应当正确面对数字图书馆的网络性，并对现有的著作权相关法律问题进行修正，并允许制定与数字网络环境相适应的例外与限制原则。

（4）继承性。

数字图书馆作为传统图书馆的延续，自然继承了图书馆在保护人类智慧成果方面的重要作用，是人类文明传承过程中重要的保存信息知识的重要机构。这也是许多国际组织的共识，《国际图联关于在数字环境下版权问题的立场》中提到：保存信息和文化的责任属于图书馆和信息行业，著作权法不应该阻止图书馆依赖新的技术改进保存资料的手段。著作权法应允许图书馆和档案馆出于保存和维护资料的相关目的，把享有著作权的资料转换成数字形式。

但是从当前的情况来看，由于传统著作权法中的一些原则，数字图书馆对其承载的信息资源仅仅享有使用权而没有所有权。权利穷竭原则和技术措施的保护，使数字图书馆对其资源处于一种奇怪的"租用"状态，长期下去，数字图书馆这一作为图书馆网络时代下的衍生主体，将会失去图书馆的基本功能——馆藏，这将会是对人类知识和文化遗产保留的巨大限制。因此，数字资源的保存问题已经引起了国际社会的关注，LOCKSS、JSTOR、Digital Preservation 等项目的启动，也表明了世界各国对于该问题的重视。技术障碍将会随着计算机技术的飞速发展而解决，著作权问题才是人们应当仔细考虑的。

（三）数字图书馆的价值和法律地位

1. 数字图书馆的价值

马克思主义认为："价值这个普遍的概念是从人们对待满足他们需要的外界物的关系中产生的。"而数字图书馆正是因为能满足人们的各种需求，所以才具有价值。数字图书馆的价值，已经为大多数商业及公共机构所认可，早在 2006 年，欧洲的一篇新闻报道就指出，数字图书馆的优势在于轻松获取书籍、档案和各类影像。

（1）数字图书馆的经济价值。在《Measuring Your Library's Value》一书中，作者从经济学和统计学的角度，通过成本效益分析的方法评估了图书馆的经济价值。该书将传统图书馆的经济价值分为直接经济效益

和间接经济效益。直接经济效益通过读者阅读获得满足来体现，间接经济效益则由该读者对周围人的影响来体现。在国外，许多学者尝试从量化的角度来研究传统图书馆的经济价值。Glen Holt 就传统图书馆在社区中的经济价值分析指出，"为图书馆花的每一美元，所在社区平均可获得四美元的回报。"Madison 则通过对美国的三百多个图书馆进行调查，并提出结论：图书馆对社会的直接经济贡献来自图书馆员工工资、图书馆运营费用及来访者的花费；图书馆的间接经济贡献可以通过全年的访问人次、借阅人次、活动参加人次、电脑网络的使用时数、咨询服务数量等来衡量。Robert Glass 对堪萨斯州的图书馆、小企业发展中心以及企业商会进行的调查也证明了图书馆的经济价值：有近三分之一的企业通过利用图书馆的资源，在其国家和地区的经济发展中取得了较好的成绩。

（2）数字图书馆的人文价值。传统图书馆自诞生至今，其承担的职责就一直没有发生改变。因此图书馆在满足读者对于信息资源的需求的同时，还潜移默化地改变着读者的物质和精神属性，使读者具有一定潜在的实践力量，一旦条件具备，这种力量将创造出丰富的物质财富和精神财富，成为间接满足个人物质和精神需要的一种手段；图书馆满足了图书馆员的精神和物质需要，图书馆员作为一种职业，直接满足了社会的就业需要；图书馆作为学校教育的延伸和公共教育的重要机构，满足了广大群众的业余生活需要。

数字图书馆相比于传统图书馆，更具有人文价值，欧洲通信委员会就意识到了这一点，其在 2005 年 9 月 30 日就向欧洲议会、理事会、欧洲经济和社会委员会和地区委员会提出"2010：digital libraries"倡议。这一倡议就是在意识到数字图书馆的人文价值后，希望借助数字图书馆使欧洲的文化、音像和科学遗产能够在人类社会更为广泛地传播，并向所有人开放。这一倡议希望欧洲信息资源更易于使用和更适应当前的网络环境，并以丰富的欧洲文化遗产为基础，主动结合文化多样性、多种语言和技术进步。

　　徐妹、李明英则认为，数字图书馆极大地提升了人们获取知识信息的效率，促进了知识交流与传播，充分尊重人们获取知识的平等与自由，有益于读者的人格完善。这样的信息传递方式，加强了资源共享，促进了信息与知识的平等，提高了读者的文化素质。如果把近百年来皇家私藏进入平民图书馆视为图书馆的"一次革命"，那么，数字图书馆的发展就将是"二次革命"。人们必须充分地认识数字图书馆的人文价值，通过数字技术和网络技术的运用，促进人类的文明更广泛地传播①。

　　（3）数字图书馆的服务价值。图书馆本质属性决定了服务是图书馆存在的理由，图书馆的服务价值决定了图书馆的生存意义。因此，服务是贯穿图书馆发展的主线，也是图书馆发展的根基和事业建设的核心。对于图书馆的服务价值，我们应当从两个方面去认识，首先是普遍服务，图书馆普遍服务是任何人在任何地方能够以合理的方式和公平的标准获得图书馆的服务。另一方面则是个性化服务，个性化服务指图书馆在数字信息环境中，主要利用网络和信息技术，获取并分析用户的信息使用习惯、偏好、背景和要求，从而为用户提供充分满足其个体信息需要的一种集成性信息服务。

　　数字图书馆正是传统图书馆进行个性化服务时，结合数字技术和网络技术的产物，数字图书馆今后的发展应坚持以用户为中心、以知识为服务内容、以知识资源全社会共享为价值取向。

　　虽然有些学者认为，由于网络建设的问题，并不是世界上所有的人都能平等地使用这些数字资源，数字图书馆的福利还不足以影响到社会的每一个角落，并不是所有公民都能享受数字图书馆带来的服务。但是数字图书馆是图书馆未来发展的必然趋势，而网络的完善也将会是社会进步的必然结果，而且已经有一部分社会群体已经在享受数字图书馆带来的便捷和高效。可以预知的是，数字图书馆带来的福利将

---

① 徐妹，李明英. 数字图书馆的人文主义价值探析 [J]. 图书馆界，2009(2)：10-12.

会影响越来越多的人。

王东临认为，尽管一些技术方面的创新并不是直接服务于大众，甚至与人们的日常生活离得比较远，但是这些技术的创新确实是公众福利发展的动力。从数字图书馆发展的角度来看，若是单纯以 GDP 为指标，那么数字图书馆的创新并没有带来显著的价值，若是从社会福利的提高来看，数字图书馆的创新则具有无可比拟的社会价值。

2. 数字图书馆的法律地位

图书馆在著作权法中处于相当重要的地位，无论是在平衡读者和作者、出版商的利益之间，还是在连接读者与作者之间，都发挥着举足轻重的作用。但是数字图书馆与传统图书馆存在着本质的区别，由于数字化技术的运用，以及网络技术的普及，数字图书馆的法律地位已经与传统图书馆不尽相同。在我国，传统图书馆是事业单位，主要从事科学文化研究事业，由于其本身所具有公益性，所以图书馆的建设，从基础设施、人员工资、信息加工成本到技术手段，都是依靠政府投入。这种"特权"在版权法中的表现之一就是把图书馆当成最终用户（如读者）来对待，其结果是大大减少了图书馆可能承担的版权责任。

对于数字图书馆的法律地位问题，曾经有学者在现有的著作权法律体系中提出，将数字图书馆定位为信息传播媒体。虽然种种情况表明数字图书馆确实具有信息传播媒体尤其是数字信息传播媒体的法律性质，但是人们不能将其定义为信息传播媒体。这样的考虑虽然能理顺数字图书馆涉及的一些利益关系，也能处理一些著作权法方面的问题，但是忽略了数字图书馆所具有的公益性服务，这会使数字图书馆的公共利益大大受损，如果将数字图书馆视为信息传播媒体，那么数字图书馆将会失去作为最终用户所享有的"特权"。所以，在处理数字图书馆的法律地位问题方面，应该明确两点：一是继续肯定数字图书馆的"公益性"，在一些方面保留数字图书馆在著作权法方面的一些"特权"，只有这样才符合图书馆的发展趋势，也有利于促进数字图书馆的建设更加完善；

二是在处理具体版权问题方面，可以依照不同情况，对数字图书馆"营利性"部分的服务进行特殊处理，以保障作者和出版商的权益。

王爱霞、王鸿信认为，数字图书馆只不过是将数字技术、网络技术运用于图书馆的建设和服务，其目的在于更高效地发挥图书馆的信息传播功能，更好地为读者提供更为快捷的服务①。尽管在现实中，数字图书馆在有些服务项目上存在收费的现象，但这并不能改变数字图书馆公益性的法律地位。但也有一些学者则更倾向于否认数字图书馆的公益性，江向东教授认为，在非网络环境下，传统图书馆的法律地位当然是版权作品的使用者，其代表着公众的利益，也必然享受版权法中"合理使用"的条款。但是进入网络时代，数字图书馆的性质决定了其不可能提供免费的信息服务，数字图书馆实际上就是信息服务的提供者（ICP），而随着信息技术和自身的发展，数字图书馆必将成为资源最为丰富、点击率最高的 ICP，那么其在著作权法中的定位就十分明确了，数字图书馆既是信息传播者，也必须承担版权产业集团相应的版权义务，否则就会对其他 ICP 构成不正当竞争②。笔者认为，这样的看法过于片面，仅仅从数字图书馆所提供的服务来对数字图书馆的法律地位进行定性，而忽略了数字图书馆作为图书馆本身所承载的义务和职责——传承文明、教育公民，那么这样片面的定位，必将会错误引导今后著作权法的修订，也阻碍了数字图书馆的发展。

许多学者反对片面地看待数字图书馆的法律地位问题，黄洁就明确指出，在确定数字图书馆的法律地位问题时，应当明确数字图书馆同时兼具公益性法律地位和作品传播者的法律地位，但是数字图书馆应当在提供有偿服务时，遵循著作权法相关规定。张平教授也认为，数字图书

---

① 王爱霞，王鸿信. 数字图书馆用户著作权侵权行为探析 [J]. 图书馆理论与实践，2013(11)：10-12.

② 江向东. 近三年来我国数字图书馆版权问题研究现状分析 [J]. 津图学刊，2004(2)：3-12.

馆是一个多重权利的主体，它不仅扮演着作品利用者的角色，还扮演着版权人和ISP角色，即邻接权人的角色。但是依照现有的著作权法律体系来看，由于欠缺网络环境下对于著作权限制的一些规定和设想，数字图书馆的生存并不乐观。在我国现行著作权法律体系中，针对数字图书馆的网络信息服务提供者身份，已经有了一些规定，虽然从一定程度上免除了数字图书馆的一些义务，但是与传统图书馆相比，这样的权利范围未免太小了。

从以上的观点来看，许多学者还是能够全面地看待数字图书馆在不同场合下的多重主体身份，重要的是，在清楚认识数字图书馆的主体身份多重性的情况下，还能肯定数字图书馆的公益性，只有这样才能保证数字图书馆未来的良性发展。对此，国际图联明确了其看法：从性质上来说，数字图书馆与传统图书馆是相同的，都是公益性的；对于数字形式的作品，我们应当用更长远的眼光去看待，应该取消数字形式作品额外的收费，并期望允许所有数字图书馆的用户能够公开浏览可利用的著作权材料，并通过远程登录的方式，公开阅读和观看已经进入市场的著作权材料。这一切，都在于"数字的并没有不同"。

二、数字图书馆的信息来源

（一）馆藏作品的数字化

传统图书馆的主要特点在于其拥有大量的图书、报刊和文献资料。数字图书馆在拥有新的数字储存技术之后，更是将这一特点发挥得淋漓尽致。但是对于数字图书馆来说，其面临的一个重要的问题，就是其是否有权将其馆藏作品进行数字化。馆藏作品的数字化，其实就是利用计算机技术将人们常见的作品形式，诸如文字、声音、图像、表格等信息，转化为可以储存在电脑中的，由0和1构成的二进制数字编码。

对于作品数字化行为的定性，无论是国际条约还是国内立法，都已经有了明确的规定:《世界知识产权组织版权条约》(World Intellectual Property Organization Copyright Treaty,简称WTC)在其议定声明中,对数字化的问题做了特别规定:"《伯尔尼公约》第9条所规定的复制权及其所允许的例外,完全适用于数字环境,尤其是以数字形式使用作品的情况。不言而喻,在电子媒体中以数字形式存储受保护的作品,构成《伯尔尼公约》第9条意义下的复制。"而我国国家版权局颁布的《关于制作数字化制品的著作权规定》中也指出,"将已有作品制成数字化制品,不论已有作品以何种形式表现和固定,都属于《中华人民共和国著作权法实施条例》第五条(一)所指的复制行为,即《中华人民共和国著作权法》所称的复制行为。"

由于数字化作品可以轻易地被复制和传播,著作权人无法再像以往一样控制其作品,进而导致其著作财产权受损,因此著作权人往往不倾向于将其作品数字化,当作品的数字化行为被定义为复制行为后,数字图书馆再将受著作权法保护的作品进行数字化时,就必须经过相关权利人的许可,否则将被视为侵权,而这也成了数字图书馆发展的一个重大阻碍。

传统图书馆可以基于其公益性,在一定范围内享有复制权的例外,如以保存为目的进行合理使用,但是这样的合理使用也都具有严格的前提条件。如美国的《数字千年版权法案》(Digital Millennium Copyright Act,简称DMCA),就对美国的著作权法进行了修订,这些修订主要是针对网络环境和数字技术下的新的著作权法问题进行的。修订后的美国著作权法规定,图书馆如果单纯为了保存、安全、收藏以供研究之用的话,可以对其馆藏中未经公开发表的作品进行复制;如果为了替换已损坏、恶化、遗失、遭窃的复制件,或是因作品储存格式业已过时,而且图书馆经过合理的努力后,仍不能以合理价格取得一份未使用过的替换物时,可以对馆藏中已经公开发表的作品进行复制。在原有的著作权法中,以上两种复制仅能采取同一形式的复制,DMCA却赋予图书馆以数

字化的形式进行复制，虽然这种复制件必须被严格控制，不能在图书馆经营场所外为公众所获得，但这也是著作权对数字图书馆进行馆藏作品数字化的一种让步。

澳大利亚的现行著作权法也做出了类似的规定，其规定图书馆为了保存手稿或具有艺术价值的原本著作免于消失或损坏，为了现在或未来的研究，以及为了替换已公开发表但已损坏、恶化、遗失或遭窃的著作（包括视听作品），且其复制件（非二手复制件）无法在合理的时间内以正常的商业价格取得，则可以自行复制馆藏作品。澳大利亚的这一规定对原本艺术著作，有着更加严格的要求：必须是因为该原本著作已经遗失或毁损，或者是该著作相当不稳定，以至于展示时无法避免显著毁损的风险，所以才可因保存该著作而制作该著作的复制件。如果需要进一步对此复制件进行线上传输，则必须在图书馆内的计算机终端上进行，并且要保证不能被进一步复制和传输。

我国现行法律体系对于数字图书馆的作品数字化行为也设置了合理的使用制度，但是其范围十分狭窄，并有十分严格的前提条件：

首先，这种合理使用的目的只能是为了保存著作作品的需要，在我国公布的《信息网络传播权保护条例》中具体是这样规定的："已经损毁或者濒临损毁、丢失或者失窃，或者其存储格式已经过时，并且在市场上无法购买或者只能以明显高于标定的价格购买的作品。"对于"存储格式过时"，我国并没有明确其标准，但是根据美国著作权法的规定，如提供辨识该著作储存格式所必需的机器或设备，已不再生产或是在商业市场上不再能合理取得时，该种格式即视为过时。而对于"市场"的界定，从相关的条例释义和图书馆实践来看，我国法律条文中所规定的市场，不包括"二手市场"。

其次，可以被复制的作品范围仅限于图书馆的物理馆藏，并不包括虚拟馆藏，即可以被复制的作品都必须是具有物理载体的作品。在复制的数量问题上，美国DMCA提出的是仅能复制三份，其中一份用以存档、一份用作母本、一份作为使用本。虽然我国的相关条文并没有规定具体数目，但是对于这类作品的复制仍然应该控制在有限的范围之内。

而且，我国法律还规定了其他一些附随义务，比如在复制件中必须指明作者姓名、作品名称，且不得侵犯作者除了复制权以外的其他应当享有的权利，不得通过复制件或复制行为，直接或间接地获得经济利益。

以上的法律规定，虽然赋予数字图书馆在数字化行为中的合理使用权利，但是人们可以明显地感觉到，这样的合理使用是十分有限的，并且经过合理使用数字化后的作品，并不能通过广域网进行使用。因此，在实践当中，数字图书馆进行资源建设时，只能通过大量寻求作者的授权而解决数字化作品数量不足的问题，但是这样的解决途径无异于杯水车薪，因此，数字图书馆在解决数字化资源不足的问题时，应当积极寻求另外的途径。

从目前来看，数字图书馆可以将数字化的对象集中在一些使用不受著作权限制的作品，如已经超过保护期而进入公有领域的作品，或是不具备著作权法保护条件的作品。对于这些作品，数字图书馆可以自由进行数字化和传播。但是要注意在复制和传播的过程中，不应当侵犯著作权权利人的精神权利。如使用时要尊重作者的署名权，要注意保护权利管理信息的完整性。此外，对于数据库作品来说，即便其组成的材料是没有著作权的作品，但是对于一些具有独创性的汇编作品，数字图书馆也不得侵犯汇编人的汇编权。此外，公有领域作品中会有其他一些著作权，如出版者的版式设计权，图书馆制作此类图书的复制件时，应当避免与其版式设计完全一致。

在数字图书馆数字化作品的过程当中，还有一些其他问题需要解决，如对于未发表作品的利用问题。美国和澳大利亚的著作权法对于未发表作品的问题均有涉及，美国著作权法允许对"未发表作品"进行复制，但必须出于保存、安全的目的进行，还可以为了其他非营利性图书馆收藏的目的进行复制。澳大利亚著作权法则规定图书馆可以因替换和保存

进行复制，但范围仅限于"手稿""原本艺术著作"之类的未发表作品。

从我国《信息网络传播权保护条例》的第七条的规定来看，其并没有明确指出，未发表作品可以因保存目的进行合理使用。但是如果因为这些作品"已经损毁或者濒临损毁、丢失或者失窃，或者其存储格式已经过时"，那么图书馆在其馆藏的范围内进行作品的数字化，以期保存作品的行为，完全可以适用合理使用的规定。但是《信息网络传播权保护条例》第七条除了复制行为以外，还规定，数字图书馆可以将复制件在馆藏范围内以数字的形式提供给读者，在这种情形下，如果将未发表作品也提供给读者，将会造成很大的问题。

举例来说，学生提交论文给学位授予单位是应该的，但是其作品的著作权仍属于作者自己，图书馆仅仅是保存机构而已。如果图书馆在未经著作权人许可的情况下，在局域网内公开和传播作品，这必将会侵害作者的发表权和信息网络传播权。发表权从本质上来说是决定作品是否公之于众的权利，而对于公之于众的标准，并不是取决于能够接触作品的人数，而是只要可以让"不特定的人"接触到，就已经认定为是公开了。所以我们认为，在局域网内的公开，已经构成了发表。所以，《信息网络传播权保护条例》第七条的规定从理论上来讲，应该不涉及"未发表作品"。

因此，在涉及未发表作品的复制和使用的问题没有明确法律规定的情况下，数字图书馆对于相关的著作权问题，应当通过合同来解决。尤其是针对学位论文、教参资料等，这些资料对于教学和科研人员具有重大的参考价值，如果能在合理使用的范围内对这些资料进行传播，将会加快学术研究的进程。但事实情况是，许多这种资料的作者已经很难联系到，所以法律应当对作为收藏机构的图书馆在多大范围内有复制和传播的权利进行规定。而在制度创设时，如果涉及图书馆例外的时候，法律应该把已经发表的作品和未发表作品予以区别对待，毕竟二者的法律性质相差较远。

除此以外，数字图书馆因其自身目的而进行的复制是否必须基于保存之必要，也是数字图书馆在解决作品数字化过程中必须重视的问题。《信息网络传播权保护条例》第七条的限制，使得图书馆可以进行数字化的行为是极其有限的，其范围仅限于为了保存版本需要而进行的复制。其他的任何情况，诸如因自身管理，读者研究以及馆际互借等目的进行的数字化行为都不被认为是合理使用。由此看来，目前众多图书馆为了建设数字图书馆而进行的"数字化工程"，几乎都有侵权的嫌疑。

从以上规定我们可以看出，只要数字图书馆将对作品的数字化过程，控制在一定的范围内，并且不影响作品的正常使用和不侵害著作权人其他合法利益，那么其就应该属于合理使用的范围。和国外相关立法进行对比后，人们应当意识到，对于数字图书馆为自身目的进行的合理使用的范围，还有可扩展的空间。

（二）临时复制

虽然数字化被承认属于传统著作权中的复制行为，但是临时复制问题，又成为世界各国的争论焦点。在著作权法中，临时复制（Temporary Copy）是指一项作品从计算机外部首先进入该计算机随机内存（Random Access Memory，简称 RAM），并停留于此，最终因为计算机关机、重启、后续信息挤兑等原因消失于随机内存的过程。

临时复制在传统著作权法中并没有出现，它完全是计算机技术带来的一个新的著作权问题。以往人们在书店翻阅和浏览图书时，权利人是不会进行任何干涉的，因为人脑无法在短时间内形成对作品的复制。但是，网络浏览不同于印刷环境下的浏览，有人就提出在不远的将来，一些作品的利用将会主要甚至完全地依赖于临时复制。试想如果大部分读者都通过计算机在网络上阅读作品，即便不进行永久复制，作品著作权人的利益也将会受到极大的损害。反之，如果将这种浏览也置于著作权控制之下，就会对公众获取作品产生极大的制约，而这也是与著作权的基本原则相违背的，因为著作权的基本原则是不应当限制信息的获取，

否则将会导致信息的流通和传播的不畅。

复制权在著作权中所占有的地位是比较重要的，因此，临时复制是否属于著作权法保护的范围，也成为网络环境下著作权法的重要问题。如果将临时复制纳入著作权法保护的范围内，显然会对著作权人有益，因为其扩大了著作权人专有权的范围；如果不将其纳入著作权法保护的范围，则将会对广大作品使用人有利，因为其降低了作品使用人获得信息的成本。因此，对于是否将临时复制纳入著作权法保护的范围，也体现了著作权人与作品使用人之间的利益平衡问题。

对于这个问题，不同国家有不同的立场，其立场也体现了其在个人利益与公众利益方面的选择。美国在1995年公布的《知识产权与国家信息基础设施》白皮书中指出，所有的网络传输都是对作品的一次或多次的复制，如果不承认临时复制，著作权人的权利将无法得到实现。尽管数字传输过程中计算机显示或播放的过程十分短暂，但是，就在这十分短暂的过程内，用户计算机显示器还是再现了作品，从而构成了对该作品的复制。事实上，美国是世界上最大的知识产权成果输出国，该国主张将临时复制纳入传统复制之中，对其国家利益极为有利。但包括我国在内的发展中国家，由于需要各种智力成果，因此在对其他发达国家先进的文化进行获取时，都希望能避免额外的成本，所以普遍否认临时复制属于传统著作权法中的复制行为的观点。国内部分学者认为，我国是著作权作品的进口国，若临时复制构成复制，这将极大地妨碍国内用户通过互联网阅读和浏览有价值的作品信息。

从现有的国际条约来看，其还是站在发达国家的立场予以规定的，WCT草案中最初对于复制权的适用范围，规定的是"以任何方式或形式，直接或间接地对作品进行永久性或临时性的复制"，其后由于遭到发展中国家的一致反对而被删除。但是其在"协议声明"中的规定，又表明了其承认临时复制属于复制的立场。

我国虽然已经加入WCT条约，但是我国现行的著作权法体系，并

没有将临时复制纳入复制的范畴。在《信息网络传播权保护条例》的起草过程中，曾经有学者提出应当对"临时复制"问题进行规制，但事实上由于临时复制主要涉及终端用户在线使用作品的问题，这种行为很难彻底被禁止。而《信息网络传播权保护条例》本身也属于著作权法的下位法，在著作权法未明确规定的情况下，《信息网络传播权保护条例》不宜对相关问题做出规定。

如果不考虑国家利益，从应然法的角度来看，人们应当承认临时复制确实属于复制。人们不能仅仅因为其复制时间的短暂，就否认其复制的本质属性。人们在判断某一概念的属性时，判断标准应当是"质"，而非"量"。既然临时复制与长久复制在"质"上都归于"复制"，那么，临时复制就不可能存在于"质"之外；对于"量"上的区别，人们应该通过"量"的区别定位加以区分。因此，人们应当认真对待临时复制的有关问题，某些被认为是技术性的、没有独立经济价值的复制，也许毁在将来成为作品的主要适用方式，权利人能否控制这种复制将与其合法权益息息相关。如果不承认临时复制属于著作权法保护的范畴，必然对著作权人的权益有所损害。但是对于临时复制的承认，并不意味着其适用是没有限制的。

假如法律赋予著作权人不受限制的临时复制专有权，将会造成可怕的局面：任何一个网民在浏览网页的时候，同时就处于侵权的状态，信息将无法正常传播，作品使用人的权益也会遭到极大的损害，这与著作权法最基本的原则相违背。因此，人们在承认临时复制属于著作权法规定的复制行为的同时，也应当对其予以一定的限制。在网络环境下，著作权人可以采取技术措施对作品的访问和获取进行限制，因此人们可以通过合理使用制度与著作权人默许相结合，对临时复制进行限制。任何未经技术保护措施处理的作品，都应当视为著作权人默认他人可以通过合理的方式使用作品，但是这种合理的方式也必须符合著作权法律制度中关于合理使用制度的规定，即不得以营利为目的，否则将会被视为侵权。

三、数字图书馆数据库使用中的版权问题

谈及数字图书馆数据库的版权问题，根据常理，可以涉及两个方面：其一，是在馆藏信息的数字化过程中发生在数据库制作者和文献资源著作人之间、数据库制作者与子数据库制作者之间、数据库制作者与网络资源版权所有者之间的一些利益冲突和侵权问题；其二，是在数据库的制作者和数据库的使用者之间，用户是否能够依照合理合法的程序对制作者付出大量人力、物力和智力劳动的成品数据库进行使用，并支付相关的报酬。而数字图书馆的数据库在这两种关系中就具备了双重的身份，成了矛盾的焦点，本书讨论的焦点集中于后一种矛盾。

（一）作为版权主体对数字资源的使用方面

数字图书馆要对本馆的信息资源数字化，并在网络上传播，供读者阅读使用，构成了数字化信息资源上载行为（Upload），而读者要采集、利用数字化信息资源，就要浏览、下载、打印数字化信息资源，这就构成了数字化信息资源的下载行为（Download）。被下载的作品应当获得著作权人的同意，读者下载时也要考虑目的和数量，以此保护著作权人的合法权益。知识产权的侵权就可能同时存在于图书馆对数字化信息资源的上载行为和读者对数字化信息资源的下载行为中。传统图书馆对作者著作权的保护限于"一次性买断"，只要没有购买盗版书籍，图书馆购得所有权后，就对这些信息资源享有了永久使用权，可以供读者自由借阅和部分少量的复制。而在数字图书馆环境下，侵权问题就要复杂得多，如果没有解决好数字信息资源的知识产权问题，那么每次的使用都是对作者著作权的侵害。图书馆对作品的著作权保护和自身服务理念之间的冲突，是在新的环境下对图书馆建设的挑战，这就是数字图书馆作为版权主体所涉及的文献资源的版权问题。

1.传统文献资料的数字化

从技术角度来说，数字图书馆基础性建设较多是对传统文献的数字

化。虽然在对传统文献数字化这一行为的定性略有争议，但是大家普遍认为：数字化过程只是对文献资料的形式转换，其间并没有产生新的知识价值，属于复制行为，因此应该参照我国著作权法中复制权的有关规定。合法复制的范围主要包括"合理使用"的文献、不适用著作权法保护的文献、超出保护期限的文献等。

将传统文献资料数字化的过程只是一项前提工作，读者能够通过网络直接获取数字化信息资源，这使读者无须购买印刷本即可享受信息资源，这种信息的传播过程才真正地侵犯了著作权人的权益。因为作品一旦转化为数字形式，在质量不变的前提下复制成本显著降低，网络化的环境又为传播提供便利途径，难以对侵权行为加以有效控制。就"网络传播侵权适用"来说，目前世界各国的意见并不一致。美国适用复制权加发行权，基于数字化信息一旦被下载就足以永久保存的认识。而欧洲国家则适用复制权加公开传播权，认为下载行为并不足以代表永久保存，但是可以视为传播行为。我国著作权法虽没有明确提出"网络传播权"这一概念，但参考著作权法第十条规定可知，作品的网络传播虽然不同于传统方式中的复制、出版、发行、公开表演、播出等，但是同样应属于著作权人的专有权利，未经许可，不能使用。

2. 二、三次文献的版权

二次文献包括各类目录、索引和文摘，这类文献是为了方便读者查阅原文，它的数字化一般不会侵犯到原作者的著作权，应属于"合理使用"的范围。如果在此类数据编排上有自己的独创性，图书馆还可以享有自己的著作权。三次文献包括综述、报告、手册、指南、论文集、年鉴和百科全书等，此类文献要注意保护著作权人的合法权益，但是一般也不会产生侵犯著作权的问题。二、三次文献具有很强的实用性，是数字图书馆建设不容忽视的板块内容。

（二）作为版权客体在数据库被使用的方面

数字图书馆数据库的制作者和使用者之间还存在着一种紧密的联系，

这是一种使用的关系，也是本节要讨论的重点问题。

数字图书馆的数据库制作完成后，就面临着用户的使用问题，使用就关系到权利的问题，权利的享有者是数据库制作者，用户使用数据库的过程是否合理合法，是否存在某种侵权行为，数据库在被使用的同时，其制作者的权利是否得到了很好的维护，以利益为中介的投资和收入是否有益于制作者等，都是包含在这个关系中的问题。因为制作者在数据库的建设过程中确实付出了大量的人力和物力的投资，理应得到相应的回报和保护，但前提是已经建成的数据库是享有一定的版权保护的。下面笔者将以数字图书馆中的期刊数据库为例，简要地阐述这种关系和问题的所在，为后面的研究打下基础。

1. 数据库的用户类型

在数据库的销售和使用中，往往会根据不同的用户类型制定不同的定价和销售标准，以及用户使用数据库的方式，因此也会存在不同的问题。

第一，按照用户性质规模来划分的话，用户可以分为机构用户和个人用户。机构用户是数据库使用者中的主体部分，主要是以高校和企事业单位为代表，如本科院校、专科院校、小规模的学术机构单位，等等，对这种用户的价格制定主要涉及以下几个方面，包括全时学生等量数、并发用户、连线时间、调制解调器、文件数量、下载数量、浏览次数和端口数量等，不同的参数会对数据库的用户有不同的定价标准和使用要求。

第二，按照付费方式来划分的话，可以将用户分为包库用户和流量用户。包库用户又主要分为镜像站点用户和网上包库用户两种。镜像站点，是指将数据库系统安装到用户的网络服务器上，读者在单位内部浏览，适用于受网络带宽限制，上网速度较慢，有校园网、服务器和存储设备的规模较大的机构用户；网上包库，是指用户使用包库账号通过互联网登录期刊数据库，使用所订期刊数据库的内容，适用于受硬件条件

限制不能采用镜像站点，但能够上网的机构用户，也适用于使用信息量较大的个人用户。

流量用户是指用户通过检索卡登录期刊数据库网站后，可以检索使用数据库的内容，并根据下载量进行收费，适用于使用信息量相对较少，不需采用镜像站点或网上包库的机构用户和信息量相对较少的个人用户。数字图书馆数据库对机构和个人用户的使用权限与使用方式的要求是不同的，在协议中必须根据文献资源建设的根本目的和本馆的实际需求明确图书馆和用户的权利，保障他们的合法权益。全球最大的法律数据库认为 Westlaw 数据库针对大学、政府、律师事务所都有不同的使用许可范围，收费也不一样，而不同类型的用户也有着不同的权益形式，但总体可以归结为以下几点：

访问权。包括向公众开放的机构用户（如图书馆）是否可以向公众提供被许可使用的出版物的访问权，这种访问应该通过何种方式或在什么地点范围限制内进行，是否允许公众远程访问被许可使用的出版物。

浏览权。用户是否有权浏览、检索命中的完全结果，浏览的内容是索引、题录、文摘，还是全文。

下载权。也称数码存储权，指用户能否将检索命中的结果从网络下载（即以数字形式存储）至本地数据库或本地硬盘后形成副本进行多次反复使用。

打印权。是指被许可的用户可否从被许可使用的出版物打印出某些文章、章节的书面副本。下载权和打印权在有些许可证协议中被综合成复制权。

教学、研究使用权。这一权利主要依据著作权法的合理使用规定。国际著作权条约和各国的国内法都为学校课堂教学与科研规定了限制与例外，因此，应考虑赋予图书馆将被许可使用的出版物的部分的副本（书面副本或下载副本）编入纸面或数码形式的教师指定参考资料库或电子课程包，并出售或分发给被许可的用户，供其在教学、研究中使用的权利。

馆际互借权。是指是否可以将被许可使用的出版物提供给无权访问该数据库的机构，实行馆际互借等。

解释权。是指解释用户行为的合理性与合法性。理论上来讲，这些权益对用户而言足以保证其支付的报酬与得到的利益之间的均衡，但由于对利益最大化的追求，用户仍然可能会通过各种非法的方式，谋求更大的利益，其行为会对数据库本身的合法权益造成损害，造成侵权问题。

2. 期刊数据库侵权问题可能发生的情况

虽然在实际操作中，数据库的制作者与用户之间会签订数据库的许可使用条款，但是合同条款并非万能的，用户在对数据库的访问、浏览和下载的过程中，可能会超越用户权益范围和使用方式的规定而出现侵权的情况。数字图书馆的数据库建设一般通过开发和购买两种途径，数据库的开发周期长，购买价格高，因此文献部门在提供数据库服务时，最典型的侵犯知识产权的表现就是运用现代信息技术套录别人的数据库，然后用于自己的信息检索服务，尤其常见于一些规模较小、没有足够能力开发或购买数据库的图书馆。

国内多所大学图书馆都发生过因为少数用户批量下载的现象而被国际数据库商提出警告，暂时中断使用并险些上诉法庭的情况。被诉上国际法庭的情况虽然没有出现，但是因为这些原因而被封掉 IP，终止一定时期的数据库使用权的现象确实经常发生，这影响了数据库的使用效益。国内某图书馆曾以一年 60 多万元的价格购买了一个国际的网络全文数据库使用权，协议规定属于该校 IP 地址范围内的所有用户都有权获取信息。但是，在一年的使用期内，该图书馆被供应方多次以"滥用"为由，停止所有合法用户的数据库连接权，并且停用时间比可用时间还要多。

从法理上而言，汇编者对无著作权的公众信息、数据或是资料构成的数据库，享有双重权利，而未经许可，对编辑作品进行复制、再加工等整体性处理的行为，不只是侵权，而且是双重侵权。根据相关文献的检索情况，笔者将可能发生的侵权行为归结为以下几点：

个人用户行使的权利超出了限制的范围。用户的权利都不是绝对的，总是与一定的限制相联系，都有其合理范围和合理使用的程度。如对访问权的限制往往就包括了禁止被许可用户以外的任何人的访问，以及公众的远程访问；对下载权的限制就包括了禁止批量下载等要求，而一些用户则会在平时对数据库的使用中违背这些相关规定。

引用数据库中作品不注明出处。数字图书馆数据库中所编录的文献资源均是享有版权的，这些版权是数据库制作者与文献版权所有者之间的法律关系，而用户在使用数据库下载相关文献资源并引用的同时，可能会不标明文献的出处和作者等信息，这是对数据库本身的一种侵权，也是对这些被引用的文献的侵权。

机构用户提供的文献服务超出了限制范围。比如数字图书馆数据库对教学使用权的授予一般与对图书馆在相应的课程结束的学期末删除包含在电子课程包或教师指定参考资料库中的有关部分的数码形式的副本的要求紧密结合起来。对馆际互借的限制就更为复杂，包括用于馆际互借的资料的形式、数量、对方的条件等，都是机构用户在使用数据库过程中容易出现问题的限制规则。

机构用户随意修改管理信息。理论上，在对数据库的使用过程中，用户还必须严格遵守本国或双方共同加入的国际知识产权条约的有关著作权人精神权利和财产权利的规定。但时常会有一些机构用户在获得数据库的使用权之后，不仅会擅自删除、隐藏或者修改数据库及其中出版物的版权声明和版权管理信息等，或者是未经数据库制作者的许可，擅自对数据库形式或其中的篇目或其他资料进行修改、翻译或者创作一些衍生作品，这些行为都对数据库构成侵权行为。

（三）对广义数据库版权实施保护的必要性

1. 经济价值的巨大性

在当今这个信息大爆炸的时代，信息早已成为一种重要的无形资产，获取及时、准确、广博的信息也早已成为一种重要的商业竞争手段，

信息的商品化诱惑着人们从事信息的采集、整理和传播，从而推动信息服务业的发展。利用计算机和数字化技术制作的数据库由于具备存储信息量大、检索快捷、使用方便、实用性强等优势，早已与传统的非电子数据库一起，成了当今信息社会中不可缺少的工具，蕴藏着很大的经济价值。

2. 投资的巨大性

广义数据库的版权保护，特别是对电子数据库的保护，已经成为一个重要的问题。其主要原因就是开发、制作和维护电子数据库需要投入大量的人力、物力和财力。

首先，电子数据库的开发、制作和维护需要进行大量的数据收集、整理和更新工作。这需要专门的人员来进行，并且需要投入大量的时间和精力。例如，一个医学数据库可能需要从各种医学文献中提取和整理数据，或者需要从实验室和医院中获取最新的医学研究数据。

其次，电子数据库的开发、制作和维护也需要投入大量的硬件和软件资源。例如，需要购买和维护服务器和存储设备来存储和备份数据，需要购买和维护数据库管理系统来管理和查询数据，需要购买和维护安全设备和软件来保护数据的安全。

因此，如果没有有效的版权保护，数据库的开发者和拥有者可能会面临经济损失。他们的投资可能会被盗版和非法复制，他们的努力可能会被不法分子利用，他们的创新可能会被剽窃。这不仅对他们自身的经济利益造成损害，也会破坏市场的公平竞争环境，抑制数据库行业的健康发展。

3. 复制和侵权的简便性

数据库的开发制作虽然非常艰难，但其复制却极为容易，而且成本低廉，这个特点使得数据库随时随地面临着被他人擅自复制、传播的危险。为了保护自己的劳动成果，数据库制作者总是会想方设法从技术上采取措施防范他人的侵权行为，这不但不利于信息的传播和流通，而且

可能导致数据库的制作者铤而走险，为了防止侵权和非法使用而采用攻击性的技术保护措施，破坏他人的计算机系统。

总之，数据库的经济价值利益的巨大性、投资的巨大性、复制和侵权的简便性决定了必须对广义数据库版权提供有力的法律保护。

（四）数字图书馆数据库的版权客体的法律属性

数据库是经过系统排列，可以通过电子手段读取的材料汇编。数字图书馆数据库是数字图书馆信息的有序集合，也就是说，数据库与数字图书馆的关系，等同于书库与传统图书馆的关系，然而，在法律地位上，数据库与书库却又具有不同的属性。既然上述的侵权问题一直存在，那么对数字图书馆数据库进行著作权保护是否可行，首先就要探讨数字图书馆数据库的法律地位和版权的客体归属问题。

数据库形式的著作权保护，是将数据库作为著作权的客体，数据库的开发拥有者作为著作权的主体，纳入知识产权法律的领域。由于数据库经过了特定主体付出人力、物力和财力进行收集和编排的过程，因而它是一种成果，必将具有一定的法律地位，受到法律应有的保护，这就是法律意义上的法律保护客体的地位。而数字图书馆数据库从这个意义上来说也具有一种法律上的客体地位，即版权或者说是著作权上的客体地位和属性。

从立法上看，各国的知识产权法都没有单独将"数据库"列为一种著作权的客体，一般视为"汇编作品"的数字形式。所谓汇编作品的版权保护，是将数据库归入汇编作品，采用保护文字型汇编作品的方法来保护数据库制作者的知识产权。

欧洲的《欧盟数据库保护指令》中也有相关条款规定了数据库的版权保护的原则和措施，并且，在 WIPO 规定中，特意在"数据汇编"之后的括号内加注了"数据库"的字样，可见，国际社会已经承认了数据库可以构成版权法意义上的作品，数据库是作为汇编作品被囊括在版权

法的保护客体当中的。

长期以来，无论从认识理念上，还是从立法实践上，数据库一直被当作版权客体大家庭中的一员，享受着版权法的保护。

第二节 图书馆信息建设中的著作权问题

数字图书馆目前已经广泛地存在于世界各国的出版实践当中，虽然大部分还是作为传统图书馆的附属而存在，但是也有一些类似于谷歌数字图书馆一样的存在。随着数字图书馆发展的趋势越来越迅猛，人们对数字图书馆的需求也越来越强烈。虽然在立法层面，无论是国际条约还是各国的国内立法，均没有直接对数字图书馆进行规定，但在实践中，数字图书馆的经营者不断摸索，已经总结出许多关于数字图书馆的运营经验。数字图书馆的经营者，在现有的著作权法律体系下，或通过合适的方式获得授权，或创新性地运用一些已有的著作权法乃至民法的原则，试图开辟一条新的关于数字图书馆的发展之路，这些做法都是值得我们肯定的。

数字图书馆的建设，已经不仅仅是为大众提供信息服务的简单工程，在当前国际社会，一个国家的数字图书馆是否繁荣，也是体现其综合实力是否强大的表现。而作为汉语的重要传播途径，我国数字图书馆还肩负着在世界范围内传播中华民族文化的重要使命和责任。

计算机技术和互联网技术的正改变着人类生活的方方面面，尤其人们获取信息的方式，正发生着较大的变革。传统的图书馆曾经作为向公众传播知识的一个主要媒介，承担着向社会公众提供馆内阅读、开架外借与文献复制等服务。为此，我国著作权法还专门规定了图书馆为陈列或者保存版本的需要而进行复制的合理使用制度。但是传统图书馆受到印刷技术的限制，其馆藏书籍大都是以纸质文献为主，不仅所占空间大，而且保存的寿命也比较短，传播的范围更是有限。为此，人们有必要将这种传统意义上的印刷性的纸质文献进行数字化转换，以便在更大范围内进行检索和利用。只有这样才能实现真正意义上的资源共享，而计算机和互联网技术的发展无疑为这一需求提供了技术上的支持，在这样的背景下，数字图书馆应运而生。

数字图书馆是数字化技术和网络传播技术在图书馆事业上的应用，其对信息资源处理的基本方式是对图书信息资料进行数字化处理，将其转化为数字化形式的信息，然后将数字化形式的图书信息资料上传到互联网或局域网上，通过网络进行传输，使处于网络终端的读者可以在网上进行阅读。而据此建成的数字图书馆从本质上来看就是一个大型的数据库。数字图书馆是由"元资料"和"对象资料"两部分构成的。所谓的"元资料"是指描述和管理对象资料的信息资料，其主要集中在数字图书馆中心的超大规模服务器上，而各地数字图书馆分中心则通过元资料的资源中心来共享元资料。而所谓的"对象资料"则是指经过数字化的文本、声音、图片、影像等资料，这些资料分布存放在各地的资源点内，当有用户进行资料的检索时，信息中心的调度系统就会通过元数据库调度各个对象数据库中的资料供用户使用。元数据库不论是从其内容组成还是结构编排上都凝聚着数字图书馆建设者的辛勤劳动和智慧，应当视为具有原创性、受到著作权法保护的作品，数字图书馆对其应享有完全自主知识产权。

一般来说，建设一个数字化图书馆要经过三个步骤，首先是对数字图书馆的信息资源素材进行收集、整理、编辑；其次则是将信息资源进行数字化；最后则是将数字化的信息资源通过网络进行传播。这三个步骤，都涉及复杂的利益关系，尤其是第二和第三个步骤，涉及数字图书馆建设者权利与作品著作权人的权利之间的冲突，这一冲突表面看来是建设者和著作权人的冲突，实际上反映的是著作权人的著作财产权与社会公众的公共阅读权之间的冲突。大部分人认为传统图书馆是作者和社

会公众之间的一个桥梁，一方面要保护作者的权利，另一方面又要满足社会公众的需求。所以从某种角度上，图书馆是代表公众利益来平衡作者与社会公众的利益关系的。法律应当寻找一个恰当的平衡点，一方面要避免著作权人的利益受到损害，另一方面也要防止著作权人滥用著作权从而损害公共利益。

一、数字图书馆与著作权法

数字图书馆是传统图书馆在网络时代下的衍生品，传统著作权法由于时代的局限性，无法对数字图书馆进行有效的规制，毕竟在传统著作权法诞生时，根本没有网络的存在，当时的立法者也无法预知网络环境会对作品的传输和存储的方式带来如此大的变化。所幸著作权法也并不是一成不变的，随着网络技术的普及，著作权法律体系也在发生着改变，以适应新的网络环境，而数字图书馆规制的法律问题，也是著作权法必须解决的问题。

（一）网络环境对著作权法的挑战

社会的进步、科学的发展、技术的变革，这一切必将促进法律制度的演进，而著作权法也同样会随着社会发展而不断变化。计算机技术和网络技术的普及，信息时代的到来，著作权法在新的网络环境下迎来了机遇，也迎来了挑战。

1. 网络环境概况

网络环境的不断改善，信息数字化、多媒体、计算机等各种技术的运用，正在逐渐地改变人们的日常交往、工作和学习。在这样的环境下，人类的知识累积和尖端技术逐渐融为一体。网络环境给人们带来了一些改变：一方面，人类社会的信息传播方式发生了很大的变化，传播效率得到提高，计算机和网络已经成为现代生活不可缺少的工具。信息的存储与传播不再限于纸质印刷载体的人工传递，而是采用磁或光介质存储，借助高速信息网络，随时按照用户的需求提供海量信息的存储、浏览、下载或复制功能。这些改变使社会成员得到空前充分的信息服务，提高了社会对信息的利用率；另一方面，各种信息资料的网络传输和使用，涉及不同信息生产者、传播者、网络用户，容易引发一系列与著作权保护有关的问题。

网络环境不仅影响了人们的生活方式，同样也对著作权产生了深远的影响，在这样的环境下，著作权已经发展为"数字版权"，并对传统著作权体系带来了很大冲击。相比于传统的著作权，数字版权具有更多鲜明的网络化特征。

第一，作品类型的集成化。由于计算机技术的运用和"超文本结构"的出现，现代数字版权中经常会出现集合了文字、视频、语音等多种类型的作品，这类作品涵盖了传统著作权法中规定的若干项基本作品类型，人们已经无法套用传统的著作权法对其进行定义。这种集成化的作品中最典型的就是多媒体作品。有的学者主张在传统著作权法中新增设作品类型，有的学者则认为应该取消传统著作权法中关于作品分类的规定。总的来说，网络环境下的著作权作品越来越体现出一种集成化的特点，对于各种作品的区分也日渐淡化。

第二，著作权归属的复杂化。传统著作权体系中，权利的归属问题较为简单，但是随着计算机技术的运用，互联网上充斥着各种利用计算机改编而来的作品，这些作品一方面对前人已有的作品进行改编，另一方面，也会被不断分解、重组为新的作品，面对这样的作品，如何判断其权利归属，也成为数字版权需要解决的问题。在计算机领域，Linux软件就是最典型的例子，其最初只是芬兰赫尔辛基大学计算机系的学林纳斯·托瓦兹（Linux Torvalds）所编写的一种软件，后被提交给自由软件联盟。这个联盟的宗旨是，每个人都可以在前人工作的基础上奉献自己的思想；每个人的贡献必须公开源代码，允许他人在此基础上进行修改。至此，经由Linux软件所编写出的其他软件，就很难再认定为属于托瓦兹本人了。

第三，著作权人权利的边缘化。在传统著作权体系当中，著作权人的权利十分明确，即对其所创作的作品享有人身权和财产权，如果著作权人权利受到侵害，他们不仅可以追求侵权人的法律责任，还可以获得相应的司法援助。但是，进入数字环境以来，"转化"成了问题争议的焦点：如果他人将著作权人的作品转化为数字形式，那么著作权人是否仍能对该"转化"后的作品享有著作权？这个"转化"的过程是否等同于传统著作权中的"复制"？即使作品使用人愿意对使用他人作品支付费用，又应当如何计算费用，如何支付费用？由于网络具有无国界性，一旦发生数字版权侵权问题，那么应当适用哪国法律？或者数字版权人应当通过什么途径寻求法律援助？由此人们不难发现，在传统著作权法律体系中，处于核心地位的著作权人地位，已经逐渐被网络服务提供者、网络内容提供者和网络内容使用者所取代。

第四，著作权保护标准的模糊化。在传统著作权法中规定，作品如果希望受到著作权法保护，其必须具备独创性和能以某种有形形式复制。虽然无论是传统作品还是数字作品，其都能以有形的形式进行复制，但是却无法保证"独创性"，对于数字作品的数据库而言，许多数据库并没有独创性，或者仅仅有很小的独创性，但是其却具有很高的实用价值和经济价值，这样的数字作品如果无法得到相关法律的保护，这必将打击此类作品的作者的创作积极性，但是著作权法律体系中又明确规定此类作品不属于其保护对象。对于如何解决这个问题，主要存在三种看法。一是降低"独创性"要求，"只要求其在材料的选择、整理、编排方式上不是采用机械的或为一般人所惯用的，以至缺乏任何创造性。只要求其是独立完成的（而不是对他人的作品的抄袭），并体现出具有最低限度的创造性（而不是毫无特色的简单拼凑）。"二是立法，制定新的法律对这类专门的数据库进行保护，欧盟的一些国家就采取这样的做法。三是依靠现有的反不正当竞争法及民法对这样的数据库予以保护。

无论从以上哪点来看，著作权都在数字化技术的普及过程中，发生着各种各样的变化，而著作权法律体系如果不能有效地改变自身，那么就有可能带来权利保护的空白和利益的失衡。

2. 网络环境下的著作权问题

数字化技术的应用，使作品和其他资料的存储、传输、下载以及复制等能够以前所未有的容量、速度和准确度进行。这一切改进都是基于数字表达技术、数据库存储和数字存取技术。以数字化记录为基础的多媒体产品，可以记录文字、图像和音响等各种媒介信息。数字化存储技术使大量的资料储存在遍布全球的数据库中。如果说现代著作权保护制度因印刷术的普及而产生，那么，数字技术引发的复制行为的普遍性、复制效果的逼真性、复制效率的高速性和复制成本的低廉性，都远远超过了印刷术。如果不能有效地控制复制，那么人们可以预见，在不远的将来，著作权将会在数字网络环境下逐渐消亡。事实上，不仅仅是在复制权方面，著作权的各项权利内容，均面临着数字化技术的严重威胁，计算机网络的开放性，也与传统著作权保护的垄断性发生了冲突。互联网的产生，为全球范围内的通信提供了一种新的方式，处于世界任何一个角落的用户都可以通过网络进行电子信息交换。这也意味着著作权权利人的作品一经完成，就可能被上传至网络，并经由网络出现在世界各地的电脑中。任何一个使用人都可以复制、存储、传播或者修改其作品，在这种情形下，著作权权利人在无形中丧失了对作品的控制，也无法明确其作品的使用情况，一旦失去了对作品的控制，著作权权利人将无法行使其权利。同样受到影响的还有作品的使用人，即使其想支付费用，也将无法确认作者的身份，这也会间接影响到作品的传播。事实上，近年来出现的众多著作权侵权案件，都是部分人由于未经授权上传受到著作权保护的作品而引起的。网络传输本身具有的高度综合性和跨地域性，使得在确认侵权行为的类型、地点等方面都存在着困难。因此，有人认为网络可以提供规模超常的信息资源，然而，它也是具有极强渗透能力

的信息复制与传播设备，是世界上最大型的复制设备。

数字技术的普及使传统著作权面临许多难以回答的问题。例如当网络用户浏览计算机屏幕上的作品时，作品必将进入计算机的内存，这种行为是否构成对作品的复制？当使用人将作品以数字形式进行传输时，使用方允许接收方复制接收到的内容，那么这种行为是否属于发行该作品的复制品？作品数字化这一行为从法律上应当如何定性？数字化权到底是独占权还是非独占权？著作权人如何控制这一权利？用户在使用数据库服务商提供的作品时，是否属于对该作品的公开表演？不具备独创性的数据库应如何保护？如果数据库的内容仅仅是资料的集合，它是否应当受到著作权法的保护？"出版"已经成为传统著作权理论的基础，经由出版这一行为，著作权法保护的对象将会以文字、图像或声音等形式固定和表达。与这些作品类型相对应的保护制度，已经较为完善和成熟。但是，在网络环境下如何理解出版这一行为？由于网络的无形性，作品不再以有形、固定的形式出现在使用人面前，那么这样的作品是否能够得到著作权法的保护？如果使用人利用网络将作品传播给公众，这样的行为到底属于著作权中的发行、复制还是传播？

在合理使用制度方面，各国著作权法对于其内涵的界定基本相同，仅仅是在外延上有一些不同。大体来看，发展中国家对于合理使用的外延规定相对宽松，而发达国家更倾向于严格限定合理使用。然而，网络技术的运用使人们的工作方式发生了改变，许多工作不一定非在办公室里完成，有些工作也可以在家中完成。在这样的情形下，如何区分个人使用、家庭使用或工作需要便成了问题。这种非工作环境下的个人使用如果仍被视为合理使用，将会损害著作权人的利益。但是如果这种情形下的合理使用被全面否认，那么基于网络技术和计算机技术而存在的数字图书馆又将无法存在，这与现实中大量存在数字图书馆这一事实相悖。

不仅如此，合理使用制度还面临其他问题，如数字作品在复制时，能否享有合理使用的例外？在传统的出版环境下，由于作品的复制仅能小范围、小规模地进行，所以并不会对著作权人造成经济上的损失，因此，个人和图书馆都可以在一定程度内自由复制作品。而数字化技术的出现，无论是对原作品的复制还是基于原作品进行修改和再创作，都变得十分快捷、方便和成本低廉。因此，对于合理使用制度的考量，必须基于平衡著作权人与使用者的利益关系。

立法界对于这种技术改进带来的冲击早就有所考量，因此许多欧洲国家早在复印技术发生改革以后，就对著作权法进行了修改，主要是针对复印书刊作品的数量和范围进行限定。比如，德国在其 1985 年的著作权法中就规定，即便为个人使用，对整本作品的复印也只能在该书脱销 2 年以后。这种结果其实从经济学的角度考虑，有其必然性。新技术的出现将会使现有作品的公共性和外部经济效益大幅度增加，不付费使用作品的可能性将会大大增加，而作品私人收益和社会收益的差距也会扩大。因此，对于数字作品著作权的保护不能再像传统的做法那样，忽略个人的、小规模的复制和传播行为，因为这种行为在互联网时代的影响要大大超过以往任何时候。

在传统著作权法律体系当中，著作权人在作品首次销售以后，将不会再对该作品享有权利，因此，作品的购买者可以以销售、出租、借用等方式使用该作品，而不必再次向作者支付费用。但是网络环境下，由于数字作品的传输过程并没有伴随着有形载体的转移，因此如何判定作品首次销售后的权利用尽就成了问题。对此，郑成思教授提出，可以考虑将利用网络传输作品的行为视为发行行为，那么，"权利用尽"行为就可以认为是著作财产权中的发行权用尽①。在网络环境下，一系列问题无法在传统著作权法律体系中找到满意的解答，人们对于著作权法就会产生质疑。有学者认为，由于著作权法本身存在的弱点和一些不稳定因素，

---

① 郑成思 . 网络盗版与"利益平衡"[J]. 中国信息界，2004(24)：17.

加上数字技术和网络的发展对著作权制度形成了冲击，著作权法面临一系列严峻的挑战，甚至动摇了著作权立法的基础。

世界知识产权组织早在 1993 年就针对此议题在哈佛大学举行了研讨会，并得出结论，数字技术虽然对著作权和相关权利产生了一定影响，但是著作权保护的重要性绝不会因为新的网络传输技术和计算机技术的出现而改变。只要经过对网络传播性质的分析，并在国际范围内对权利的分类达成一致的协议，采取有效的措施，建立适当的控制、识别和许可系统，就可以在现有的著作权法律体系内解决数字技术带来的一系列问题。

其后，世界知识产权组织又在 1994 年至 1996 年，分别在巴黎和墨西哥举行了一系列的会议。在会议上，专家委员会提出了针对数字技术和网络信息传播的法律解决办法，并最终形成了包含数字技术和网络信息传播的三项国际著作权条约提案。这些提案最终于 1996 年 12 月在瑞士日内瓦的外交会议上被通过，并向各成员开放。

学者们不仅仅在是否保留著作权法方面进行争论，主张保留著作权法的学者，对于如何修订著作权法也存在着分歧和争论。这些争论主要集中在是否应当增加著作权人的权利，扩大著作权保护的范围与适当限制有关权利。在新的网络环境下，保证用户能够方便、快捷地获取各种信息的同时，保护作者和出版商等信息生产者与传播者的利益，成了难以取舍的问题。简单扩大著作权的保护范围，或是不针对技术和作品的使用方式的变化而增加著作权人的权利，都将会导致用户使用作品受到限制或者著作权人的利益受到损害。因此，人们想要妥善地解决这类问题，就必须从宏观的角度去看待著作权保护与限制的平衡问题。

总的来说，废除著作权制度的看法过于偏激。网络技术和计算机技术的出现，为作品的传播增加了新的途径，使作品的传播、使用更加迅捷和便利。这种技术的革新势必导致作品使用方式的增加，并在一段时间内引起著作权保护利益的不平衡，但是这种不平衡只是暂时的，其并

没有严重到摧毁著作权制度几百年以来的深厚基础，或是动摇著作权法的基本原则和理论。以往，著作权法总能针对技术的变化而进行自身的调整，这样的调整直接导致了著作权的扩张，同时也设置了在特定领域或场合下对扩张的著作权的限制。如录像机、录音机、广播、电视、复印机等技术的发展和应用，并没有导致著作权法律体系的崩坏和灭亡，反而在经过调整后，更好地发挥了其积极的作用。正如有的学者指出的那样，知识产权制度几百年的历史就是不断创造、更新、发展的历史，在这一过程中，技术始终是促进知识产权制度发展的催化剂。随着立法的不断尝试，新世界（指网络环境）的知识产权保护规则正在越来越清楚地显现出来。

（二）数字图书馆对著作权法的挑战

对著作权问题的研究形成了两种价值观，即经济学的价值观和法学的价值观。经济学的价值观强调市场价值和个体利益，而法学的价值观则更加强调社会价值和公共利益。所以当著作权分别服从两个价值取向的不同命令时，它的价值观冲突就会凸显出来。用法学的价值观来考察信息资源的著作权问题，就要强调著作权法的权威性，从而忽略了数字图书馆从事数字信息资源开发的特殊性。而经济学立场的观点则更强调著作权制度的效果和效率，而很少考虑社会公平的有关问题。比如国内外立法不断提高著作权保护的标准；但同时，国际相关的专业组织却又在为社会公众争取更多的权利。来自著作权法和著作权管理方面的声音强调保护著作权；而来自图书馆和教育、科学领域的声音则强调数字图书馆的公共利益。

宾夕法尼亚大学出版社部门主管萨菲表示，随着 Google 数字图书馆计划的实施，早已成型的著作权法在数字时代将会面临严峻的考验。著作权法律制度的目的，一方面是促进科学和文学艺术作品的传播，而另一方面是为创作者提供保护和激励。比如我国著作权法第一条就明确规定："为保护文学、艺术和科学作品作者的著作权，以及与著作权有关的

权益，鼓励有益于社会主义精神文明、物质文明建设的作品的创作和传播，促进社会主义文化和科学事业的发展与繁荣，根据宪法制定本法。"著作权法律制度就是要在大众使用者的公众利益和作者的私人利益之间寻求一种平衡。对于作者的激励当然是必不可少的，著作权法为作者提供垄断性、独占性的权利，从而给其在创作过程中付出的努力带来经济补偿，但是给予作者和出版者经济上的回报并不是著作权法的最终目的，其最终目的在于丰富人类的精神文化财富，并推动科技的进步和文化的发展。所以，在网络环境下，著作权法必然受到数字图书馆的挑战。这种挑战是来自多方面的，主要包含以下几个方面：

首先，是数字环境下，合理使用的不确定性。一般著作权法的合理使用都要涉及使用的目的和性质、作品的性质、使用部分的数量和比例、使用对市场的影响等方面，而数字图书馆对著作权作品的使用是否可以视为合理使用还具有不确定性。从数字图书馆的经营性质来看，其部分属于营利性，部分则体现公益性；数字图书馆使用的作品绝大部分是受著作权保护的作品；从提供检索角度看，数字图书馆对相关作品使用的部分和比例可以构成合理使用，但涉及下载全文就不一样了；而且数字图书馆的行为对作品的潜在市场的影响，是否会影响到作品的销售也很难予以量化计算。

其次，数字环境下复制权与传播权的相关问题，也难以厘清。传统的著作权法关注的核心是复制权。著作权的英文单词"Copyright"直译的意思就是"复制的权利"。但是在信息网络社会，这种以复制权为核心的著作权保护制度已经受到挑战。从理论上说，复制并不会伤害著作权利人的著作权，侵犯著作权的必要行为之一是必须把复制品向公众发行或传播。根据我国著作权法第十条的有关规定可知，复制权和发行权是著作权人的并列权利，并且复制权的顺序在先。但是，《信息网络传播权保护条例》中采用的是"传播权"的概念，这实际上也意味着网络环境下的发行权。由此可见，我国的立法机构已经意识到，在信息网络环

境下的著作权保护，更应该突出对传播权或发行权的保护与控制，而不是着重于传统的复制权。因为在数字世界，传播比复制更重要，控制传播比控制复制具有更大的意义。

最后，是默示许可制度的缺失问题。数字图书馆提供对数字作品和相关信息资源的检索服务与搜索引擎相似，在很大程度上依赖民法中的"默示许可制度"，但"默示许可制度"在著作权相关法律上并没有明确规定，法院判例也没有涉及，只是网络服务界的一种实践。从技术上来看，搜索引擎在提供检索和复制服务时，其假设的一个前提就是被检索的网站希望其内容和信息能够被发现，其实在著作权领域，大多数作者也是这样想的，希望其作品能够被更多的人发现和阅读，因此，我们认为，在著作权领域，数字图书馆也可以应用该假设而适用"默示许可制度"。

二、数字图书馆建设中涉及的相关著作权问题

在数字图书馆建设过程中，第一个步骤是对数字图书馆资源素材的收集、整理、编辑，这个步骤是为后面第二和第三步骤进行的准备。因此，这个阶段中数字图书馆建设者与作品著作权人的权利冲突并不是直接的，也不明显。因此，笔者主要论述第二和第三个步骤中，两者之间的利益冲突。

作为第二个步骤的纸质作品数字化的过程，是指利用计算机技术把传统形式的文字、图像、表格和声音等传统作品输入计算机系统并转换成二进制数字编码的过程。目前关于作品数字化过程中著作权问题的界定，学术界主要持有两种不同的观点：一种观点是将作品数字化的过程定性为类似于翻译的一种"演绎"行为，这主要是因为数字化后的作品能够进行随意组合、增删和移位，它和原来的作品已没有直接的对应关系。此外，由于作品的数字化过程凝聚了人们的制造性劳动，经过数字化后的作品的著作权，应该属于从事数字化工作的人或机构。另一种观

点则认为，作品数字化实质上是一种复制行为，因为将作品数字化，只是将原作品的载体形态进行了转换，而这种转换过程是通过机器完成的，其中并不包括人的创造性劳动，经过数字化处理后的作品，并没有产生新的作品。作品的数字化与传统的印刷、复印、录音等复制行为并没有本质区别，因此，数字化的作品著作权也没有发生任何变化。此处采取的是第二种观点，认为作品的数字化实际上是对作品的复制行为，由于复制权在传统著作权法律体系当中属于著作权人的专属权利，所以在作品的数字化过程当中，也会涉及著作权保护的问题。

作为第三个步骤的数字化的信息资源进行传输的过程是指将已经数字化的作品信息资料上传到互联网或局域网上，通过网络进行传播，处于网络终端的使用者可以对这些数字资料进行在线阅读。对此问题，我国 2001 年修订的《中华人民共和国著作权法》明确增加了作者的"信息网络传播权"，将著作权法各项权利的规定均延伸到数字化作品当中，即作品的著作权人享有将作品通过网络向公众传播，或是许可他人使用相应作品，并由此获得一定报酬的权利。他人如需传播该作品，必须获得该作品著作权人的授权，确定其使用的对象、时间、地点、范围等。他人未经有关权利人的授权，而在网络上传播他人作品的行为，则构成侵犯著作权的行为。

在建设数字图书馆的过程当中，主要涉及著作权人的复制权和信息网络传播权。著作权法赋予作者这两项权利，主要是为了保障作者的相关利益——作者的人身利益和经济利益，从而使作者具有更大的积极性去创作新的作品，并从整体上促进社会科学和文化事业的发展。另一方面，为了防止作者利用这些权利，阻碍信息的有效传播，从而违背信息社会所要求的资源共享，我国著作权法也对相关的权利设置了限制，如专门规定了图书馆的合理使用制度，即图书馆为陈列或者保存版本的需要，可以不经著作权人许可、不向其支付报酬而复制其自身的馆藏作品。但是，这种合理使用制度根本不可能满足数字图书馆建设的需要，因为从其允许进行复制的作品范围来看，仅限于图书馆本馆收藏的作品；从作品复制后的使用方式来看，也只能用于陈列或收藏，而不能提供给读者阅读，更不能通过网络进行传播。可见，在传统的著作权法律体系下，当数字图书馆建设中所使用的信息是受到著作权保护的作品，而数字图书馆又不具备合理使用的适用范围时，数字图书馆的建设者就必须获得著作权人的授权，同时还必须向著作权人支付一定数量的报酬。而现实中，数字图书馆的数据库中往往包含了数以万计甚至亿计的作品，如果要求图书馆的建设者或运营者去向著作权人一一征得许可，然后才能使用其作品显然是不现实的。所以，如果按照传统著作权法的原则，数字图书馆的公益性将无从体现，而且还会淹没在著作权人私利之下。其最终的结果是数字图书馆很难履行其公共服务的职责，难以完成承载社会公众自由阅读的使命。所以，法律有必要注意数字图书馆建设中关于数字图书馆与著作权人之间利益的冲突，设置合理的制度使二者达到平衡。

三、数字图书馆相关著作权权限问题

《中华人民共和国著作权法》和《信息网络传播权保护条例》都对数字图书馆所具备的权利进行了规定，但是为了在今后的发展当中，数字图书馆能够更好地发挥其作用，加快作品的传递效率，这样的权利设置显然是不够的。从合理使用制度来看，数字图书馆的使用更接近非网络环境下的使用权，因为合理使用制度规定合理使用的范围，均要在一个建筑物即传统图书馆内部，这种合理使用的空间上的权限仅适用于非网络环境。如果在网络环境中，这样的合理使用制度局限性非常大，尤其从知识传播、文化交流、技术进步及知识产权立法宗旨等多方面来看，网络著作权的合理使用制度都应该比非网络版权的合理使用制度更加宽松。

从与普通 ICP 的对比上来看，两者之间的区别并不是十分明晰。有学者曾说，数字图书馆在"作品收集"和"内容服务"时，完全属于作

品的传播者，因其能够提供图书资料的在线、高效的阅读、检索与复制服务，从而突破了图书馆传统概念，以网络内容提供者在著作权保护中的地位论之较为合适。但事实上，如果运用著作权法所固有的对作品使用的商业性判断的传统思维方式，将会导致将图书馆与其他营利性的传播者置于同等地位，这不利于数字图书馆事业的发展。

　　从数字图书馆所提供的服务来看，一方面，数字图书馆服务有许多独特之处，比如发行、复制的自由度高、速度快，用户可参与程度高等；另一方面，数字图书馆与其他类型的网络服务提供者相比，它服务的性质、对象、目的、收费标准等方面也有所不同，所以享有的权利、承担的义务和责任等方面与传统的邻接权人和其他类型的网络信息服务者也应有所不同。

　　因此，现有的权利内容设置是远远不能满足数字图书馆的生存及发展的，人们可以结合现有的一些权利设置，对数字图书馆相关权利内容进行改进，使其能更好地在数字网络环境下发展。我国的数字图书馆主要扮演的还是公益性的角色，因此我国可以在以下几个方面赋予其一定的权利：

　　（1）数字化加工权。即允许数字图书馆对已经存在的作品进行数字化加工，主要通过扫描、键盘录入等技术将原有作品的文字符号转换成机器可读的0、1代码。

　　（2）信息汇编权。即允许数字图书馆将相应的数字化作品分类汇编，并形成不同学科或不同主题的数据库，以便更有针对性地提供服务和方便读者进行分类检索。

　　（3）临时复制权。临时复制是网络传播技术的产物，国际上临时复制行为是否属于侵权行为这一问题存在很大争议。包括我国在内的许多发展中国家还是赞成临时复制行为存在的。因为数字图书馆提供在线浏览服务的同时，临时复制行为是不可能避免的，如果临时复制行为被认定为侵权，则数字图书馆将无法正常地提供作品在线浏览服务。

（4）展示权。我国著作权法第十条第 8 款规定的展览权并没有包含文字作品，《伯尔尼公约》也没有对展出权利做出规定。但是，数字化作品的合理展示，将为广大民众更好地利用网络优势与资源、推动社会文明与人类进步提供法律保障，为数字图书馆拓展生存空间提供有力支持。

（5）网络拓展权。因为数字图书馆的经营范围覆盖了整个网络，所以，数字图书馆的相关信息权也应该扩展到整个互联网，同时，对于数字图书馆在著作权问题上的归责原则应该同 ICP 一样，适用过错原则。

（6）技术措施规避权。目前，国际著作权公约和许多国家的著作权法已经对技术措施实行了保护，但也有学者认为这种设置是不合理的，应当建立针对网络特征的合理使用制度。数字图书馆使用的是已经发表的作品，因此，其单纯的规避和破解相关技术措施的行为并不属于侵权行为，数字图书馆应当享有一定条件下的技术措施规避权。

（7）权利管理信息告知权。著作权权利管理信息的保护是现代著作权制度中的一项重要内容，其主要作用在于标明著作权权利人并声明权利以及公示相关作品的授权使用条件。数字图书馆享有权利管理信息告知权则是网络信息时代对作品进行充分、有效的法律保护的一种表现，体现了数字图书馆在著作权人和使用者之间的利益平衡作用。

（8）商业化权（有偿服务）。这里的商业化主要是指数字图书馆进行商业化经营的权利，即数字图书馆提供网上阅览的服务时，有权向相应的使用者收取一定的费用。图书馆作为二次传播者，应该也必须进行有偿服务。因为只有这样，数字图书馆才能够有效解决经费困难的问题，从一定程度上实现自给自足。

第三节　图书馆数据库著作权保护的措施

既然确定了数字图书馆数据库的版权客体的地位及其法律属性，那

么面对各种侵权行为对其进行相应的法律及其他保护就成了必然，这不仅关系到资源所有者的权益，更关系到付出了大量的人力、物力和财力的数据库制作者的合法权益。在这一问题上，国际和国内法律界和学术界都对此做出了相关的研究和实践，并且已经取得了一定的成就，但现存的对数据库的保护措施也并不是完美无瑕的，在各种措施的实施过程中仍然存在一定的缺陷和矛盾，这也是需要详细探讨和解决的问题。在本节，笔者将详细评述现存的几种保护措施，包括数据库的著作权法保护、特殊权利保护、反不正当竞争法保护，通过理论和案例揭示各种措施中存在的问题，以期能使其得到补充和完善，从而对数字图书馆数据库进行更合理、合法的保护。

一、数据库的著作权保护

（一）数据库著作权保护的基本原则及司法实践

基于世界公认的数字图书馆数据库作为版权保护客体的性质和法律地位，业内人士关注的重点也从是否应给予数据库版权保护转移到如何进行保护和怎样有效进行保护。数据库的版权保护是对数据库保护的较为普遍和基本的保护措施，在公认的基础上，国际上也已经出现了基本完备的立法措施。

依据中外有关汇编作品著作权保护的规定，以数据库是否具有独创性为标准，可以将数据库分为两大类：原创性数据库和非原创性数据库。二者所包含的内容既有包含享有著作权的作品或其片段，也有不享有著作权的材料。数据库制作完成后，无论其本身是否具有原创性，均应依法予以保护，但保护的方法则有所区别。对于上述两类数据库的不同保护方法也对应着两种不同的保护原则：辛勤收集原则（额头出汗原则）和独创性原则，这两种原则是早期存在于英美法系和大陆法系中的两种不同的标准，从其起源到实施应用过程及其适用性的探讨，都是必须做的工作。

在现实中常常有这样一些数据库，其所收录的资料既包括受著作权法保护的作品，也包含非智力成果的事实性材料或数据，如电话号码、时刻表、名录、指南等。在数字图书馆中，这种非智力成果的事实性材料或数据表现为指南数据库或者数值数据库，如元数据库、书目数据库和文摘数据库等。尽管它们在内容的挑选和编排上并无独创性，但编制者为收集、整理、编排这些资料投入了大量的人力、物力，付出了艰辛的劳动。对这类数据库是否也应依法予以保护呢？答案是肯定的，只是所适用的法律不同而已。

（二）原创性数据库的著作权保护

数字图书馆数据库的开发和建设要遵循原创性原则，才能享有著作权保护。原创性原则（Original）强调数据库必须是开发者自己的智力创造物，即要求作品在资料的选择和编排方面体现独创性，才能受著作权法保护。采用汇编版权保护，对数据库的独创性要求较高。原创性数据库的"独创性"是要求作品必须是作者独立创作的，作品要体现出作者的个性，并非单凭技巧的劳动。因此，数据库要想获得版权保护，至少要在其内容的选择和编排上体现出汇编者的独创性。

原创性原则是现代评判数据库版权的一种可行性标准，在理论界和司法界逐渐被接受。1992 年通过的《关于数据库版权的指令草案》和关税及贸易总协定（GATT）于 1993 年 12 月通过的《与贸易有关的知识产权协定》（TRIPs）都肯定了原创性原则。例如《与贸易有关的知识产权协定》第十条第二款规定："数据汇编或其他资料，无论机器可读还是其他形式，只要由于对其内容的选取或编排而构成智力创造，还是应作为智力创作加以保护。"我国现行的著作权法也确认了数据库形式受法律保护，第十五条规定："汇编若干作品、作品的片段或者不构成作品的数据或者其他材料，对其内容的选择或者编排体现独创性的作品，为汇编作品，其著作权由汇编人享有。"这都为今后的执法和司法提供了法律依据。但是，如何确定数据库的独创性呢？其独创性又从何体现呢？答

案是数据库的独创性并不体现在它的内容即"若干作品、作品的片段"，这些作品或其片段并不为编制者所独创；那么，数据库独创性只能体现在对其内容的挑选和编排上。这种对内容的挑选和编排的独创性构成了数据库整体的原创性，也就是说，这是一种智力成果，因此该类型数据库可作为汇编作品而受到著作权法的保护。反之，即便数据库所辑资料是受著作权法保护的有创新性的作品，但因在对这些作品的选择和编排上并未反映出独创性，这类数据库不属于著作权法保护的范围。

　　这里需要厘清两个理论问题：其一，"内容的选择或者编排体现独创性"是一个弹性的判断标准，从常理上看，只有终端用户最习惯的编排方式才能受到读者的欢迎，那么数据库在建立的过程中，在安排数据库的结构时，很难体现彻底的独创性。在任何一个学术文献数据库中，如果没有篇名、关键词、摘要等检索项，那么这个数据库就没有使用价值了。所以"内容的选择或者编排体现独创性"宜从宽把握，也就是说，只要数据库界面设计具有独创性，该数据库就是一个新的汇编作品。其二，对不受知识产权法保护的数据源汇编而成的数据库，如法律法规政府文件汇编数据库、通用数表公式汇编数据库等，其数据库本身的表现形式受著作权法的保护。

（三）我国现行的对数据库独创性的判断标准

　　我国在 2001 年对著作权法进行修改时，才将汇编作品纳入著作权法保护的客体。在 1990 年颁布的著作权法中，对事实进行汇编的作品没有被列入受保护的范围。但是，在著作权法修改之前，我国在司法中仍旧处理了一些关于汇编作品的著作权纠纷。最著名的案例就是电视节目预告表案。在这起案件中，一审法院以电视节目预告表不具有可版权性为由驳回了原告的诉讼请求。但二审法院认为，尽管电视节目预告不具有可版权性，但是作者在完成该节目表的过程中投入了劳动，因此判决被告赔偿原告的经济损失。

　　法院在一些案件中，确实拒绝给汇编作品以保护，但其理由主要是

基于汇编作品不属于著作权法保护的范畴。法官并不否认作者对于汇编作品的完成投入了具有创造性的劳动。

但是，法院也做出过截然相反的判决。在因《标准草书字汇》（以下简称《字汇》）引发的著作权侵权案中，法院认为，《字汇》中所采用的代表符号体系及单独符号体系是在前人基础上发展起来的智力成果，不具有版权性，不是著作权法保护的客体。但是原告认为，自己是依据上述符号体系以及自己对标准草书艺术的研究，针对每一符号，收集、选择和列举了一些常用字，编著了《字汇》一书，所以该书是具有独创性的智力创作成果，属于我国著作权法保护的作品。对该案的判决突破了著作权法修改前关于编辑作品的限定，而将著作权保护扩大到事实作品上。

由此可以看出，对包含数据库在内的汇编作品原创性的评定，我国立法或者是司法部门也没有给出明确的含义及评定标准，但上述的司法实践表明，我国多采用的是独立创作的观点，符合国际上通用的惯例和潮流，也就是说，国际上对于数字图书馆数据库这样的汇编作品的版权保护原则及法律法规，在我国也有相似的适用性。

二、数据库的特殊权利保护

（一）特殊权利保护的核心内容

为了弥补版权保护的不足，给数据库提供更为广泛而有效的法律保护，欧盟于1996年颁布了《关于数据库法律保护的指令》，在国际上率先采用了版权和特殊权利的"双轨制"原则对数据库进行保护。针对版权保护存在的弱点，特殊权利保护开拓了新的标准与保护措施。特殊权利保护主要针对非原创性数据库，并不要求数据库一定要具备独创性，只要数据库的制作者在数据的收集、信息的核对和形式的编排做出了实质性的投资，就可以享受这种特殊权利。当然，这种实质性的投资既可以从数量的角度来衡量，也可以从质量的角度来衡量，从形式上看，它

包括了资金投入、人力投入、物力投入和其他形式的资源投入。这就将大量的非原创性数据库纳入了保护范围，此种保护类似于北欧曾出现过的"编目规则"，只要能够证明数据库制作者对数据库进行了实质性投入，数据库制作者即有权限制他人对数据库的使用。

特殊权利保护的核心内容是"特别权利"。这种权利是指数据库制作者享有禁止他人提取和再利用其数据库内容的全部或实质部分的权利，而不论该数据库是否享有版权。提取权即数据库制作者有权禁止他人采取任何方法或以任何形式，将数据库内容的全部或实质部分永久性或暂时性转载到其他载体上。反复利用权即数据库制作者有权禁止他人以任何形式向公众提供数据库全部或实质部分的内容，包括以销售、拷贝、出租、联网或其他传输方式的传播，但公共图书馆租借图书除外。

这种特殊权利保护有 15 年的有效期，从数据库建设完成之日的次年的一月一日起计算。如果在有效的保护期内，数据库的内容发生数量或质量上的实质性变化，就可以被看作是一个新的实质性投资，从而使其特殊权利获得新的保护期。所以，一个数据库在初始投资的基础上，只要在以后做出适当的改动或者调整，完全有可能获得无限期的保护。

（二）特殊权利保护对数字图书馆数据库的适用性

数字图书馆建设的数据库形式多样，各种形式的数据库可能会因为版权保护的标准问题而无法受到版权法的保护，或者保护程度很弱。对于作为投资方的数据库建设者而言，侵权行为会对其利益产生不利影响，而对于数据库的使用者而言，版权法的漏洞也会使其侵权行为得不到应有的限制。而数据库特殊权利保护原则的出现，可能会对这一问题产生一定的限制作用。

特殊权利保护没有涉及原创性，但也有一定的限制条件，只有在内容获取、检验核实或表述输出等方面进行了实质性投资的数据库才可以享有特殊权利保护。实际上数据库制作者的特殊权利所保护的并非数据库的全部内容，只是体现制作者实质性投资的部分内容。不过，多次和

有系统地提取或再利用数据库非实质性投资的内容部分，从而与数据库的正常利用产生冲突或不合理地损害了数据库制作者的合法利益也在禁止之列。判断数据库的哪些内容属于受保护的"实质性部分"，应当考虑对这部分的提取和再利用，是否会减损数据库在市场上的价值实现，包括增加数据库制作者无法收回投资的风险，并应考虑利用该部分内容制作的数据库，与原数据库是否具有商业上的可替代性，导致原数据库的市场缩小。"实质性投资"与"实质性部分"的确定，仍是一个需要具体情况具体对待的问题。

数字图书馆既是他人数据库的利用者又是自建数据库的制作者，其双重角色往往会导致双重评价标准的出现。作为利用者的数字图书馆希望对数据库采取"弱保护"政策，作为制作者的数字图书馆则希望对自建数据库能获得"强保护"。特殊权利保护可以使数字图书馆自建数据库得到更完善的法律保护，但这一矛盾也对特殊权利保护原则提出了一定的挑战。

（三）数字图书馆特殊权利保护存在的问题

应该承认，特殊权利保护能够弥补版权保护的不足，有效保护制作者的投资利益。但这种强保护偏重投资者利益而有阻碍信息自由之嫌，没有充分考虑到数据库制作者与公众利益之间的平衡。如欧盟《关于数据库法律保护的指令》中对特殊权利保护的限制很少，只有在极有限的情况下，才可以不经数据库制作者授权，摘录或再利用数据库实质部分的内容。即使是摘录和再利用数据库的非实质部分，只要是重复和有系统地使用，并且这种使用有可能与数据库的正常利用相冲突，或者不合理地损害数据库制作者的合法利益的都在被禁止之列。另外，为了保护投资，特殊权利保护制度排除了强制许可，即使数据来源是唯一，这就加剧了数据库制作者垄断信息的危险，数据库特殊权利意味着，一旦数据库制作者把某些处于公共领域的信息汇编入数据库之后就对这些信息享有专有权利，这当然是不公正的。

以数字图书馆的自建数据库为例，在数值数据库和文摘数据库的建设中，数据库的内容信息是来源于公共领域流通的信息，本来应该是自由流通，公众可以合法免费使用的，但是如果有人通过某种渠道获得一些统计数据和文摘内容，汇编成为数据库，就可以对这些内容享有专有的排他的权利，那么这些信息的再流通将会成为有限制的甚至是违法的，明显是不合常理也不能成立的。知识产权应建立在多种利益的平衡之上，其根本目的是促进科学文化的发展和繁荣，促进社会进步。如果这种保护使增值产品无法进入市场，教学、科研需要的数据将无从获得，那么这种体制就违背了知识产权的根本目的。即便数据库制作者的投资应该得到适当的保护，也不应以牺牲公众利益为代价维护权利人的绝对垄断。

数据库实质性部分与非实质性部分很难区分，判定是否构成特殊权利侵权首先必须区分实质性部分与非实质性部分。侵犯提取权和再利用权，都必须是提取和再利用了数据库内容的全部或者实质性的部分；对于提取和再利用非实质性部分的内容，则只有是"重复地和系统地"进行并且与数据库的正常利用相冲突或者不合理地损害了数据库制作者的合法利益时，才会构成侵权行为。然而法律并未明确界定数据库实质性部分与非实质性部分的区别，这给司法实践造成很大的困难。

三、完善数字图书馆数据库版权保护的政策建议

面对信息化和网络化发展中不断涌现出的新问题，数字图书馆数据库版权保护的各项措施在其逐渐发展与完善的过程中，也逐渐显现出了各种矛盾与不足，这使现存的数字图书馆数据库相关的法律法规建设显得力不从心。这些问题不仅使数字图书馆数据库制作者的投资与收益得不到相应的保障，也会使数据库的使用者的合法权益受到不平等对待，从而对数字图书馆的建设与使用构成了极大的阻碍，产生不利影响，成为基于数字图书馆的知识传播的瓶颈。如此一来，人们对数字图书馆数据库的保护采取一定的行动是必要的，当然这种行动不仅局限于立法的

更新与完善，也应包括法律手段之外的技术保护措施，还有针对数字图书馆数据库的实际使用过程而提出的保护措施，本文在理论研究与文献检索的基础之上，对数字图书馆数据库版权的保护，提出了以下的政策建议。

（一）完善数据库立法保护措施

1.明确有效的立法原则

在众多的保护措施中，论及有效性和强制的执行力，当属立法手段的保护，立法保护具有稳定性，能够找好保护与限制的平衡点，尤其是立法保护具有前瞻性和主动性的特点，能对未来的情况有所考虑，满足未来的需求。但现存的实际的法律保护手段中存在着众多的不足与矛盾，所以对数据库立法的改进与完善势在必行，为数字图书馆数据库版权提供高层次的法律保护依据。

2.建立有效的法律保护制度

（1）完善以著作权法为主的法律保护制度，与反不正当竞争法等法律制度相互配合，以双轨制共同实现对数据库的合理保护。在我国，目前已经形成以著作权法为主体，同时综合运用反不正当竞争法以及民法等予以保护的数据库法律保护体系。2001年修订后的著作权法增加了许多网络经济下的新概念，如"网络传播权""汇编权""权利技术措施""权利管理信息"等。新著作权法将数据库作为汇编作品纳入著作权法的保护范围，同时增加权利技术措施和权利管理信息的有关规定，使现有的加密、访问限制等技术措施也能对数据库提供一定程度的保护。对达不到独创性标准的数据库则采用民法和反不正当竞争法来解决有关纠纷。尤其是反不正当竞争法，作为知识产权法的兜底性的法律，可以弥补知识产权法的不足，其原则性的规定可以给达不到著作权法保护标准的数据库和数据库中的内容予以保护。著作权法与反不正当竞争法分别从形式和内容上保护了数据库权利人的投资利益，后者作为前者的补充，并进形成交叉适用、相互配合的格局，不仅为数据库制作者的合法权益提

供了有效保护，并基本上达到了数据库制作者个人利益与社会公众利益的平衡。我国目前已有了相关的司法实践，这种模式可以确立为我国数据库法律保护的基本模式。如果需要提高数据库的法律保护水平，应当在这一框架下进行制度的完善。

（2）设计并建立专门立法保护制度，合理定位我国未来的数据库特殊权利保护制度。鉴于以著作权法为主体的法律保护制度本身的一些无法克服的缺陷和数据库投资保护的需要，必须在现行的法律制度以外探索并建立一种专门立法保护制度。以美国为首的发达国家凭借其经济优势，希望将知识产权问题引入国际性贸易规则，在世界贸易组织范围内以另一种方式重建知识产权国际保护体制。我国是世界知识产权组织的成员国，又加入了世界贸易组织，对一些发达国家极力推动的数据库国际保护不能不表示关注，我国必须把知识产权管理的新动向考虑进去，设计并建立专门立法保护制度。专门立法只是增加一重保护，并不排挤相关法律对数据库的保护，因此，专门立法需要与现行数据库法律保护制度相协调。就我国数据库特殊权利保护的定位而言，因其目标在于促进数据库产业的投资和制止不劳而获的"搭便车"行为，所以该制度应被定位于反不正当竞争法，即一种新发展起来的特殊类型的反不正当竞争法律制度。数据库特殊权利保护制度的出现，将反不正当竞争的规则明确化和具体化，克服了反不正当竞争法在保护数据库上的弱点。而且，将数据库特殊权利保护定位在反不正当竞争上，就从根本上限定了它需要遵循的原则和所能适用的范围，避免了信息垄断的危险，减少了对用户的信息自由造成不必要的损害。

（3）数据库法律保护制度建设必须坚持公平和效率双重目标，以实现数据库制作者和社会公众利益的平衡。知识产权作为一种私权，具有保护私人权益的目的，但它的最终目标是知识的扩散和社会的利用。因此，在建立我国数据库法律保护制度上要兼顾公平与效率，实现个人利益与社会利益的平衡。应赋予数据库制作者一定的私权，确定保护主体、

客体和一定的保护期，同时明确权利的例外、法定许可、强制许可、合理使用。即用限制与反限制来实现数据库制作者与社会公众的利益平衡。比如当今人们已在以下几方面就数据库的保护达成共识：数据库极易被复制，适度的保护可以鼓励创作；事实的资料不应为私人拥有；任何人均可独立向原始资料来源获取资料；政府数据库应公开、不受保护；不应伤害科学、研究、教育及新闻报道；为商业及竞争目的的批量复制不应被允许。总之，数据库法律保护制度应实现数据库生产的最大效率与数据库产品的公平利用双重目标。

（二）运用先进的技术保护措施

数字图书馆的数据库保护，除了建立健全法律保护外，还应加强技术运用与监管。采用先进的计算机技术，可以有效地防止各种盗版与非法复制行为的发生，这样才能更好地保护数字图书馆的知识产权。

1. 身份认证

数据库系统通过核对用户的名字或身份（Identity，简称 ID），决定该用户对系统的使用权。数据库系统不允许任何一个未经授权的用户对数据库进行操作。常见的身份认证有以下两种方法：第一，用户用 ID 和口令登录时，系统用一张用户口令表去鉴别用户 ID。这个方法的特点是方法简便，但保密性不是很高。第二，标识鉴定的方法。用户先标识自己与系统给出一个随机数，按照某个特定的过程或函数进行计算后给出结果值，系统同样按照这个过程或函数对随机数进行计算，如果结果与用户输入的相等则证明此用户合法，可为用户分配权限。否则，此用户则是非合法用户，系统有权拒绝其进入数据库系统。

2. 存取控制

对于存取权限的定义称为授权。这些定义经过编译后存储在数据字典中，每当用户发出数据库的操作请求后，数据库管理系统查找数据字典，根据用户权限进行合法权检查。若用户的操作请求超出了定义的权限，系统拒绝此操作。授权编译程序和合法权检查机制一起组成安全性

子系统。数据库管理系统中，不同的用户有不同的操作权利。对数据库的操作权限一般包括查询权、记录的修改权、索引的建立权、数据库的创建权。把这些权力按照一定的规则授予用户，以保证用户的操作在自己的权限范围之内。

3. 操作环境

在操作环境中，数据库管理系统对安全性的处理是把数据分级，给每一个数据对象赋予一定的保密级。例如：绝密级、保密级、秘密级和公用级。也可将用户设成类似的级别。系统便可规定两条规则：第一，用户只能查看比其级别低的或同级的数据；第二，用户只能修改和他同级的数据。

4. 密码存储

通用的数据库系统提供的基本安全技术能够满足一般的数据库应用，但对于数字图书馆这种访问量大的数据库，为防止用户非法入侵、窃取或篡改信息，还有必要采用适应数据库系统的特性加密算法（例如 RSA 算法），对数据库中存储的数据进行加密处理，以保护数据存储的安全。

（三）针对数字图书馆数据库特点的保护措施

在数据库产业层面进行的立法措施的完善和技术层面对先进技术的应用已经为作为版权客体的数据库提供了较为完善的保护的建议。而在数字图书馆数据库的使用中，由于其特殊的属性和形式，也需要一些有针对性的保护措施，而这些措施有法律之内的，也有法律之外但也行之有效的。

1. 数字图书馆数据库许可使用合同条款的完善

针对用户对数字图书馆数据库的使用和报酬支付的方式，数字图书馆数据库的许可使用合同就成了用户与数字图书馆数据库商拟购买期刊数据库的著作权许可使用达成的具备法律效力的协议，那么完善此种协议就必然可以加强对这类数据库的保护。

在实际的事实过程中，协议与合同中必须涉及以下的相关条款：定义条款（包括产品或服务的定义、用户、使用方式的定义）、密码条款、报告条款、协助条款、责任条款、担保条款、争端解决条款、支持条款、中止/终止/延长条款、著作权声明条款、商标条款、承担条款、技术规格条款、培训和归档条款、支持服务条款、数据完整性条款、报酬条款及保密条款等。这些条款的严格与完善，有利于阻止非法用户对数据库的入侵和对信息资源的使用，保障数据库的权利所有人的合法权益不受到损害。

2.对数字图书馆数据库用户的权利和义务的限制

（1）提供文献服务不能超出限制的范围。机构提供文献服务同样不能超出使用限制的范围，比如对教学使用权的授予一般与对图书馆在相应的课程结束的学期末删除包含在电子课程包或教师指定参考资料库中的有关部分的数码形式的副本的要求紧密结合起来。对馆际互借的限制就更为复杂，包括用于馆际互借的资料的形式、数量、对方的条件等，都是在使用中予以注意的。

（2）不能修改权利管理信息。用户必须严格遵守本国或双方共同加入的国际知识产权条约中有关著作权人精神权利和财产权利的规定。如保护作者的署名权，所有由出版商在联机出版物中加入的版权声明、版权管理信息等，不得被删除、隐藏或修改。此外，机构用户还需尊重作者的修改权，不得在未经著作权人许可的情况下对出版物中的篇目或其他资料进行修改、改编、翻译或者创作任何衍生作品。

（3）加强用户教育，提醒用户注意版权。机构用户对其所属用户尽到合理的提醒义务，可以有效减少侵权行为的发生。除了进行直接的版权教育外，机构用户可以采取在主页上刊登版权声明等方式来提醒用户注意版权。如武汉大学图书馆电子资源使用公告（严禁恶意下载的通知）和北京大学图书馆电子期刊网页上的版权声明。版权声明的作用还在于，一旦机构内单个用户侵权，侵权诉讼发生后，版权声明可以作为机构已

经尽了提醒义务的证明从而可以帮助机构免责。

（4）一旦侵权发生，机构应积极协助查处。一旦机构用户所属的单个用户中出现批量下载牟利或者通过自设的代理服务器允许机构外人员访问电子资源等侵权行为，机构应该积极协助查处，停止其侵权行为，进行批评教育，并防止类似行为再次发生。

第四章　高校图书馆信息资源的社会性开发与共享

第一节　高校图书馆信息资源的共享模式

随着时代的发展，科技的进步，信息资源得到了飞速发展。信息资源数字化与信息传递网络化为信息资源的共建共享创造了便利的条件；与此同时，也对信息资源的共建共享提出了更高的要求。图书馆是社会信息资源的集中聚集地，高校图书馆作为一个整体，拥有国内最丰富的信息资源和最广大的用户人群，因此，推进高校图书馆信息资源共建共享对于实现全国范围内的信息资源共建共享是非常重要的。

21世纪，信息资源得到充分发展，信息资源以使用价值广泛、传播迅速等优势同能源、材料并列为当今世界三大资源。信息资源作为一种生产要素是无限的、可再生的、能够重复使用的，且其具有很强的流动性，用户对它的使用很少受时间、空间的限制。信息资源遍布民众的各个生活领域，已经成为民众生活必不可少的一部分，例如政治、经济、文化、社会、民生等。近些年来，随着科技的不断进步和网络的不断普及，信息资源对于人们的生活产生了越来越重要的意义。可以说，信息资源已经在很大程度上影响国民经济的发展并对改善社会民生福利起到重要作用。王芹、桂秀梅、刘萍在文章中指出广义的信息资源是指参与到信息活动中的所有要素，既包括信息本身，也包括与信息相关的人员、设备、技术和资金等。狭义的信息资源专指信息资源本身，包含文献资源与电子资源，例如各种文字、印刷品、图

像、音频、电子信息、数据库等①。

吉育屏指出，信息资源共建共享首先应坚持的原则是自愿、平等和互惠。只有坚持这些原则，才有可能推动这项服务的长期发展②。高等教育学校与图书馆之间或图书馆与政府组织、社区之间的良好互动合作，共同商讨、建设和利用信息资源，以最大限度地为用户提供更丰富的信息资源。高校图书馆信息资源共建共享就是充分利用现代的科学技术手段，建立起高校图书馆之间或高校图书馆与其他类型的图书馆、政府组织、其他机构之间的各种合作。这种模式，可以充分利用有限的经费，实现更大的社会效益，引领全社会的学习风尚，促进个性化学习。高校图书馆作为信息资源共建共享的主体，具有双重身份。一方面，它是信息资源的供给方；另一方面，它又是信息资源的需求方。

受各个学校发展情况、人才培养目标、现有信息资源及网络技术、设备资金等问题的限制，很难一步到位地实现全省高校图书馆信息资源的共享服务。我们可以采取循序渐进的原则，结合各个高校的发展情况和自身经济、技术条件有步骤、有计划地开展全省高校图书馆的信息资源共建共享工程。针对一部分高校进行试点开放，以便发现问题及时调整，将服务范围控制在高校图书馆所能承受的范围之内。如今，随着读者需求的进一步提升，高校图书馆信息资源共建共享的范围也应做出相应的调整。除了进行图书资料、电子信息资源等基础项目的共建共享外，高校特色数据库、精品课程、科研人员咨询服务也应属于信息资源共建共享的范畴。

一、高校图书馆信息资源共建共享服务的典型案例

在中国高校图书馆信息系统和中国高校人文社会科学文献中心

① 桂秀梅，刘萍，王芹.高校图书馆合理的人力资源管理对和谐服务的有效促进 [J].科技情报开发与经济，2007(27)：22-23.

② 吉育屏.图书馆在读者终身学习中的作用 [J].科学之友，2010(11)：89-90.

（China Academic Humanities and Social Sciences Library，简称 CASHL）的设立和支持下，中国高校图书馆的校际合作有了显著发展。目前中国的高等教育文献保障系统（China Academic Library & Information System，简称 CALIS）是发展较为成熟的共享项目，在政策的支持和引导下，高校图书馆的许多合作项目都取得了较好的成绩。这些组织机构通过设立账号的形式，允许用户进行登录、查询信息。北大图书馆是大学数字图书馆国际合作计划（China Academic Digital Associative Library，简称 CADAL）的中心，其他高校可以通过购买的形式获取账号，享受由 CADAL 提供的服务。

（一）卓越大学联盟

"卓越大学联盟"是由中国 9 所工业和信息化部、教育部直属的世界一流大学建设高校组成的高校联盟。包括北京理工大学、大连理工大学、哈尔滨工业大学、华南理工大学、天津大学、重庆大学、同济大学、东南大学、西北工业大学。这些高校于 2010 年，组成了"卓越人才培养合作高校联盟"（简称"卓越大学联盟"），并签署了校际联盟共享条约，以促进相互交流。并将此项目作为交流平台，寻找其他方面的利益平衡点，加强更多领域的合作，进一步促进图书馆之间的交流与协作。根据笔者的调查研究，卓越大学联盟图书馆信息共享的范围和领域十分广泛，主要包括：期刊 97 361 种，中文期刊 8 348 万篇，外文期刊 9 987 万篇，图书书目 430 万种，开放学术资源 4 100 万篇，数据库 503 种，特色数据库 3 672 个。卓越大学联盟是由办学特色相近的高校组成的图书馆联盟，他们在信息资源的采购和开发方面的需求相似，并且有共同的培养目标和发展目标，这都有助于联盟的进一步发展。

（二）长三角高校合作联盟

长三角高校合作联盟于 2005 年成立，经过不断的发展，已从六校合作逐渐拓展为 8 所国家 985 工程、双一流名校组成的联盟。该高校间

的联盟是基于地理位置而建立的，他们都集聚于长三角地带，位置较近，有利于加强彼此间的交流与协作。此外，该高校联盟间的合作不仅仅局限于图书信息方面。经过几年的努力，长三角高校合作联盟取得了重大突破，并通过多次的协商讨论，谋求合作的共同基础。省委省政府从宏观政策上给予了帮助与支持，并引导建立了相关的组织合作机制，进一步促进了相关主题的交流与合作。各高校也在积极寻求新的突破，进一步地扩大合作的领域与范围，寻找更多的平衡点。另外，他们还统一进行了技术设备的更新，从客观条件上进一步促进交流合作。这些工作对于提升这些高校的信息资源服务能力大有裨益。

（三）北京大学图书馆的特色服务

北京大学依托自身的教育资源优势向社会读者提供网络课程和网络培训等社会化服务。北京大学图书馆是全国众多高校中第一个开设系列讲座的图书馆，迄今已有十余年的历史，"北大讲座"是北京大学图书馆的品牌项目，已有数万名学子从中受益。北京大学图书馆充分利用自身的教学优势与人才优势，开展内容丰富、形式新颖的各项活动，其中影响最大、评价最高、发展最为成熟的要数"一小时讲座"这一活动。该讲座共分为十五个专题，汇集了包括国内外最新研究成果展示、北大特色讲堂、历史真相课程等在线教育资源，为进入北大图书馆学习的用户提供更多、更好的选择。授课教师都经过精心准备，课堂气氛活跃、充分调动了学生的学习热情，课程结束后学生还可获得讲座讲义。

北京大学图书馆还十分重视与读者间的交流互动。一方面，通过与用户的交流，及时了解他们的需求。另一方面，方便图书馆工作的改进和提升。北京大学图书馆建立了形式多样的参考咨询服务，读者可以通过邮件、电话、FAQ、实时咨询台等方式向图书馆专业人员寻求帮助。北京大学为进一步满足读者需求还建立了个性化服务系统，该项服务是通过校园网界面所提供的，校园网界面设计简洁，方便读者和用户查找相关信息资源。

　　值得一提的是，北京大学图书馆还有步骤地实现了对外开放，但需要提前申请，申请具有一定的难度。一旦申请成功，读者可以根据自主需要检索数据库。另外，图书馆还提供新书上架公告、最新科技导讯、重点学科导航、重点信息推送、虚拟咨询和个人借阅订阅等二十多项服务。用户可以建立属于自己的信息库，通过对信息的检索，获得相关信息的全文链接，也可订阅最新的信息通知服务，以便及时获取相关领域的最新信息。

　　高校图书馆的信息资源共建共享服务是一项工程量大、利益关系复杂、影响群体众多的复杂工程，它的开展与实施受多方面条件的影响与制约。建立专门的组织协调机构对高校图书馆信息资源共建共享服务的顺利开展意义重大。例如长三角高校合作联盟就是由省政府带头组建的，这项工程受到了上海市教育委员会、江苏省教育厅和浙江省教育厅的大力支持，并由省级部门组织协调，成立了长江三角洲地区高校信息资源共建共享工作小组，并于 2011 年签署了《长江三角洲地区高校信息资源共建共享联盟》，确立了"平等共赢、共同协商、促进交流、谋求发展"的原则。工作小组的成立对于协调各方利益，指导该项工程的进一步发展都有重要作用。英国高校图书馆的合作联盟也是在统一的组织机构的协调下进行资源共享和资源购买。这样就减少了各个成员馆间的利益纠纷，由统一的机构组织协调成员馆间的利益平衡。

　　高校图书馆的信息资源共建共享服务是一项系统的工程，需要循序渐进，不断扩大合作领域，加强交流，实现成员馆利益的最大化。例如美国高校图书馆间的合作范围和领域就十分广泛。由洲际高校图书馆管理机构组织的高校师生读书交流会、辩论赛等活动大大加强了高校间的学术交流，同时也进一步推动了高校图书馆合作联盟的建立。伦敦大学图书馆的共享联盟内容也十分丰富，与伦敦大学图书馆联盟的各成员馆可以利用网络参与部分伦敦大学教授的讲座。

二、高校图书馆信息资源共建共享服务的内容

（一）以实际需求建立信息资源共建共享体系

"卓越大学联盟"就是依据各高校的办学目标及特色组成的联盟。他们作为国内理工类的一流高校，每所学校都有自己的优势资源，高校图书馆的信息资源共建共享可以加强彼此间的学术交流，扬长避短，创造出更多的科研成果。长三角高校合作联盟是借助地缘优势建立起来的联盟。长三角高校合作联盟充分挖掘区域内的信息资源潜力，构建区域信息资源共建共享体系或平台。地理位置的优势大大降低了高校图书馆联盟的经济成本、劳动成本、管理成本，可以有效提升这项服务的效果。此外，新泽西州南部高校图书馆的地区间的合作信息共享模式、英国东北部大学购买联盟和南部大学购买机制，都是依据地缘上的优势，结合高校的实际需求建立起来的。

（二）工作人员综合素质高，重视与读者的交流

图书馆工作人员的综合素质的高低体现在是否能以饱满的热情为读者提供服务，是否能及时意识到读者需求并为读者提供相应服务，以及服务水平的高低。不论是美国的芝加哥大学还是英国的伦敦大学，都不仅实现了图书、电子信息等资源的共享，也实现了高校人力资源的共享。培养高素质、高学历的图书馆工作人员，他们以专业的知识、专业的技能为读者提供专业的服务，成为读者信息获取的导航者。此外，国内外的高校都设置了形式多样的咨询参考服务，且重视与专家面对面的交流。利用咨询台反馈读者消息，有利于在最短时间内解决读者问题，不耽误读者的学习进程，满足不同用户的咨询需求。与相关领域专家学者的交流，有利于加深读者对于问题的认识与理解，为进一步的研究奠定良好基础。

（三）尊重读者意愿，提供个性化服务

伴随高校图书馆资源数字化时代的到来，图书馆信息资源数量庞大、更新快，这些问题很容易导致一些读者在使用过程中不能得心应手。个性化的服务就很好地解决了这一矛盾，充分尊重读者意愿，更有利于读者信息的查询与获取。利用现代的信息技术，进一步满足读者需求，方便读者在第一时间查询到所需要的信息。

高校图书馆充分利用现代信息技术资源，针对不同的用户提供个性化服务，使服务目的更具有针对性。通过对用户基本信息的分析和掌握，例如年龄、所学专业、从事工作、兴趣爱好等信息提供针对性的信息推送，这可以使图书馆工作由被动向主动转变，积极帮助读者查询相关资料，促进读者的有效搜索，体现了人性化的服务理念。

三、数字图书馆与信息共享模式的关系

数字图书馆是知识经济时代基于计算机与信息通信技术的发展产生的一种虚拟形式的图书馆。目前，学界也普遍认为数字图书馆并非一个实体机构，而是一种基于网络信息资源，采取新型管理模式的虚拟图书馆，即一种知识开发、获取、利用的全新运行方式。它是以统一的标准和技术规范为基础，将有价值的文本、声音和图像等多媒体信息资源数字化，在实施信息增值加工后存储于分布式资源库群，并以智能检索技术为手段，通过广域网向用户提供信息服务。应该说，数字图书馆的建设不仅给图书馆界带来一场革命，而且也打开了数字时代的知识管理、文化传播的大门。

（一）数字图书馆和信息共享模式在利益上的一致性

从信息化发展的角度看，信息的社会化和社会的信息化是建设理想的数字图书馆的重要因素。20 世纪 80 年代以来，世界信息产业的快速发展和社会公众信息意识的增强为数字图书馆的发展奠定了坚实的基础，

而数字图书馆的建设又会积极推动全球信息基础设施建设以及社会信息化水平的提高。信息化的核心是信息资源的开发与利用，要想提高社会的信息化水平，就必须将在各类公众信息的传递中起重要作用的数字图书馆的丰富资源提供给社会公众，使数字图书馆成为未来社会的公共信息中心和枢纽。数字图书馆提供了资源使用的虚拟环境，这和信息资源共享的终极目的是一致的，都是为了使资源得到充分的共享与传播。

开放存取、信息共享空间、知识库和数字图书馆联盟这几种信息资源共享模式在数字图书馆中的应用，具有重要的现实意义。数字图书馆的资源供用户自由使用的同时，对于不同地域和不同文化背景的用户，其信息需求的差异也可能导致其获取信息的不对称性。而多种资源共享模式的共同服务，使得这一缺陷得到弥补。用户可以就某一领域内的信息资源，根据其喜好或需求标准，得到具有不同针对性的完整的信息资源共享结果。

（二）多种信息共享模式应用于数字图书馆的优势

各种信息共享模式在数字图书馆中的应用，为数字图书馆信息资源共享指明了发展方向，使数字图书馆的建设与运行更全面和有效。

1. 降低成本

信息资源的多种共享模式的各自为政，造成了大量的资源重复购置，加大了信息资源利用的成本，如果能建成统一的资源共享模式和标准服务体系，这种现象将得到很好的改善。多种共享模式应用于数字图书馆中，相互补充、彼此兼容，在一定程度上会给信息资源共享带来成本的节约。再从信息用户的角度讲，用户期望所获取的信息最好是廉价的，甚至是免费的，为用户提供优良的信息服务也是图书馆永恒的主题。

2. 整体性强

分散的信息资源对用户来说是极其不方便的，利用效率也不高。而基于数字图书馆环境下的资源共享模式，对用户来说感觉更加完善，且多样化的模式更能满足不同用户的差异性需求，切实解决信息资源分散性与读者信息需求综合性的矛盾。当今，科学和技术向高度专门化和综合化方向发展，这种趋势使得读者的信息需求呈现综合化的特点。读者信息需求的综合化表现在：一是信息需求内容的综合化；二是信息需求的全方位发展。这两个方面的要求集中体现为读者越来越需要得到内容全面、类型完整的信息。但是，信息资源分布的规律是：大量该学科的文献相对地集中在一定数量的电子期刊上，而剩余部分的文献则依次分散在其他大量的相关电子期刊上。特别是现有的网络检索工具，搜索范围覆盖面广，专指性差，人们在检索学术信息时，往往从专门的学科入手，而网络检索工具却不以专业划分，在查询某一特定学科网络信息时，一方面没有专门的网络检索工具，另一方面没有任何一个网络信息资源的有效过滤和筛选。数字图书馆正是迎合了这一需求，提供了这一使信息用户快速全面获取知识的环境。

3. 效用性高

数字图书馆环境下的信息资源共享使用户获取信息的方式发生了根本性的变化，信息资源的数字化和网络化使人们存取文献的速度得到了提高，范围也得到了扩大，实现了信息的增值服务。数字图书馆丰富的数字化资源，高速的网络传输，使用户可以在任意时间、任意地点查询多个分布式信息资源，大大缩短了信息传递时间，拉近了信息提供者与信息使用者之间的距离，加快了信息交流与反馈的速度，提高了信息资源的利用率，最大限度地实现资源共享。多种信息共享模式应用于数字图书馆，有利于真正地从信息用户出发，突破信息资源在地域和时间上的限制，建立数字信息资源的协调化、集成化体系，解决有限的信息收藏和无限的用户信息需求之间的矛盾，最终实现资源共享。

（三）数字图书馆中运用各信息共享模式的个性与共性分析

基于前两节中对多种信息共享模式在数字图书馆中的可行性以及优

势的探讨，不难看出，数字图书馆中运用各种模式共同来为用户服务是非常必要的，本节将就各种模式的个性与共性再做出深入分析。

1. 个性——突出各自优势

开放存取在质量、数量和成本控制上的优势、信息共享空间在一站式服务上的优势、机构知识库和学科知识库在互操作性上的优势，以及数字图书馆在馆际联合上的优势，为其各自的资源共享发挥独特的作用。正是这些共享模式突出的个性优势，才使得数字图书馆资源能够被用户充分地利用；也正是由于各种模式自身的不断发展、进步、完善，图书馆的数字化建设才越来越完备。

各种模式的个性发展，在资源共享中起到了非常重要的作用。现阶段，数字图书馆主要以开放存取和知识库的探讨为主要研究热点，且已取得了一些理论研究成果，这为信息资源共享的发展奠定了一定的基础，也为其他共享模式的提出和运用给予借鉴。各种模式各自的不同步发展，有利于其相互促进、相互影响，以取得更大的进步。

2. 共性——弥补相互缺陷

开放存取和机构知识库在近几年的理论研究和社会实践中，表现出了迅速发展的态势，被认知度和广泛运用的程度都受到了认可。这不仅为其他几种共享模式的研究开辟了道路，同时，也为各种共享模式的共同发展提出了新的难题、增加了更大的难度。在各种模式的研究中，没有均衡的理论探讨势必会影响信息共享模式的整合构想的提出。然而，在目前的研究中，各种模式的共性也是非常突出的。多种模式共同运用于数字图书馆中的优势就代表了其共性的特点，并且，这些模式在资源共享中还能够相互取长补短。

以各种模式的共性为基础，突出发展个性优势，能够更好地为数字图书馆的建设发挥共享模式的作用。

四、信息共享模式中的版权问题

（一）信息资源共享与版权保护

随着数字图书馆的迅速发展，数字图书馆版权保护问题逐渐成为图书馆学界的热点话题。应该说，对数字图书馆版权保护的关注不仅限于图书馆学界，它已经成为法学界、图书馆学界、出版界及网络信息提供商所共同关注的问题。

近年来，我国图书馆学界有不少人认为知识产权的垄断性与图书馆学界所主张的信息资源共享的理念相冲突，对国家建立版权制度的目的缺乏全面的认识，在对版权立法的价值取向的分析中，有时甚至出现断章取义、各取所需的情形。造成这种认识混乱的原因之一，就是对信息资源共享和版权立法价值的合理性，以及两者之间的关系缺乏全面的认识。就目前国内的总体态势来看，数字图书馆版权保护不仅仅是理论问题，而且是一个亟待解决的实践问题。

1.信息资源共享的合理性

在数字化的今天，信息资源作为一种重要的战略资源，面临较大的挑战。信息资源的共享带动了学术研究领域的交流与合作，增强了学术理论的开放性，丰富了学术观点的多样性，提供了多角度的分析方法，有利于不断探索、完善更多的研究领域，从庞大的信息资源中创建新的有价值的信息集合。这对于学术研究的发展不仅至关重要，也是科技进步的必然要求。长久以来，信息资源共建共享一直是学术界不断呼吁却没能解决的问题，其中，信息资源共享模式的多样性、信息资源自身的无序性等问题一度成为热议的焦点，这些不仅造成了国家投资的浪费，而且也在一定程度上制约了学术研究的发展和理论水平的提高。

信息资源共享是将一定范围的信息资源，按照互利互惠、互补余缺的原则进行协调，共同纳入一个有组织的网络中，使网络中的所有信息供有关用户、网络成员共同分享与利用的一种方式，它可用最少的投入

提供尽可能多的、优质的信息资源，最大限度地满足用户的需要。信息资源共享的目的是使每个信息使用者都能够在一定范围内最大限度地利用信息资源，这是迅速提高社会对信息资源的获知能力的重要表现，也是实现信息资源利用率的最佳途径。信息资源共享是信息化发展的主要方向，也是国家信息化的基本方针。随着科学技术的不断进步，信息资源的共建共享将会在更大的范围内实现，且资源的共享速度也会大大加快，信息资源的合理、有效使用会迈上一个新台阶。

2. 版权保护的合理性

版权人是创造精神产品的劳动者，如果他们的劳动成果得不到信息用户的承认与尊重，这将极大地伤害版权人的创作热情。特别是在网络环境下，随着信息的数字化、网络传输的无国界化以及使用作品人数的增加，版权受到侵犯的问题日益凸显。版权法从精神和物质两方面对版权者实行保护，不仅尊重版权者的人格权利，而且把作品这种智力创造成果作为一种社会财富加以保护。这极大地激发了人们的创作热情，鼓励其为社会创造出大量的精神财富，为人类的文明和进步做出应有的贡献。鼓励作品创作和作品传播，促进社会的发展，是人类文明发展的必然趋势，是建立版权制度的基本目的。在知识产权法出现之前，作品创作者的智力成果一旦进入公共领域，创作者的权利就失去了控制，作品使用者不需要创造就可以使用创作者的作品，智力成果的获利微乎其微，这样不利于激发创作者创作作品。知识产权法授予了作品创作者在一定条件下对其智力成果所享有的专有权利，创作者可以借此获得利益，这种激励就构成了创作的动力。

著作权法作为知识产权法重要的组成部分，对作品的版权保护有具体的阐释和约束。我国著作权法中规定："为保护文学、艺术和科学作品作者的著作权，以及与著作权有关的权利，鼓励有益于社会主义精神文明、物质文明建设的作品的创作和传播，促进社会主义文化和科学事业的发展与繁荣，根据宪法制定本法。"著作权法是保护作者权益的专门法

律，但版权保护的根本目的不是单纯保护版权人的权益，更重要的是通过对作品的创作与传播的保护，促进信息资源的使用和传播。随着版权制度的不断完善，其在社会经济和文化的发展中的贡献率越来越高，世界知识产权组织对 20 多个国家产业建设的调查表明，基于版权作品而形成的产业的增长速度远远高于该国国民经济增长速度。

3. 资源共享与版权保护两者之间的联系

版权保护与信息资源共享两者之间是相互联系、对立统一的。信息资源共享是基于信息创造者、传播者和使用者的利益，有利于最大限度地获取和使用信息资源。而版权保护则不同，它是合法的垄断权，其主要是为了维护版权所有人的利益、激励版权人的创作热情、营造一个公平竞争的法律环境，对信息自由获取和使用予以一定的限制。其实两者在目的和宗旨上是一致的。版权保护实际上就是保护版权所有者的权利，只有有效地保护其专有的权利，才能保证社会拥有更多的信息资源来促进社会文化的繁荣和进步。

信息资源共享是迅速提高社会对信息资源的获知能力和利用率的最佳途径，其目的同样是为了让社会通过对资源的有效利用创造出更多的知识财富。可见，信息资源共享和版权保护的最终目标是一致的。但是，过分追求信息的绝对共享是不现实的，也必然会导致没有信息共享。版权的适度保护为信息资源的共享提供了一个有法可依、井然有序的空间，使信息可以在最大限度内实现共享。同时，版权保护也需要通过信息资源的共享为其收集、传播信息，以使其不断完善和进步。所以，两者之间是相互促进、相辅相成的，共同促进社会文化的发展。

（1）版权保护对信息资源共享的促进作用。版权保护是不断创造新知识并将其转化为生产力的有力保证，也是实现信息资源共享的前提和基础。版权保护能够促进信息资源的有序利用，扩大共享范围，而不影响创造者的权益。这是在版权制度出现之前，创作者所热切期盼的，创作者不需要再因维护自己的智力成果而将其保密，不能被公众所利用。

知识产权法肯定了私人对智力成果的占有，并且这种占有不以智力成果的扩散而消失，相反，权利人还可以在扩散中获得使用收益等利益。于是知识产权人就愿意促进智力成果的传播，社会公众也就有更多的机会利用智力成果。

（2）信息资源共享中的版权约束功能。版权保护在一定程度上约束了信息资源的传播与利用。知识产权法通过授予和保护知识生产者的独占权来鼓励知识或信息的生产，这是其基本的功能和宗旨，也是作为知识产权激励机制的表现。保护知识产权，可以说是在作品创作者之间建立一种竞争秩序，但如果约束过度，就剥夺了信息使用者选择信息的自由。信息用户不能选择所需要的信息资源，满足不了其信息需求，那么其结果就是信息产业的停滞不前，甚至萎缩。

版权法既要保证作品创作者和传播者的合理权益，鼓励创作者创作作品、传播作品的积极性，又要保证社会公众能够存取作品，使全社会共同享有创作者创造的智力成果，最终促进社会文明进步。

4. 版权保护与信息资源共享之间的冲突

知识产权在本质上是完全的或有一定限制的垄断的创造物。而信息资源的共享却是自由的、反垄断的。版权保护虽然是合法的垄断权，但在一定程度上约束了信息资源的共享与传播，这就使得信息资源共享与版权保护之间存在潜在的矛盾和冲突。信息共享既可以使信息资源迅速、便捷地提供给信息使用者，同时，也增加了版权保护的难度。

版权保护与信息共享的冲突的焦点是能否有效获取利益。信息使用者期望以最低的价格获取信息资源，减少成本支出；信息创作者为了自身利益，获取作品创造应有的报酬，提高作品价格。这就使得权利人与使用者之间的利益冲突表现在信息资源价格上，出现了价格与价值的背离，即所谓的"垄断暴利"。一边是要"高额垄断利润"的产权拥有者，一边是急待分享信息化成果的社会公众，两者的利益之争造成价格与价值的背离，也使信息共享与知识产权保护之间的冲突日益加剧。当前，

高质量的信息资源是人们的创作来源，也是提高效率效用的必需品，但部分使用者只能靠"侵权"才能享受到数字化带来的"实惠"，达到信息资源的共享。

（二）几种信息共享模式各自存在的版权问题

1. 开放存取模式中的版权问题

版权是指作者对其创作的作品享有人格权益、支配作品并获得财产权益的总称，它是著作发行和出版专属权等一系列权利的集合，它是道德权利和使用权利的结合。因为开放存取期刊是因特网上公开出版的，允许任何用户免费阅读、下载、复制、散布、打印、检索、链接、索引其文章全文，无任何经费、法律和技术障碍。因此开放存取期刊与现有的知识产权体系充满着矛盾和冲突。

目前 OAJ 的版权模式主要有四种：出版社拥有版权、作者保留版权、转让商业利用权、保留部分权利。通常是采用知识共享许可协议（Creative Commons license）。

在学术交流层面上，学术作者更关注其作品的影响力和被使用率，这与图书馆和学术机构的目的是一致的。在开放存取模式下，作者通过付费出版，作品的版权不再发生转移，归作者长期保有，版权唯一的目的是保证作品的完整性，尽可能降低读者合理利用网络学术信息的限制。

这种信息共享的模式允许作者保留版权，但是同时也要求作者遵守一定的协议，如目前使用较多的创作共用许可协议。创作共用许可协议是知识共享组织发布的面向公众的版权许可，符合其要求的信息资源，如学术论文等，都可以通过创作共用协议对可以接受协议条款的使用者开放其资源。但是，作者认可创作共用许可协议并不代表其放弃了自己的版权，而是部分出让自己的权利。

在开放存取模式中，保留作者对其作品的版权，主要包括作品的完整性、署名权和正确引用权等。同时，还可以为作者提供对其作品的访问限制权，也就是说只有作者可以限制一定范围内的使用者进行访问，

以此减少产生版权纠纷的可能性。但是后印本则又是另一种情况，出版商的商业性运作，往往要求论文作者在同意其作品发表的同时，将相关版权移交至出版社，这就与开放仓储库作者文责自负的原则产生了矛盾。这种情况下，开放仓储库大多采用避免冲突的后印本的方式，即不直接提供发表文章的原文，而是给出一份与预印本内容不同之处的说明版本，从而为研究人员间接提供了希望获取的全文文献，较好地解决了版权问题。

2. 信息共享空间模式中的版权问题

信息共享空间模式主要是对文献信息资源的组织和利用，它主张对信息资源和创造性作品的优先使用，所以其面临的版权问题也主要集中在资源复制和传播、文献数字化、数据库建设等环节。例如，文献复制时要考虑复制的数量，利用互联网下载资源时要特别注意版权问题；自建数据库时，要尊重来自非公有领域的数据、资料的著作权主体的各种权利，并对采集来的数据、资料进行创新性重排，防止简单复制。这样，加强版权保护，就需要对现行的著作权法所禁止的内容进行合理规避。

信息共享空间中的资源作为公共物品，如果不加以管理，很可能存在被滥用和被破坏的风险。著作权法在保护信息产品的同时，也限制了信息用户使用信息产品的权利。法律和法规限制了公民的公共使用权和合理使用，使得信息共享空间建设面临很大的困难，如《数字千年版权法》限制了数字信息如电子图书的访问与使用，把任何人试图克服控制数字作品存取的技术措施视为非法，还认为分享如何克服技术锁定的信息是非法的，甚至是犯罪的。但是，随着科技的快速发展，采用新技术手段，如权限管理、数字加密技术等加强对知识产权的保护，也是十分必要的。在信息共享空间模式中法律缺位的情况下，建立创作共用可以作为一种替代性措施对这一情况加以解决。创作共用扩展了原有的公共许可的一些保留权利的方法，使之成为可应用于各类信息资源的许可协议。只要信息使用者遵守使用条款，那么，就无须追查著作权人，从而

获取使用其作品的专门许可。

3. 知识库模式中的版权问题

机构知识库和学科知识库建设中所涉及的版权问题一直是学术界与实践领域不断探索的问题，至今仍然是制约知识库发展的重要瓶颈之一。知识库建设中涉及的法律问题主要包括软件知识产权问题和资源内容是否违反现有的法律和法规。

为了推动知识库发展，促进学术信息交流，作者可以选择自存储预印本和后印本方式，即发表后的论文可以在相应的机构知识库中有效传播和使用。但是，作者、机构和知识组织仍需要探讨版权问题。知识库涉及的版权问题主要是版权许可，因为信息创作者提交到知识库中的资源一部分是在正式发行期刊上经过同行评议而发表的文章，其涉及出版商版权许可问题。大部分的出版商都是同意作者存储已发表的文章的，但也有一小部分出版商强烈反对作者对其作品的"自存储"。近年来，国内外越来越多的学术期刊在资源共享的压力下，开始逐渐放宽对作者权利的限制，允许他们将自己的科研成果存储到，或者可以说是张贴到自己的主页上或放到公共数字化库群中共享。

4. 数字图书馆联盟模式中的版权问题

数字图书馆联盟的主要任务就是通过联盟内部资源共享、互助协作的方式满足日益增长的用户需求，应在联盟内部提倡树立版权意识，尊重知识产权，并事先就共享过程中有可能涉及的知识产权保护问题加以规定和明确。

数字图书馆在方便了信息传播和利用的同时，使得相关的知识产权保护的主体、客体以及权利使用方式变得非常复杂，也使得知识产权的保护和信息的传播、利用之间的矛盾更加尖锐。为解决数字图书馆的知识产权问题，目前不少数字图书馆联盟组织联合法学界、图书馆学界、出版界及网络信息提供商共同探讨。各个图书馆联盟对待版权问题的态度基本是一致的。在版权规定的框架内，遵循合理使用原则，即在教育、

学术研究、评价过程或学习等过程中，使用者不需要支付特定的费用或征求著作权者的认可。另外，一些数字图书馆除了上述要求外，在传播和复制作者作品时，还要求有作者的书面授权。

五、高校图书馆信息资源共建共享服务的建议

（一）高校图书馆信息资源共建共享服务内容

1. 以实际需求为基础，加强高校图书馆信息资源共建共享

调查问卷的数据显示，高校师生对于高校信息资源的共建共享呼声很高。在信息资源急速膨胀的今天，任何一所高校都不可能依靠自己的实力满足所有读者的需求。高校图书馆间的信息联盟可以很好地缓解这一矛盾。目前，我国大部分高校都存在通过账号设置限制外来用户访问的问题。高校图书馆的信息共享，就是要打破这一壁垒，使高校图书馆以开放的态度接受外来用户的使用。各高校可以通过建立联合共享目录等方式进行数字信息资源服务的共享，实现高校图书馆信息资源整合，建立高校图书馆的文献期刊联合查询机制、学术数据库目录、电子图书联合目录、电子期刊联合目录和高校特色数据库联合目录。图书馆提供的各种检索系统中OPAC（Online Public Access Catalogue）是较为成熟的一项技术。它为高校间的信息资源共享创立了一个平台，高校可以通过该系统提供联合的检索目录，丰富各个成员馆的信息资源。

高校的特色数据库是高校电子信息资源建设的精髓和重点。各个高校应以开放的态度和共享的精神让更多的用户使用本校的自建数据库，加强校际合作交流。高校图书馆应充分发挥本校的特色专业优势，从读者角度出发，建立具有专业特色的专题数据库，突出本校的办学特色。印刷品等纸质版文献资源的共建共享，受地域、采购、管理等条件的限制，实施难度将有所加大。高校图书馆可以通过制定统一的借阅条例，利用寒暑假等特殊时段向更多的用户开放，实现资源的共享，推动高校文献信息资源共享联合体的建立。

2. 加强高校图书馆配套设施建设

高校图书馆信息资源共建共享服务离不开计算机系统和多媒体设备的运用。信息资源的采集、查询、检索、浏览、打印等都需要计算机、多媒体技术的支持，计算机多媒体设备已经成为信息资源共享项目的重要基础和技术保障。我国高校图书馆的计算机多媒体设备还不够完善，这在一定程度上阻碍了信息共享联盟的建立。首先，计算机多媒体设备陈旧、老化，不能满足用户对于现代信息技术的需求。另外，计算机设备相对短缺，很难满足本校师生对于电子信息的需求。

其次，高校图书馆最初在进行硬件设备采购时只是依据自身的经费水平及需要而进行的，因此受计算机设备型号、进行共享服务的技术水平的限制等因素的影响，高校间信息共享继续发展的难度进一步加大。这就要求各高校图书馆做出统一的规划，在经费预算准许的情况下，增设专门用于进行信息资源共享的各种设备。进一步完善高校信息共享各种硬件设施的标准化建设。同时，聘请相关领域的专家，在技术上进行调试，确保共享服务的顺利开展。

3. 提升图书馆工作人员的综合素质

高校图书馆工作人员是信息资源共享项目的直接参与者与管理者。他们的服务意识、业务水平将对该项目的开展起重要作用。通过调查不难发现，我国高校图书馆工作人员主要存在以下几个问题：一是服务意识淡薄，缺乏工作的积极性、主动性低；二是工作人员素质参差不齐，学历普遍偏低；三是缺乏培训与考核，现有的培训往往流于形式；四是缺乏共建共享的合作意识。

高校图书馆信息资源的共建共享需要高素质的人才，为信息资源的共建共享提供强有力的人力资源保障。首先，高校图书馆需要能够进行共建共享工程的决策者和指挥者，他们需要具备图书馆领域的相关知识，还需要有前瞻性和开拓创新精神，能够从整体上进行统一规划和协调管理。其次，高校图书馆需要能够进行共建共享项目系统的技术研发人员。

这些人员需要具备较高的技术水平，负责整个共享平台的创立、设计和维护，并具有前瞻性，可以根据高校师生的要求及时做出调整。最后，高校图书馆需要共建共享平台的服务人员。高校图书馆一方面要对他们进行图书馆资源使用、计算机多媒体设备操作等相关技能的培训，另一方面，要使图书馆的工作人员进一步明确高校图书馆共建共享项目的目标和指导思想，强化他们的服务意识，帮助他们不断提高自身素质。图书馆工作人员需要不断提升自身的业务素质、文化素质，熟练操作、应用数字化、网络化等现代技术设备，以满足用户的多方面需求。

4. 提供个性化服务

图书馆服务的宗旨就是以读者的需求为根本的出发点和落脚点。高校图书馆应提供参考咨询服务，用户可以通过电子邮件、留言板等形式向图书馆工作人员寻求帮助。随着网络资源的不断丰富、信息量的不断扩大、多媒体设备的不断更新，用户在查询、检索、使用信息资源的过程中往往不能得心应手。因此，网上参考咨询服务可以解决用户困难，为他们提供帮助，让他们充分利用好校际共享信息资源，并对用户的问题反馈及时处理。

5. 加强图书馆的网站建设

图书馆网站是高校图书馆信息资源共建共享的窗口。对于校外用户来说，高校图书馆的网站是其了解该校图书馆的信息资源的主要途径。高校图书馆主页设计应该结合本校的特点，做到简洁、清晰、方便使用。首先，高校图书馆要完善图书馆网站的相关功能，增设信息资源共享平台，并对其中相关的规章制度、操作流程进行详细说明，确保用户能够快速获取相应的信息资源。其次，网站的设计应突出强调本校的学术特色、重点资源，并根据资源内容进行整体规划，做到布局合理，条理清晰，方便用户查找。同时网站的设计要注重提高系统内用户的交流，以兴趣、专业等为依据进行划分，在此基础上设立专门的讨论区为用户创造交流学习的机会。图书馆信息资源的共建共享离不开网络的支持，目

前我国许多高校都达到了"千兆主干网，百兆到桌面"的标准。网络覆盖范围也是影响图书馆信息资源共享服务的一个重要方面，目前，我国大部分高校的网络覆盖范围仅限于图书馆资料查询区域，而国外的高校基本实现了整个校园的网络覆盖。随着条件的改善，高校还需要进一步提高校园网络覆盖率。

（二）高校图书馆信息资源共建共享服务的实现途径

1. 成立信息资源共享的专门机构

成立信息资源共享的专门机构是十分有必要的，便于从总体上进行统一的协调管理。从管理制度层面上看，我国部分高校图书馆的信息资源共建共享工作缺乏行之有效的领导部门，这就影响了工作的协调和有序进行。根据调查表明，我国现有的高校图书馆联盟往往是几个实力比较强的学校进行管理工作，共建共享往往是大馆照顾小馆，小馆的信息资源共建项目几乎为零，如果没有其他补偿，时间长了大馆会不堪重负。同时小馆缺乏参与和话语权，积极性会越来越低，最后可能导致联盟的解体。在新的资源共享项目的采购上，如果缺少宏观调控组织者，仅仅依靠个别高校的力量，容易因为各参建馆不了解其他学校的水平而自行分析项目，最终造成这项工程停滞不前的状况。因此笔者建议，各省应当成立专门协调各个高校共建共享工作的部门，从整体上进行统一的规划设计。简明的管理机构有助于提高效率，有助于信息共享的进一步发展。建立信息资源共享的协调机构，帮助了解和掌握各个图书馆的数据资料、共建共享的水平与能力，并根据各个高校不同的发展情况对其进行指导。这有助于促使各个高校的数字图书馆系统的技术条件和标准趋于一致。

2. 完善资金保障体系

高校图书馆信息资源的共建共享项目需要大量的资金做保障，其中包括软、硬件设备的购买、共建共享服务平台的研发、相关工作人员的培训、共享信息的购买、相关设备的维护等，经费是否充裕是共建共享

系统能否有序进行的前提条件。受各个高校的经费来源的限制，高校图书馆在共建共享项目的投入也十分有限。信息资源的共建共享有助于高校图书馆分享合作成果，提高服务能力，避免信息资源的重复无效购置、节省各个成员馆的经费开支，是高校图书馆坚持可持续发展道路的最好选择。而共建共享工程启动初期必须有大量的资金投入以保证初期建设工作的开展，后期还需要有大量的后续资金来维持整个系统的正常运转和推广应用以及资源的不断更新等。建立高校图书馆信息资源共建共享工程需要调动多方力量参与配合，是一项复杂的工程。政府相关部门是高校图书馆信息资源共建共享重要的组织者和协调者，信息资源共建共享项目离不开政府相关部门的大力支持与配合。政府的财政拨款可以确保共建共享项目有稳定的财政投入，是高校图书馆进行信息资源共建共享服务的有力保障。一方面，政府部门要对拨款资金进行宏观调控，组织信息资源的采购，协调各方利益。另一方面，政府也要加强自身的权利监督，通过设立监督热线等方式，使财政资金使用透明化。

　　开展高校图书馆信息资源共建共享服务仅仅依靠政府的力量是远远不够的，还要充分调动社会各方面的因素，发挥社会团体的作用，充分调动他们的积极性。一方面，充分发挥政府的组织领导功能，利用行政手段、经济手段促进高校图书馆间的合作；另一方面，高校图书馆也需要多方的筹措资金，通过发布招募信息等号召广大社会公众参与进来。这样可以有效补充财政资金不足的缺陷，促进共建共享工程的开展。同时，高校联盟也可以利用自身优势，为社会团体提供技术支持，促进社会的进步。

　　3. 协调各方利益，扩大合作领域

　　为保障信息资源共建共享工程的顺利进行，必须坚持自愿、平等、互利互惠的基本原则。高校图书馆信息资源共建共享涉及众多利益，从组织计划实施到采购资源、设备再到人员聘用的各个环节都会触及各个高校自身的利益。高校图书馆信息资源的共建共享机制需要政府掌舵，协调各方利益，达到一种相对的平衡。首先，要提高各馆参与共建共享服务的意识，使各个高校自发、自愿地参与到共建共享的服务中来。真正让各个高校体会到共建共享的好处。其次，要为各方提供一个良好沟通的环境和解决问题的渠道，调节各方矛盾，达到利益平衡。建立健全相关的规章制度，通过完善规章制度，协调各方利益。最后，建立信息资源合作共享的评价体系，通过参考咨询、借鉴国内外相关经验等形式，并结合我国高校图书馆的实际情况构建相应的评价体系。严格按照评价体系进行必要的考核并及时进行调整、完善，进一步降低成本，实现高校图书馆信息资源配置的"帕累托最优"，从而获得效益的最大化。

4.确保信息资源的安全性

信息资源的共享需要切实保护产权人的利益，这就需要营造相应的法律环境。健全完善的法律条例，严格实施知识产权保护，为信息的创作提供依托，促进科研成果的创新，进一步推动高校信息资源的共建共享。每一份研究成果的创造都凝聚着知识生产者的辛劳与智慧，他们应当得到相应的回报。如果缺乏对知识产权的保护，任由他人抄袭、窃取、盗用知识成果，将严重打击知识生产者的积极性，损害他们的创作热情，阻碍知识信息的进一步生产。因此，知识产权保护是非常有必要的，知识产权保护为信息资源共享提供了公平、有序的社会环境，使高校师生能够合理、合法地分享知识信息。

从技术层面讲，保障高校图书馆信息资源安全，可以利用信息异地备份、双机热备份等安全保障性较高的备份方式。同时，许多图书馆利用数据库管理系统软件自带的数据备份功能来进行数据备份工作，也可以保证图书馆信息资源的安全。此外，高校图书馆也可以结合实际情况，有选择性地借鉴其他联盟组织成功的知识产权保护条例，保护产权人的利益。更为重要的是，应加强高校师生知识产权保护的意识，通过举办讲座等形式，切实树立高校师生保护知识产权的道德观、价值观。

六、数字图书馆信息资源共享机制的构建

随着全球网络化、数字化进程的不断推进，知识产权保护问题日益突出和尖锐，主要表现在版权保护与信息资源共享两种利益需求之间的冲突与较量。众所周知，网络资源的开发与利用是数字图书馆建设的重要内容，因而上述冲突长期悬而未决已经成为，而且会继续成为阻碍、延缓数字图书馆建设进程的重要因素。国内不少学者对此问题提出了自己的看法与意见，其中主要是对数字时代知识产权保护的适度性探讨。本节基于保护著作人权益与资源有效使用两者利益平衡的原则之下，探讨数字图书馆信息资源共享机制的构建。

（一）国家宏观调控

1.版权人与信息使用者之间的利益平衡

数字图书馆的一个重要因素是合理地认识和保护法律权利，处理涉及实体和数字资源获取、拷贝和传播的法律问题。数字图书馆的发展目标是对各种各样的资源灵活而方便地存取，这常常与数字图书馆保护和管理有安全需求的资源相冲突。解决数字图书馆版权问题的思路就是通过各种协调途径，创建适用于数字技术环境的作品创作、传播、利用的新的利益平衡机制，使版权人、图书馆和用户等各方面的利益共存与相容，以推动智力创新，促进科学文化事业的繁荣。

版权保护和信息资源共享的宗旨是一致的，版权人和社会公众双方的利益又是相关的，利益的不平衡，最终只会对双方的利益都造成损害。因此，必须对版权领域内的各方利益进行协调，通过法律制度均衡各方利益，使版权保护与信息资源共享能够和谐发展，以促进社会的进步。这个艰巨的任务需要版权法和相关的制度来担当。

机会均等地获取信息或共享信息是现代社会每一个公民所拥有的权利。版权体系是规范文化信息传播行为的必要手段。因此，在现代信息社会中，一方面，要依赖立法机制建立版权保护与信息资源共享之间

的利益平衡机制；另一方面，要强化对信息用户的素质教育，通过提高信息素质以防范随时可能发生的侵权行为。版权法的作用在于从客观上规范人们相关行为的社会合法性，以确保信息经济的有序运行，实现版权保护和信息资源共享的平衡发展。形成这种格局，有利于对社会公众有效约束，从而有效地维持网络环境下版权所有者与作品使用者利益的平衡。

从数字图书馆用户的角度来讲，如果对用户进行过多的限制，或对用户要求过多，如收取作品使用费或过多的访问控制，超出读者所能承受的范围，就会挫伤读者阅读的积极性。从长远和全局来看，这不利于数字图书馆的最终目标和图书馆职能的实现。尤其是对从事科学研究和教育工作的用户来讲，他们希望有比较宽松的环境，可以利用数字图书馆中丰富的资源为教学和科研服务。

从图书馆的角度来讲，图书馆在数字馆藏建设过程中对资料进行搜集、描述、组织，并对检索系统进行设计以及维护网站，他们付出了劳动和智慧，提供了增值服务，他们的权益也应该得到维护和保障。

版权法立法的核心就是调整作品权利人与使用者之间的利益关系，既能使权利人的利益得到充分保护，又能够促进作品的传播和使用，从而促进知识创新、文化事业发展和社会进步。

2. 政府在机制构建中的作用

数字图书馆的建设和运行涉及大量的文字、图像和声音资料的数字化和网络传输，如果不能有效地解决馆藏作品的版权保护问题，其建设进程必将受到很大影响。所以，首先必须明确政府在数字图书馆信息共享与版权保护平衡机制构建中的作用。政府对数字图书馆这样一个关系到国家信息化进程的复杂工程的良好市场化模式的形成，应该起到全局指导的作用。在文化部原副部长、中国数字图书馆发展战略研究组组长徐文伯看来，数字图书馆工程不仅是高科技项目，也是跨部门、跨行业的大文化工程，必须由政府来统一规划、组织和协调，并在资金和政策

方面给予支持和保障。国家的一些调控政策应该以法律的形式确定下来，以保障数字图书馆建设和服务的顺利开展。有学者认为，我国数字图书馆建设可以吸取西方经验，逐步建设成适用于我国的数字图书馆。

如何既保护数字环境中作者的知识产权，同时又让各类文化、科技的文明成果纳入数字图书馆，以便为更多的人服务，创造出更大的价值，这是当前图书馆的数字化和数字图书馆建设面临的迫切需要解决的问题。目前，各国都在积极研究和完善网上资源管理和利用的具体技术和协议，以便更大限度地扩大服务范围。这就需要我国加快立法步伐，在借鉴国外经验的基础上结合我国数字图书馆建设发展的实践，尽快制定一套数字图书馆的专门法律、法规，从而促进我国图书馆事业的进一步发展，使数字图书馆能在有法可依的环境中逐渐成长壮大起来，与世界接轨，更好地服务于知识经济和信息社会。

版权法的价值就在于充当知识产权占有者与社会公共利益的"调节器"，在版权保护与多方利益平衡两者的博弈中促进全社会的文化繁荣。建立相应的版权利益平衡机制既可以激发作者的创作热情，也可以推动社会公众对这些资源的有效利用，降低版权的机会成本。因此，在我国的信息产业发展的起步阶段，数字图书馆的版权保护与信息资源共享平衡机制应当根据我国的具体国情，在信息资源使用和传播的过程中，以引导和促进科学文化事业的发展为前提进行构建。就版权立法在维护权利人利益以及公共利益的平衡而言，版权立法最终目的应是促进全社会的文化和科学研究的创作与传播的进步。因此，适度的版权保护对一个国家经济文化等的发展具有引导作用，而过度的版权保护所衍生的信息垄断会极大地限制与束缚我国信息产业的发展。

（二）相关组织机制建设

1. 创建版权集体管理组织和集体管理数据库

我国于 2005 年 3 月 1 日起正式施行的《著作权集体管理条例》，其内容直接关系到我国版权集体管理制度的模式，并对数字图书馆建设产

生了重大的影响。尽管我国法律正式确认了版权集体管理组织的法律地位，但新著作权法又对版权集体管理制度做了原则性的规定，有关该制度的一些内容仍有待完善。

版权集体管理组织是一个非营利性的中介机构，而数字图书馆是海量作品的存取单位，数字图书馆使用的作品不仅数量多，而且作品类型多，按照现有的版权集体管理组织进行作品授权，需要版权人首先加入集体管理组织，否则授权就无法进行。这在一定程度爱上阻碍了数字图书馆使用作品的授权效率。并且，当信息资源使用者作为版权集体管理组织这一角色时，作品创造者的权利就可能有流失的危险，其公平性和公正性会受到影响。同时，数字图书馆没有承担授权、使用费分配、版权诉讼等责任，这都需要依托版权集体管理组织来完成。但著作权集体管理制度的健全和完善，是一个非常漫长的过程，目前我国仅有中国音乐著作权协会等个别著作权集体管理机构，覆盖面极其有限，对数字图书馆的发展没有较多的实际意义。

对数字图书馆来说，较为理想的解决办法是对权利人的数字化复制权和网络信息传播权进行强制集体管理，即版权集体管理组织不仅可以管理已经加入版权集体管理组织的版权人的专有权，还可以管理未加入该组织的版权人的权利。这种管理模式在国外已有先例，北欧一些国家对学校课堂教学"影印复制权"实行的所谓"延伸性集体管理"就属于这种性质。为了提高管理效率，对涉及网络传播的信息网络传播权进行牵制版权集体管理也是有可能的，但是也存在很大的障碍。版权人对作品有自由处置的权利，一般情况下只有权利人自身无法行使权利才能进行强制集体管理或延伸性集体管理。

2.建立数字信息价值的评估机制

数字图书馆的资源共享与传播能力和对数字化作品的自由使用等特点，直接影响到信息资源的价值构成。而传统的信息价值的评估方法已经不能够满足数字图书馆的需要，因此，建立数字图书馆的信息资源评

估机制是非常必要的。建立科学公正、公众普遍认可的信息价值评估机制，是处理著作权侵权纠纷的重要依据。数字图书馆在信息资源传播获取上有不受地域限制和拥有海量资源两个突出特点，可以满足用户对信息资源的大量需求。在经济学中，价值评估的方法主要有三种，分别是重置成本法、收益现值法和现行市价法。信息价值的评估也大致可以以此为途径，综合比较并结合数字图书馆环境，来确定评估机制的构建。采用社会效益的收益现值法来评估著作权较为合适，该方法是指把著作权客体发表后的某一时间段的预计或实际经济效益与社会效益作为评估的主要因素，折成现值对著作权进行资产评估的方法。对社会效益可以采用统计分析法、抽样调查法等方法进行量化，以尽可能准确地反映出信息资源的社会效益值，并通过货币形式表现出来。对此，人们应该辩证地看待信息资源共享与版权制度保护，更客观地评估数字信息的价值。

　　信息资源在经济社会中作为一种商品，使得人们对其的独占与共享存在两种倾向：一种是来自信息提供者，他们希望通过垄断形式来提高其交换价值，追求超额利益；另一种是来自信息需求者，他们希望降低交换价值，甚至不付出交换价值而直接诉诸极端化的共享——侵权，这两种倾向必然引发信息的共享与独占两者的冲突。过度强调知识产权保护而忽视社会公众的信息需求，不利于社会的和谐、发展与进步；而忽视版权保护，认为一切数字信息都应共享，实际上是对知识产权价值的否定，这同样不利于创新型社会的发展。在数字环境中，版权保护与信息共享是相互对立、相辅相成的，两者相互影响、相互促进，版权保护是信息共享的基础，信息共享是版权保护的目标。因此，人们应该在尊重版权制度的法律前提下，以信息共享为目标，建立一种基于"成本和利益均衡的市场交易经济理念"的共享机制，平衡两者之间的对立关系，推动数字图书馆建设。

　　3. 加强知识产权反垄断制度建设

　　著作权法从诞生之日起，就是"权利保护"与"权利限制"两者共

存的。对版权人的权利限制，主要由版权法的合理使用制度、法定许可制度完成，但我国目前仍迫切需要一部与版权法同步的知识产权反垄断制度。我国应当尽快建立起反垄断法律制度，对知识产权的非法垄断进行限制，并对知识产权的反垄断做出具体的规定，填补这一制度空白。

版权本质上是一种法律赋予的合法垄断，这种垄断在合理的界限内，不具有社会危害性和可责难性，因而被法律所承认和保护。但是，版权人权利扩张，致使版权人可能在其作品上滥用权利、限制正常竞争，从而形成信息垄断。这就给用户获取信息资源、实现资源共享造成了损害，因此，而不应该再受法律保护。但是，由于版权的垄断和其他知识产权的垄断一样，其客体具有无形性，常常难以识别；加上版权本身是一种"合法垄断"，即使版权人已经超越合理界限进入非法垄断的范围，也常戴着"合法"的帽子，所以对知识产权垄断进行规制就比对传统垄断进行规制更困难。例如微软公司，尽管在美国国内几次被诉垄断，但基本上都是有惊无险安然度过，而在我国国内，当初微软中文版 Windows98 售价是 1 998 元，在美国仅为 109 美元；Office97 中文专业版在我国的售价是 8 760 元，在美国仅为 300 美元，其中就存在国外反垄断法规定的滥收费用和价格歧视问题。但是，由于我国目前还没有完善的知识产权反垄断法，甚至相关的反垄断法也没有建立，所以不能对其进行管理。这种相关法律的缺位，激化了版权人和社会公众之间的矛盾，最终对版权人和社会公众的利益都造成了不利的影响。

（三）法律制度体系建设

法律问题，实质上是版权在网络时代的运用问题，这个问题随着我国数字图书馆建设的深入发展将日益突出。有关学者、专家积极呼吁我国要尽快建立和发展图书馆法定许可使用制度来解决数字图书馆中的版权纠纷问题。目前，从我国著作权保护的总体发展趋势来看，强化保护版权和弱化合理使用的倾向日益突出，而在司法实践中，也往往以著作权人的胜诉为终结。

事实上，数字图书馆是一种高成本、区别于传统文献服务形式、具有公益性服务性质的信息传播方式，在其建设过程中，必然会将他人的作品数字化之后再放到网上传播，使其进入公有领域。数字图书馆对作品无论从方式上还是时间和空间方面都远远超出传统文献服务的范围，在数量、范围、利用率上都超过一般的网站，这在一定程度上会对著作权人的利益产生很大的影响。在数字环境下，著作权人注重个人的收益，而图书馆强调共享人类文化成果。因此，法律作为一种平衡机制，应照顾到双方的利益，从中找到一个平衡点。

1. 明确合理使用范围

合理使用是指在法律规定的条件下，不必征得版权人的同意，也不必向其支付报酬，基于正当目的而使用他人版权作品的合法行为，但应当指明作者姓名、作品名称，并且不得侵犯版权人依法享有的其他权利。我国著作权法规定："图书馆、档案馆、纪念馆、博物馆、美术馆、文化馆等为陈列或者保存版本的需要，复制本馆收藏的作品"属于合理使用。但这种使用显然是在数量和范围上都有所限制。而且，根据合理使用制度，数字图书馆既不需要取得著作权人的授权许可，也不需要向版权人支付费用，这就容易导致利益过渡不平衡，侵害版权人的合理利益。

针对目前版权法中的现有条款不足以支撑数字图书馆合理使用的问题，有学者提出图书馆是公益性的服务机构，应该从图书馆主体性质和职能出发，对图书馆就数字化作品合理使用范围做出扩大。但笔者认为，数字图书馆不能全面适用合理使用制度，在特定的环境中，合理使用制度的不同适用也能表现出其优势。

2. 改进法定许可制度

法定许可制度是指根据法律的直接规定，以特定的方式使用他人已经发表的作品，除版权人声明不得使用外，可以不经版权人许可，但应向版权人支付使用费，并尊重版权人其他各项人身权和财产权的制度。近年，我国法学界和图书馆学界一些学者主张将法定许可制度全面引入

数字图书馆，即数字图书馆对已发表的各种类型的作品可以不经授权进行网络传播，但应向版权人支付报酬，解决数字图书馆不具备授予法定许可权利的问题。数字图书馆或传统图书馆均以传播和再现他人的作品为主要服务方式，对原作品的内容不做任何的创新。

数字图书馆在实施法定许可制度而使用作品时，使用权限难以准确界定。数字图书馆在对作品进行数字化、标引、发布、传播等这些必要工作时，都会涉及权利人作品本身的复制权、演绎权、保护作品完整权等相关权利。图书馆对这些并不是法定许可使用作品赋予的权利内容，是否需要取得著作权人授权许可，确实难以做出准确判定。因此，数字图书馆在实施法定许可制度时，依然存在知识产权侵权纠纷的风险，无法全面适用法定许可制度。数字图书馆拥有丰富的信息资源，收录的著作权利作品也以海量计，其权利人的分布地域极其广泛，甚至遍及全球，要做到逐一谈判取得授权，不仅成本之高难以承受，而且实际上要想做到这一点也不太可能，这就需要著作权集体管理组织等相关机构和其他相关法律共同协调。

进入网络数字化的作品是各国数字图书馆的共同需求，国内确定的数字图书馆法定许可使用权，应尽量符合国际对该项制度的适用原则，尽快形成国际共识，指定国际的法定许可使用权协议。目前，法定许可制度为许多国家采用，这为法定许可制度的国际化提供了良好的基础。我国数字图书馆在建立和使用这一制度时应密切关注国际相关的法律法规的调整与发展，为实现国际化信息资源共享创造条件。

3.完善信息网络传播权

为保护著作权人、表演者、录音录像制作者的信息网络传播权，鼓励有益于社会主义精神文明、物质文明建设作品的创作和传播，2006年5月18日，在经历了《信息网络传播权保护条例（草案）》（以下简称《草案》）和《"信息网络传播权保护条例"征求意见稿》（以下简称《征求意见稿》）讨论之后，《信息网络传播权保护条例》（以下简称《条例》）由

国务院公布并于 2006 年 7 月 1 日起施行。该条例完善和细化了著作权法对信息网络传播权的表现形式和保护方式。信息网络传播权的设立，一方面，使数字图书馆的网络传播服务得到有效的法律保护，任何人未经许可不能擅自通过网络传播其相关信息；另一方面，也对数字图书馆使用作品提出了严格要求，对于尚在版权保护期限内的作品，版权人均享有"信息网络传播权"，数字图书馆要通过网络提供各类的传播服务，就必须获得相关权利人的授权许可，否则就会构成侵权。

在实践中，很多数字图书馆在《条例》出台前常以"先使用—后付酬"的方式来进行信息传播，但是这种先斩后奏的方式显然不是长久之计。在知识产权日益完善的今天，版权问题必将成为数字图书馆发展的壁垒。从理论上讲，从《草案》《征求意见稿》到《条例》的出台，可以说《条例》基本解决了信息创造者、信息传播者和信息使用者三者之间的利益平衡，但是，合理使用范围的缩小与权利保护的扩张，以及"授权—付酬—传播"原则的确立，也使数字图书馆在进行信息服务时受到阻碍。

尽管《条例》有着许多不利于数字图书馆发展的因素，但是法律的尊严不容亵渎。虽然数字图书馆代表着公共利益，它的一切都是为了保障信息资源自由获取的权利，但还是要遵守法律法规。按照《条例》的规定，结合数字图书馆目前所处的困境，想要使数字图书馆的经济投入与社会效益产出达到平衡，数字图书馆就必须找到一种适合自身发展的方式，研究、探讨适合数字图书馆的信息资源共享机制。

第二节 高校图书馆的信息资源公益性开发利用

一、高校图书馆信息资源公益性开发利用理论概述

（一）信息资源公益性开发利用的基本理论

关于信息资源公益性开发利用的内涵，大多数研究都将公益性信息资源开发利用与信息资源的公益性开发利用同一对待。如吴钢华、李广建、王立荣、康嘉、胡沐曦等人所论述的，公益性不是信息本身的性质，通常所说的公益性信息资源实际上指的是用于公益性服务的信息资源。目前学者们都习惯引用陈玉龙、栾杰、吴钢华、李广健的内涵，即以公众受益和社会效益为目的，以非营利方式向公众提供普遍的信息服务以及为提供这种服务所进行的相关开发活动。信息资源的公益性开发利用的基本功能是满足社会成员对信息的基本需求。陈玉龙、吴钢华还阐述了公益性信息资源开发利用的主要特征为普遍性、基础性、公开性、共享性、来源的广泛性。

关于信息资源公益性开发和服务的对策研究，陈玉龙、栾婕在《信息资源公益性开发和服务的对策研究》一文中提出了推动信息资源公益性开发利用的思路、重点工作和政策取向。开发利用应该在以人为本、需求导向、共建共享、服务社会的思路指导下进行；重点工作就是要加强国家层面上的总体规划。而推动信息资源公益性开发利用的对策有以下几点：制定科学的总体规划；强化政府的先导作用；增加全社会的投入；理顺服务运行机制；要对从事信息资源公益性开发服务的机构进行认定，明确各类公益机构的具体职能定位，还要对已经认定的公益性信息服务机构按照公益机制管理，享受公益机制的政策；加快基础信息资源开发建设；规范机构及其服务行为、贯彻普遍服务的原则；加强相关

领域的研究。公益性信息资源开发利用在我国是一个新的课题，研究公益性信息资源及其服务的界限、特征、范围，有利于公益性信息资源开发利用提供理论基础①。

关于信息资源公益性开发模式的研究，研究者从不同角度提出了信息资源公益性开发模式。王建冬引入服务创新四维度模型，从概念创新、传递创新、界面创新和技术创新四个维度来指导公益性信息机构信息资源开发利用的模式创新研究。并且从四维度模型的角度提出首都图书馆"十二五"期间信息资源开发利用模式创新的若干对策建议②。刘红霞根据我国科技、教育、文化、卫生四个行业的公益性信息资源开发利用发展现状，总结我国公益性信息资源开发利用的四种业务模式，即配置—共享模式、保存—传递模式、挖掘—支撑模式、服务—增值模式。配置—共享模式主要适用于以信息资源的配置和管理为主要功能定位的公益性信息机构，如 CALIS。保存—传递模式是传统公益性信息机构信息资源开发利用的主要模式，最典型的案例就是各类图书馆。挖掘—支撑模式是指系统整合现有信息资源，并使其发挥效用，强调的是信息资源的有效性，面向的对象大多为政府机构。服务—增值模式主要指以提供信息咨询等增值服务为主要内容的行为③。

中共中央办公厅、国务院办公厅《关于加强信息资源开发利用工作的若干意见》提出加强信息资源的公益性开发利用和服务。主要内容包括以下几点。

1. 支持和鼓励信息资源的公益性开发利用

政务部门要结合工作特点和社会需求，主动为企业和公众提供公益

① 陈玉龙，栾婕.信息资源公益性开发和服务的对策研究 [J]. 情报理论与实践，2008(3)：330-334.

② 王建冬.公益性信息机构信息资源开发利用的模式创新研究 [J]. 图书情报工作，2011，55(9)：10-14.

③ 刘红霞.我国公益性信息资源开发利用的发展现状与业务模式 [J]. 图书情报工作，2011，55(9)：5-9.

性信息服务，积极向公益性机构提供必要的信息资源。建立投入保障机制，支持重点领域信息资源的公益性开发利用项目。制定政策，引导和鼓励企业、公众和其他组织开发信息资源，开展公益性信息服务，或按有关规定投资设立公益性信息服务机构。重视发挥中介机构的作用，支持著作权拥有人许可公益性信息机构利用其相关信息资源开展公益性服务。

2. 增强信息资源的公益性服务能力

加强农业、科技、教育、文化、卫生、社会保障和宣传等领域的信息资源开发利用。加大向农村、欠发达地区和社会困难群体提供公益性信息服务的力度。推广人民群众需要的公益性信息服务典型经验。

3. 促进信息资源公益性开发利用的有序发展

明晰公益性与商业性信息服务界限，确定公益性信息机构认定标准并规范其服务行为，形成合理的定价机制。妥善处理发展公益性信息服务和保护知识产权的关系。

（二）高校图书馆信息资源公益性开发利用理论

部分学者认为高校图书馆对外开放就是高校图书馆社会公益性的实施。如周松岩的《关于高校图书馆开展公益性文化活动的几点思考》和孙树光的《用法律手段保障高校图书馆社会公益性的充分发挥——兼谈我国图书馆立法的法律滞后》，都是以高校图书馆对外开放就是开展公益性文化活动为前提而进行论述的。

还有学者对高校图书馆数字资源进行公益性开发方面进行研究。程文艳等人在《河北省高校公益性数字图书馆版权作品的合理使用问题研究》一文中，通过分析版权作品合理使用范围，提出河北省高校公益性数字图书馆应该做出的措施，包括健全和完善我国著作权法；重新界定网络环境下合理利用的内涵；适当扩大数字图书馆合理使用范围；正确理解并把握现有合理使用制度的尺度；创建更有利于学术交流的开放存

取仓储库与逐步引入新的数字资源建设模式等①。徐菲的《基于云计算的高校图书馆信息资源公益性开发探讨》从理论与实践两方面分析了云计算下高校图书馆信息资源公益性开发的可行性，提出了云计算下高校图书馆信息资源公益性开发的具体策略②。

周亚夫在《论高校图书馆深化公益性的途径》中指出，高校图书馆的公益性主要体现在为高校师生教育、科研提供高质量的文献信息服务，辅助学校培养专业人才，还包括扩大知识传播和服务社会的职能。周亚夫提出的高校图书馆深化公益性的途径包括：拓宽资金来源，进行合理收费。图书馆应在基本的无偿服务的基础上，开展多种合理收费的有偿服务，当然要注意掌握必要的分寸，以保持公众的信任；实行开放式办馆；扩大服务领域；提高馆员素质，等等③。

国外的理论研究主要有高校图书馆免费期刊入口的建立和开放式教育资源的研究。开放式教育资源包括所有的教育资源，通常是数字性质的，如学习材料，开放课件等，用户可以通过互联网以最小成本进行自由访问（无成本地面向用户）。联合国教科文组织将开放式教育资源定义为"技术支持的，开放提供为咨询、使用和适应用户的非商业目的的社会教育资源"。它们通常自由地在 Web 或因特网上存在。它们的主要用途是帮助教师和教育机构支持课程发展，但它们也可以由学生直接使用。开放教育资源包括学习材料，如讲义、参考和阅读、模拟、试验示范，以及教学大纲、课程和教师指南。一部分国内学者通过对高校图书馆公益性的研究，都认为高校图书馆的公益性就是对外开放，以及数字

① 程文艳，王晶喆，丁玉东．河北省高校公益性数字图书馆版权作品的合理使用问题研究 [J]．情报杂志，2009，28(1)：165-168.

② 徐菲．基于云计算的高校图书馆信息资源公益性开发探讨 [J]．科技情报开发与经济，2015，25(1)：43-45，53.

③ 周亚夫．论高校图书馆深化公益性的途径 [C]// 浙江省图书馆学会．现代图书馆的人本主义思考与实践：2002 江浙沪晋图书馆中青年论坛论文集．百通（香港）出版社，2002：165-171.

资源的公益性开放获取。周亚夫同时提出深化公益性的同时可以进行合理收费。根据国外的理论研究，我国高校图书馆主页的一些免费资源也属于开放式教育资源，也是高校图书馆信息资源公益性开发的内容。

二、高校图书馆信息资源公益性开发利用的对策

基于上述实证调研得出结论，高校图书馆对社会读者提供的服务都属于公益性服务。为了使高校图书馆发挥其社会公益性，满足广大社会读者的信息需求，提高信息资源利用率，发挥高校图书馆的价值。本章基于社会读者信息需求，同时根据高校图书馆信息资源公益性开发与利用差异，提出高校图书馆面向社会读者进行信息资源公益性开发利用的对策。

（一）高校图书馆地区联盟对信息资源进行公益性开发

目前许多地方都成立了区域图书馆联盟，如天津市高等教育文献信息中心、吉林省图书馆联盟、广州地区高校图书馆联盟等。这些联盟的成立使信息资源共建共享作用得以发挥，满足更多读者的信息需求，有利于图书馆不断创新，降低图书馆的运营成本。

建立区域图书馆联盟，对免费电子资源进行联合开发。目前广州高校图书馆联盟的数字资源共建共享取得了显著的成果，经过十余年的通力合作，目前已建设成功区域资源平台、外文期刊联合目录、免费电子全文库、创新参考文摘库、期刊评价与投稿系统、信息素质教育在线等数字资源系统等，有效地满足了地区的文献信息需求，促进了区域图书馆整体服务水平的提高。同时联盟可以协调、规划和分头开发特色资源库。各高校图书馆可以为自己学校的特色优势学科专业建立相关的特色库，开发学科免费资源平台。这样一来，既可以发挥各高校优势资源，又可以避免重复建设。

区域图书馆联盟对实体馆藏信息与服务的开发，一方面可以通过联合借阅、协调订购等方式，扩大对社会读者开放的辐射面。如天津市高

等教育文献信息中心，其各馆读者可以使用其他单位的纸质、电子资源。另一方面由联盟商议各馆只开放各个学校优势学科专业的资源，而对文学类的图书等高利用率的文献资料不开放。这样既可以满足社会读者的专业信息需求，又不影响高校图书馆的校内读者，同时还起到分流社会读者的作用。高校图书馆可以增加对公共图书馆等单位的馆际互借证数量，来扩大服务对象的范围。同时联盟需要建立联合参考咨询平台，开展网上参考咨询、馆际互借与文献传递等服务，这样可以提供更加方便快捷的服务。

（二）高校图书馆自主进行信息资源公益性开发

这里的自主开发，指高校图书馆依靠自身的人力、财力、信息资源与设施等面向社会读者，提供资源与服务。综合实力较强的高校图书馆适合自主开发，同时提供深层次服务。高校图书馆要在服务好本校师生的基础上，利用自身的学科、资源、学术研究等方面的优势，积极开展深层次社会化服务，扩大高校对社会的影响。

国内高校图书馆普遍具有社会服务的意识，大部分高校已经开始提供相应的服务。例如北京大学、清华大学、复旦大学、武汉大学等部属院校，以及扬州大学、海南大学、聊城大学、广州大学等地方高校图书馆都已经开展了社会化公益性服务。目前我国高校图书馆在深层次信息资源公益性开发服务方面普遍缺乏，只有少量高校图书馆进行了实践探索，服务效果不一。

1. 免费电子资源与服务的开发方面

高校图书馆具有学科、专业人才等方面的优势，因而对于免费电子资源的整理、分析等，可以更好地发挥作用，服务于社会。高校图书馆可以进一步丰富已开展的服务内容，并且将每一种服务类型细化。如网络导航下面细分为学科导航、电子报刊导航、主题网站导航和相关机构站点导航。自建特色数据库，如新疆大学的地方特色数据库、海南大学的特色数据库——热带农业文献、海南旅游资源特色数据库等。这种服务属于较高层次的信息服务。高校图书馆应在自身信息资源的基础上，对某些信息资源进行深度开发，针对社会某一方面的需求生产出特色信息产品，更好地满足社会需求。如新疆石河子大学图书馆先后研制出"新疆棉花植保数据库""农作物害虫查询防治系统"等，在指导当地的植保工作和农业技术培训等方面起到了很好的作用。广州大学开发利用媒体信息，建设"媒体眼中的广州"新闻全文数据库，这一平台，为广州市委、市政府等社会各界提供了特色信息服务。深度开发网络免费资源，各馆可以为自己学校的特色优势学科搜集相关的网络免费资源，开发学科免费资源平台。

电子资源可以通过搜索引擎、免费网络文献数据库、新闻组等途径获取；也可以建议本校的机构知识库，将本校特色资源库开放，当然要在不违反知识产权前提下。同时要保证学术资源的质量，对开放的免费学术资源的学术性、免费性、稳定性、时效性进行鉴别。

2.实体馆藏与服务的开发方面

高校要积极参与所在社区的文化建设。培养人才、发展科技、服务社会，是目前较为公认的高校的三项职能。高校图书馆可以加大与公共图书馆的合作，或者借鉴国外高校图书馆模式，直接为社区居民提供普遍性信息借阅服务。

985大学和医学院校图书馆的相关专业资源非常丰富、科研水平很高并且目前大部分已经开放。因此可以首先以这些高校为试点，对社会读者普遍直接开放，探索对社会读者的管理模式，使高校图书馆既服务高校自身读者，同时又使社会读者切实可以使用其资源和服务。

开放高校图书馆信息资源，同时明确宣传和提供较为深层次的专题服务。目前社会读者对高校图书馆的纸质电子资源需求很高，高校图书馆要尽可能通过办证服务和临时服务方式将这些资源对社会读者开放，同时尽量对这些基础服务不收取费用或者只收取成本费用。目前没有开放的高校图书馆要向先进馆学习，提供和开展社会公益性服务。对于读

者不用办理入馆手续可以直接申请利用的较为深层次的服务，如科技查新、代查代检等，目前社会读者利用的人数相对较少。因此高校图书馆要适当在图书馆主页、政府网站上宣传对此服务。比如天津科技大学、天津大学等高校图书馆就在图书馆主页上明确说明向校外读者提供这些服务。

（三）高校图书馆信息资源公益性开发需要政府的鼓励、支持和引导

由上述调查分析得出，主观因素是影响高校图书馆面向社会提供公益性服务的主要因素。因此需要调动高校图书馆面向社会提供信息资源公益性开发服务的积极性。这需要宏观大环境的保障，国家和政府要从具体政策和资金上进行支持、引导和鼓励，要求此项工作的开展。政府需要制定一系列完备的政策：资金保障政策，政府资金固定的投入与各图书馆的成本收费以及鼓励社会资金投入，如针对企业的免税优惠政策等；引导、鼓励开展社会服务的政策，使高校图书馆有切实开展社会化服务的动力，同时也会引起学校领导的重视；保护高校图书馆财产和安全的政策，尤其需要出台图书馆法，使各项工作有法可依，这也是近年来研究高校图书馆社会化服务的学者们一致认为的政策保障。

各地教育部门要积极配合，帮助和监督高校图书馆开展社会服务工作，根据各高校图书馆的工作开展的效果，向上级申请或直接给予物质与精神上的奖励。

（四）高校图书馆信息资源公益性开发要对社会读者优化管理

成立高校图书馆开放实施委员会，专门指导实施对外开放的工作。委员会对内可以协调好内部的资源与组织机构，对外可以制定对校外读者的详细管理措施和制度。管理方面可以采取保护校内读者资源优先的措施，如文献召回、实效性强的图书不外借、电子阅览室座位对校内读者优先等，同时预先在网上预约到馆，每天限制到馆人数。

建立完善的管理制度，保证面向社会读者的公益性服务的有效开展。可以将服务对象细分，设置不同权限。如本校读者、校友、合作企事业单位人员、普通社会人员等。

在信息资源建设服务方面，将信息资源划分，明确适合对外开放的信息资源的价值。同时可以将本校特色专业的信息资源纳入社会服务的范畴，如天津工业大学的纺织专业很有特色、专业水平很高，应着重予以建设、揭示，面向社会读者服务。

在人力资源方面，可以尝试多种用工方式，如招募志愿者等解决因服务社会读者可能出现的人员不足等情况。

资金方面，可以采取成本收费的制度等方式，积极主动向上级教育部门、政府和社会组织寻求资金上的支持。

面向社会读者提供个性化服务。可以在图书馆主页、微博、微信等平台明确写出标注，将社会读者可以利用的资源服务都链接到其下，这可以帮助社会读者明确了解其可以利用的内容。如避免过量下载，可以使用技术限制流量等。我国高校图书馆中已有这样的例子，不足之处是没有将可以使用的免费资源也列入其中。如天津大学在对外服务的细节上更加人性化，天津大学图书馆主页个性化入口就包括了校外读书入口，这样校外读者可以清楚地知道可以利用的资源和服务。

第三节　高校图书馆信息资源的社区共享

一、我国高校图书馆信息资源社区共享面临的主要问题

遗憾的是，到目前为止，面对社会开放的高校图书馆在数目上没有形成规模，在对外开放的程度上也是有限的，既不能对所有类型的社会读者开放，也不能令现有的社会读者完全满意，高校图书馆仍然是以该

校师生读者为核心服务群。出现这种状况，是因为高校图书馆在对外共享服务上一直处于景象惨淡的境遇，有其必然原因。

（一）自我定位的单一性

长久以来，高校图书馆的自我定位都是以"为本校师生服务"为宗旨，致力于本校科研、教学的任务。这种情况有其不可避免的原因，高校图书馆的经费都是学校投入的，每年各高校图书馆的购置费用各有不同，都在几十万、几百万不等，是一个不小的数目。学校对图书馆进行这么多投入，都是希望图书馆能尽心尽力、更好地为学生的学业、学校的科研和教学活动提供完善的服务。

在这种思想观念的影响下，上至图书馆部门的领导，下至图书馆工作人员，都很难把高校图书馆的工作重心放在对社会读者的服务上。在这种情况下，调动高校图书馆对社区贡献的积极性是比较困难的。即使把这项工作付诸实践，也容易处于被动地位，对社区资源共享的作用不大，这项工作反而会成为高校图书馆的负担。更不必说提高社区收益、为高校图书馆开辟一片新天地。

要想做好高校图书馆与社区资源共享这项工作，就要从观念上改变高校图书馆过去只服务于本校师生的思想，重新树立高校图书馆的自身定位，在服务本校科研、教学的基础上，把为社会服务的观念纳入高校图书馆的自我定位。

（二）工作能力的不匹配

高校资源与社区进行共享，其实质就是要将高校图书馆面对社会开放提上日程。在服务于本校师生的基础上，现有的图书馆工作人员人数，面对另一读者群的增加，是否可以维持图书馆的正常运行，是面临的一个难题。

一直以来，人们普遍认为图书馆员的工作内容轻松、简单。高校图书馆的读者群是固定的，长期以来服务内容停留在墨守成规的阶段，工

作人员的工作内容和工作量并没有太大变化，所以高校图书馆配备的工作人员的数量基本在一定范围内保持稳定。高校图书馆需要接受社区读者，这样一来就面临了与过去完全不同的读者群体、工作量的增加、工作范畴的拓宽等问题，原先这些长期墨守成规的工作人员能不能顺利适应新的工作内容，以及需不需要增加相应数量的图书馆工作人员，都需要在图书馆与社区资源共享前做好准备。

另外，高校图书馆与社区资源共享，不仅仅是简单的工作量的增加和服务内容范畴的拓宽，其实是这座知识的殿堂要融入社会，必然和社区也会有接触，这也需要图书馆工作人员具有良好的沟通能力，了解社会生活的规则。

（三）校内外读者的差异性

作为学生，他们希望图书馆的环境能够达到他们所期望的适宜自修的氛围，各种参考资料最好种类齐全，最好动动手就能够找到，减少到外面购买的麻烦和经济成本；作为教师，他们希望图书馆能够尽善尽美地为科研服务，能够在最短的时间搜集最全面的科学前沿信息资料；而校外读者当然希望尽可能地享受到等同师生读者的服务。

高校图书馆与社区资源共享必然会对高校内读者产生一定的影响。高校图书馆对社区共享的程度，决定了对本校师生读者的影响范围。为了有效地解决这一问题，高校图书馆一方面要维护学生的利益，毕竟高校图书馆最原始的职责就是为本校读者服务，而且学生交了大量的学费，理应得到最好的服务。在当今，学生的维权意识已经相当成熟，如果自身利益受到影响会坚决抵抗。如果处理不好校外读者的问题，便会影响本校读者的心情，甚至使之产生反感等不良情绪，如果激化了矛盾便会令高校图书馆陷入两头不讨好的尴尬局面。另一方面又要体现对社会开放的平等性，不能打击高校图书馆与社区共享的积极性，削弱社会读者对此种做法的认同感。所以如何协调这二者的平衡，是一个比较棘手的问题。

　　总之，社会学者对于高校图书馆的信息资源社区共享方面有着充分的理论研究和高度关注，在这方面的文献也比较多，但能够把图书馆对社区开放工作贯彻执行并开展得有声有色的单位却是凤毛麟角。因此，高校图书馆在认清当前存在的问题后，要切实地付诸行动，把高校图书馆信息资源社区共享的工作执行起来，不能怕困难。同时社会各界也应力所能及地给予支持和帮助，早日迎来高校图书馆与社区资源共享的新面貌。

二、国外经验启示

　　国外高校图书馆对外开放的历史悠久，经过漫长的发展，高校图书馆已取得了一定的社会地位，成为人们日常生活中不可或缺的因素。之所以取得像今天这样的成果，除了自身的努力外，也应归功于各方面的有利条件。而我国高校图书馆对社区共享还处于实践的初级阶段，与发达国家大学图书馆对社区服务的水平有很大的差距，具有很大的进步空间。所以，我国高校图书馆对社区服务的事业要脚踏实地，逐步展开，借鉴国外优秀的经验。

（一）开展吸引社会读者方面的工作

　　高校图书馆面对社会读者提供服务，要受到公众的关注，才有可能获得继续为社会读者提供服务的机会，最终达到为社会读者获得信息资源服务的目标。

　　国外高校图书馆在为社会读者提供服务时，从两方面来获取读者的青睐。一方面，图书馆在帮助社会读者独立地运用图书馆资源方面，为读者解答关于知识和信息方面的问题。通过这种方式，为读者营造了一种自我学习和自助服务的学习惯性，从而令社会读者对高校图书馆产生一种依赖性。另一方面，由于社会发展的需要，各行各业都需要终身学习来使自己的专职人员更适合本行业的发展，基于此项社会读者的特殊性需求，高校图书馆通过互联网向社会读者提供相应的继续教育远程服

务。即使社会读者不能亲自到图书馆来，也可以利用高校图书馆的相应资源。

（二）引入服务和市场的双重观念

在国外，无论是公共图书馆还是高校图书馆，无论是读者还是工作人员，都有着图书馆要全心全意为社会服务的观念。国外高校图书馆的工作人员也非常热衷于为社会读者提供利用校内信息资源的服务。许多高校图书馆都有专门为社会读者服务的工作人员队伍。在日本的高校图书馆，承担这些工作的馆员都具有较高的职业素质。我国高校图书馆服务本校师生的传统观念根深蒂固，缺乏面向社会、服务大众的价值观念，这在一定程度上限制了图书馆对社区资源共享服务的进程。

另外，国外高校图书馆非常重视面对社会开放的资源共享工作，树立服务观念的同时，亦引入市场机制的效益观念。因此，一方面，高校图书馆意识到学校的发展和社会密不可分，高校有责任为当地社区的居民提供信息资源的共享服务；另一方面，国外大学普遍认为，高校本身有着为本地区的经济、社会的发展做出相应的贡献的思想。例如美国宾州大学图书馆明确提到了"以实现学校的教学、科研、校内外服务的目标为己任。"高校图书馆有了服务社会的愿望和责任感，才有意愿通过立法和制度的保障，为社会读者提供尽可能多的信息服务。

因此，在我国高校图书馆普遍资金不足的情况下，利用为社会服务的方式，增加资金来源的渠道，获得收益，不失为一个对社会和本校增加效益的双赢方式。

（三）采用适合面对社区开放的管理体制

国外高校图书馆面对社区开放，提供资源共享的服务都有明确的制度规定，同时图书馆协会等社会组织机构也非常重视高校图书馆对外开放的服务。在经费来源上，得到高校制度的有力支持；在服务原则上，不歧视校外读者，社会服务是高校图书馆一项重要的工作内容；在服务

范围上，很多国外高校图书馆走入当地社区，帮助群众掌握学习的本领，丰富他们的日常生活。

以上制度方面的保障，使得国外高校图书馆面对社会服务，有着完善的系统管理体制。各高校图书馆之间形成一个有联系的整体，注重合作交流，加强业务来往。各个图书馆之间形成一个为当地社区居民共同服务的图书馆系统网。相反，我国高校图书馆各自为政、自成体系的管理方式既不利于校际图书馆联盟的建立，更不方便向社会提供信息资源共享服务。我国高校图书馆面对社区进行资源共享时应该参考国外的管理方式，把各高校图书馆看成是一个联系的整体，改变管理制度，打破高校图书馆同社区之间交流的枷锁。

在机构设立上，国外大学图书馆内部所有工作人员都有明确的岗位职责和分工定位，英国大学图书馆甚至设立了专门负责对社会开放工作的部门或团队，他们各司其职，向社会读者提供专业的服务。我国重庆大学和宁波大学的图书馆对校外开放的过程中也设立了独立的部门，专门负责校外读者的服务工作。

在服务方式上，绝大多数国外发达国家大学图书馆都允许社会公众在本校图书馆办理借阅证，拥有借阅证的社会读者享有同本校读者相同类型的服务，但部分服务的具体内容在程度上略有区别。

在服务内容上，校外读者享有阅读、外借、预约文献、信息咨询、文献检索、上网、文献传递、馆际互借、听取讲座和参加图书馆的培训等服务，国外高校图书馆面对社会公众提供的资源共享服务内容十分丰富。

（四）提高图书馆员的能力和素质

国外高校图书馆员拥有两个非常优秀的素质，其一是具有非常专业的业务知识和职业技能，并且具有较高的职业道德素质；其二是富有个人魅力的感情色彩的服务。在其他因素相同的情况下，馆员的服务直接决定了图书馆的服务质量。馆员的知识结构、技术水平和业务能力水平

都是可以通过培养来提升的，进取敬业的精神也是可以调动的，细心周到的服务却需要自始至终的耐心。

热情敬业的工作态度是美国高校图书馆馆员的一大特点，他们对社会特殊群体开通了专门的服务项目，充分考虑弱势读者群体的感受。例如图书馆会考虑到残疾人的获取信息方式具有特殊性，针对他们对信息知识的需求，根据读者的接受能力，设置专门的服务内容，向这些社会读者提供人性化、方便、快捷的服务。在这样的环境下，提供的特色服务能够让每一位社会读者都平等地享有公共资源，而图书馆员温暖的服务方式更能获得社会各界的认可。

（五）健全的法律法规制度

要想把高校图书馆与社区资源开放这项工作长久稳定地进行下去，离不开法律意义上的约束。国外发达国家高校图书馆对社会服务的事业能够规范完整地实行，从根本上讲就是有法律的合法性保障。

世界上第一部图书馆法诞生于 1850 年的英国，它对世界各国图书馆法的发展产生了深远的影响，之后在整个 20 世纪，瑞典、丹麦、挪威、芬兰、捷克斯洛伐、美国、澳大利亚、日本、韩国等国家相继出台了图书馆法。

美国于 1925 年颁布了图书馆法，随后出现了《图书馆服务和技术法案》，规定了包括高校图书馆在内的各种图书馆的项目、经费的构成。美国高校图书馆对外提供的社会化的信息服务处于世界领先水平，和本国健全的图书馆法律体系和政策法规等息息相关的。

1953 年，日本继 1950 年公共图书馆立法后，又颁布了学校图书馆立法。国外立法对高校图书馆在社会中应承担的义务、经费保障、服务宗旨等方面都有明确的规定，让高校图书馆资源对外开放有据可循，立法也保障了公民的舆论监督的权利。如在美国的亚利桑那州，法律规定当地大学图书馆必须完全对公众开放。

但是我国只有各相关部门颁布的关于高校图书馆方面的工作规程，

并没有一部完全意义上的图书馆法。所以我国高校图书馆面对社会读者开放的时候经常面临各种各样的问题，这些问题没有明确的法律依据做指导，所以在解决问题方面各高校各有不同。这也是高校图书馆对部分社会群体开放，或在开放与暂停开放之间徘徊的最根本原因。

高校图书馆对社会资源共享必须以法律为依托，才能使管理、人事、资金等各方面工作的开展更加顺利，受到法律保障。国外高校图书馆向社会提供资源共享的相关服务都可以找到相关法律依据，甚至有指导高校图书馆向社会提供有偿的服务项目的收费标准规定。

虽然我国也有关于图书馆的各种政策和规定，但并没有一部真正意义上的图书馆法，不能把高校图书馆对社区资源共享的工作上升到法律的意义上。在仅有的提供服务社会的高校图书馆中，难免出现"蹑手蹑脚"的工作风格。我国应向国外发达国家的图书馆事业学习，尽早地通过一部完整的、系统的图书馆法，从图书馆的角色定位、职责、管理、服务内容等方面，给高校图书馆一个明确的发展方向，保证高校图书馆的正当权益和社会化服务的职责。

三、完善高校图书馆信息资源社区共享的策略建议

高校图书馆与社区资源共享，既是满足社区居民继续教育和开展全民终身教育的需要，也是高校对社会履行的一种义务。高校图书馆对社区居民的开放，要有的放矢地进行。

（一）转变思想观念

1.引入共享共赢的理念

想要从根本上切实做好高校图书馆对社区资源共享的事业，首先要转变思想观念，转变原有的自身定位，履行相应的社会职责，以成为资源共享的倡导者、宣传者、实施者和促进者为己任，树立在共享的基础上达成共赢的思想理念。高校图书馆应在保持学习型与研究型结合的传统的基础上，发展知识型与服务型的统一结合，充分进行资源的优化配

置，整合资源和服务方式，多角度、全方位逐步融入社会中，成为学生和社区居民共同的学习、生活中心，成为科学信息交流的节点和信息资源深加工的熔炉。

在肯定高校图书馆承担为本校教学、研究等提供服务的责任的同时，也要明白高校图书馆也是一个需要承担民众再教育职能的文化机构，提供对社区资源共享的服务。高校图书馆将人们对知识的渴求，通过各种方式，提供给社区读者，分担公共图书馆的社会职能。

首先，在图书馆员的职业规范中贯彻图书馆员为文化社区服务的意识。对社区文化建设的深入学习，可以使图书馆员认识到社区读者的现实需求和实力水平，逐渐积累为社区服务的坚实力量。

其次，通过对社区读者服务业务的提高和完善，不断地强化社区内容服务和形式的创新。社区读者每天面对的工作和日常生活，都是在不断变化发展的，他们为了跟上工作和生活的节奏，需要不断地充电学习。图书馆面对社区读者提出的新问题要有即时解决的能力，最好是在双方密切合作的基础上，高校图书馆能够走在读者的前面，在读者提出问题前，引导读者阅读、学习的方向，这种创新需要立足于科教文化、道德文化和生态文化。

最后，制定符合与高校图书馆合作的社区长远发展的战略目标，这个目标的前提是要与社区居民和组织的意识、利益一致，充分尊重他们的意愿，在此基础上，组织一支具有服务社区文化建设意识的高校图书馆新馆员的队伍，强化有特色的社区服务。

2. 引入大服务的观念

高校图书馆要从仅服务于本校的范围跳出来，放宽眼界、树立大服务的观念，避免"一只脚跨出高校的门槛，另一只脚就站在某一区域"这种简单的共享。

首先，在大学城区域内，高校图书馆可以考虑和其他院校图书馆联合共建。这种馆际联合，最直接的益处是可以实现资源的多样化、全面

化；在图书馆建设方面，可以避免各高校图书馆的重复购买，通过资源的优化配置和资源共享，以低成本打造高收益的图书馆资源建设。

其次，高校图书馆社区的资源共享服务对象既可以是大学城各高校的师生，也可以是大学城内社区的居民，也可以是与学校建立合作关系的企事业单位员工。实现这种大服务模式的资源共享，可以使各高校的专业教师建立学术的交流，有利于和谐社会的社区文化建设，为企事业单位提供信息知识服务，创造更多的经济价值。在此基础上，也有利于提升高校图书馆的自身价值，帮助其获得良好的声誉，吸引社会各界的经济支持。

3. 引入适度竞争的观念

高校图书馆作为学校内部的一个部门，有其固定的经费来源，似乎与经济效益没有明显的联系。但随着高校图书馆对社区资源共享工作开展的深入，高校图书馆渐渐与社会息息相关。高校图书馆可以引入市场机制的理念，将自身定位于有偿服务社区的文化机构。

高校图书馆在对社区资源共享时，通过发挥图书馆信息资源的优势，运用图书馆员的知识和服务能力，分析用户对信息资源的需求情况，对文献信息资源进行加工、评价，收集有效的信息资源，形成知识产品，向用户提供创新的知识价值服务；通过开发和推广信息资源，提供知识服务，将无形的信息资源变成知识成本；积极主动地深入到社会各领域，对各行各业的核心领域有一定的了解，将图书馆视为一个动态的、追求效益的实体，发挥高校图书馆服务社会的整体机构优势。

（二）优化管理方式

1. 形成弹性化的管理程序

（1）加强自身的监管。高校图书馆对社区资源共享后，它的职责就增加了一些新的内容，管理方式上也要做出相应的调整。

一是校外读者进入图书馆应遵守图书馆的规章制度，不能因为自己不是本校学生而排除在遵守纪律的范围之外，也不可以受到歧视，享受

不平等的服务待遇。

二是做到凭证看人的安全管理。校外读者进入学校时，校园保安应向本人索要借阅证查看是否系读者本人，进入图书馆后，读者每次出示借阅证时，工作人员也要核对以避免社会读者互借借阅证的情况，保证图书馆工作的有序进行且减少图书馆的损失。

三是通过协议管理保证图书馆工作的顺利开展。我国高校图书馆还不具备像国外高校图书馆那样面对全社会开放的能力和环境，这样的理想若要实现还有很长的路要走。现在我国很多高校图书馆从面向对口事业单位、机关和社会团体，有针对性地对社会局部开放。这是因为高校图书馆资源有限，更重要的是有协议和诚信保证。高校图书馆对社区资源共享，应和社区居委会建立一种密切的关系，规范双方应尽的责任和义务，出了问题有人管，也管得了，为资源共享保驾护航。

另外，在高校图书馆对外资源共享的初期，需要一定的鼓励机制，调动未参加对外开放的高校图书馆的积极性，也是对已开放的高校图书馆的一种荣誉肯定。比如图书馆系统或者图书馆协会，以及地方政府，在每年的工作年终总结给予表彰，营造积极的、正面的、良好的社会形象。

（2）处理好校内外读者之间的关系。高校图书馆对社区资源共享后，社会读者就可以分享大学校园的一些资源，有自由出入学校的自由，但这并不代表学校能把这部分人群列入和学生一样的管理对象。从学生的角度讲，一些校外人员到高校里享受部分和自己一样的待遇，在心理上免不了有这样或那样的想法。

因此，高校图书馆对外开放应以安全为前提。高校图书馆对社区资源共享后，社会人员就会被允许进入大学校园，但是社会上鱼龙混杂，社会读者也不像学生那样容易监管，管理上肯定会有难度，这就要求高校图书馆防患于未然。

第一，高校图书馆首先应确立合作的社区，与社区居民委员会达成

共识，公开社会读者办理借阅证的条件。在办理借阅证的时候，需要向申请办理借阅证的人员索取其所在社区开具的居住证明，证明其是合作社区的居民。

第二，当申请办理借阅证的读者来图书馆办理手续时，除了社区开具的居住证明，也应该出示身份证原件以供核对，并提供身份证复印件交由图书馆备案。同时，社会读者也应留有联系电话、电子邮箱等联系方式。图书馆有义务妥善保管申请人的信息资料，不能有侵犯个人隐私的行为。

第三，社会读者入校要提供借阅证，校园门卫应做好第一步安全保证工作。图书馆也要跟进一步，借阅证只限于读者本人使用。此外，在安全监控和保安巡逻方面更加不能松懈。

避免校内外读者间可能出现的利益冲突。目前，我国高校图书馆的文献信息资源都有其默认归类，一般馆藏副本为 1～2 本，2 本以上非常少，孤本文献和珍贵的纸本文献不对外借阅，只在阅览室流通。所以当本校读者和校外读者使用文献信息资源产生冲突的时候，校内读者必然会产生厌恶情绪，对高校图书馆对社区开放的行为产生反感，如果解决不好，则会导致校内读者怨声载道，给学校施压，呼吁高校图书馆的回归。

所以高校图书馆应做好前期准备工作：①有计划地开放。社会读者都是在职的工作人员，大部分都是休息日、节假日等业余时间来图书馆，高校读者正好相反，学习时间都在工作日。那么高校图书馆可以利用这种时间差，在节假日和寒暑假期间对校外读者开放阅览室。②在借阅方面，学科专业领域的文献只对本校读者外借，提供给社区读者在阅览室阅读、复印资料，或者电子资源的阅读、影印服务。其他文学艺术、科普读物等非专业学科的文献读物对校外读者提供外借服务，但是借期不可过长，要比本校读者的借阅期短。

（3）加强馆员的培训工作。加强高校图书馆员的业务培训工作，以

保证馆员有能力承担同时为本校读者和社区人员服务的工作。这是与社区资源共享工作顺利进行的重要环节，今后的每一个工作细节都离不开图书馆员的参与。做好图书馆员的培训工作，应从两方面着手。

第一，业务技能方面。学校要尽可能多地给图书馆员提供继续学习、深造的机会，图书馆员也要自勉，在精通某项学科的基础上，学习、了解多学科的知识，能有一种以上较高的外语水平，有高灵敏度的信息检索能力和洞察学科的发展方向的能力，更要学习心理学，知读者之所想才能对症下药，培养读者和馆员之间融洽、活跃的氛围。

第二，自身素质方面。高校图书馆员在文化水平方面可以得到多数人的认可，过去那种每天上班喝喝茶水、看看门、理理报纸的图书馆阿姨已经不能适应现代图书馆的需要了。计算机的应用、知识更新的速度、读者日益提高的学习能力和接受能力，统统要求图书馆员的自身素质要跟得上。面对如今的读者，图书馆员"不能一问三不知"，要问有所答并能令读者点头，要洞悉读者需要哪方面的信息资源，还能抛砖引玉，才能令读者满意。做好了本职工作，也不能算圆满，图书馆员还要有春风般的微笑、慈母般的耐心和得体的谈吐，才算得上令读者感受到如沐春风般温暖。

总之，大学的图书馆员要像一部"活着的百科全书"，他既能洞悉校内师生的需求，也能很好地与社区进行沟通；既能参透研究方法，也能熟悉参考工具的原理；既遵守了传统意义上图书馆搜集保存的重任，又能善于管理，并热情周到地为读者服务。如果能在做好以上工作的基础上，紧跟图书馆的动态进行新的构思，那么他们就是光荣而成功的图书馆员。

2. 建立与社区共享的协调机制

（1）做好与社区的外联工作。高校图书馆要与社区进行沟通，建立良好的合作关系。开展这项活动必须得到社区的大力支持，例如读者身份的确认、图书馆对社区开放的宣传等工作都需要社区的积极配合。

对高校本身来说，应尽可能地给社区读者共享提供方便、宽松的政策，对于取得借阅证的读者要提供热情专业的服务。积极开展图书馆与社区联合的活动，例如多举办一些讲座、举行图书宣传周或图书宣传月等以及一些图书馆和社区共同举办的活动，加强高校和社区的友谊。另一方面，高校图书馆在社区开展的各项活动和宣传工作，都可以借助社区现有的场地和设施，既方便，又能给图书馆员一个树立图书馆形象和展示图书馆员个人风采的机会，集宣传、品牌树立和拉近双方距离等各种好处于一体。

对于社区来说，高校图书馆对外开放，响应了共建和谐社会，促进社区精神文明建设的号召。社区居委会的工作宗旨也是为了更好地为居民服务。和高校图书馆合作，应该说是一件双赢的好事，在高校和居民之间起到桥梁的作用，社区既是居民的喉舌，也是高校图书馆的信鸽。社区对于高校图书馆对社区开放的各种信息要积极地进行宣传，在提供居民的居住证明方面时，既要严格把关也不能为难居民，要让居民体会到办借阅证方便、快捷。

（2）加强对社区读者的管理，保证其权益不受损害。社区人员需要办理高校图书馆借阅证，并不是到图书馆申请就可以办理的，为了学校学生的安全和图书馆建设，对于借阅的办理是有一定条件的。首先，想办理高校图书馆借阅证的社区人员应到社区登记，社区居委会应该核对确认系本社区常住居民；其次，还要提供身份证原件供核对和身份证复印件保留备案；另外还要交一定的押金，押金的金额应比校内人员要高些，具体额度由图书馆工作人员调查研究后确定。在手续完备后，可以由社区居委会统一到高校图书馆进行办理。

校外读者的借阅证外观应与校内读者的外观颜色等有明显的区别，这样方便工作人员查看。另外校外读者的借阅证也应有账户充值的功能，因为高校图书馆对社区读者提供的服务是有偿的，这样更方便读者畅通地运用图书馆资源。

校外读者在高校办理了借阅证后可以享有以下读者服务：一是文献外借服务；二是拥有出入学校、图书馆以及进入阅览室的身份凭证；三是拥有登录图书馆网站进入网上图书馆的用户凭证；四是拥有享有参考咨询服务的通行证；五是拥有利用图书馆有偿服务时交纳费用的账户。

开展读者培训工作。图书馆对新读者开展培训工作是十分必要的，面对校外读者，培训工作可以看成由两大部分组成。首先，读者进入一个陌生的环境，需要清楚图书馆的布局，哪里可以使用电脑，在哪里可以找到自己需要的文献，如何使用借阅证，图书馆内有哪些注意事项，等等，这些基本规定确保了每位读者能在图书馆独立地获得想要的服务，大大减轻了工作人员的工作重复率。其次，就是帮助读者提高检索技能的培训，包括书目信息的检索和电子资源的利用。通过图书馆的培训，读者才能灵活自如地利用馆内的信息资源，而图书馆员也能节约出大量的时间，以提供更多的服务。

3.注重知识产权的约束

高校图书馆对社区进行资源共享，最容易涉及知识产权方面关于电子资源的使用问题。高校图书馆所购买的数据库和电子资源，在购买时都会涉及有关使用范围的条款。各种数据库电子资源的使用稍有不慎，就会对知识产权构成侵权。如果校外读者能够享受和学生读者一样的电子资源使用权利，那么高校图书馆则会构成侵权行为。

因此，高校图书馆在把电子资源对校外读者共享时，应规定相应的使用细则，对校内外读者的使用权利进行区分，并对已经公开的使用规章制度严格执行和监督。一是高校图书馆的电子资源不能对校外读者完全共享，赋予同本校读者相同的使用权利；二是高校图书馆可以提供相应的电子资源的参考咨询服务，对于读者需要的专业资料可以由图书馆工作人员进行整理，或提供其获取途径，由校外读者自己检索获取；三是可以在法律允许的范围内，对校外读者需要的资源段落提供复印。

（三）扩展服务类型

1. 基础性借阅服务

高校图书馆应对校内外读者有区别地对待。目前，我国高校图书馆对社会读者的开放时间都有所限制，以高校图书馆现有的资源和环境，想要完全同时满足校内外读者的需求，存在一定的困难。高校图书馆可以选择在寒暑假和节假日期间对社区读者开放阅览室。在这期间，来图书馆阅读和自修的学生人数较少，甚至在寒暑假期间，有些高校图书馆也放假关闭，有些图书馆有选择性地只开一间阅览室或者每星期选择几天开放阅览室，与其这样让资源闲置，还不如把资源充分利用起来。对于图书外借服务，可以选择允许校内外读者共同遵守图书馆的开放时间。

选择在寒暑假期间对外开放的高校图书馆，可以适当考虑工作人员的薪资福利。现在很多高校都有编内工作人员和编外劳务公司员工。对于愿意在寒暑假放假时间上班的单位员工，高校图书馆可以参考其工资水平给予一定的补助。这样既满足了社区读者来图书馆学习的愿望，又不影响校内学生读者正常的学习时间，也可以为个别想在假期时间去图书馆的学生解决这个难题，同时也增加了部分图书馆工作人员的收入，可以说一举多得。如果能实现图书馆对社区读者共享的规划，诸多好处就可以实现。

高校图书馆为社区读者提供的基础服务应该同为本校师生提供的基础服务趋同。首先，为社区读者提供查看资料的服务；其次可以根据自身的条件和能力，开展对社区读者的外借服务，对于孤本文献和专业书刊，出于对文献的保护和科研、教学第一位的需要，可以只提供这部分文献的查阅服务；为了方便读者，图书馆可以提供复印等服务。高校图书馆对社区读者提供的服务应以有偿形式为主，无偿形式为辅。对图书外借和逾期未还服务需要缴纳租赁费和滞纳金，复印、打印、传真、上网、其他硬件设备的使用以及参考咨询服务都应当适当收取一定的成本费和服务费，以弥补图书馆资源的消耗和工作人员劳动量的增加。所

产生的费用由读者图书证里账户的余额支付，余额不够，可以提醒读者充值。

2. 高价值导读服务

（1）什么是导读服务？所谓导读，顾名思义，就是辅导阅读的意思，韩甬生认为，"阅读过程是认识主体（读者）构筑合理知识体系的系统工程，也是在明确的目的驱使下收集筛选加工和增值知识信息的过程，是读者获取知识信息的自发行为，这种行为在馆员设计的优化轨迹导引下会取得事半功倍的效果，这种行为也就是我们常说的导读。"[①] 导读工作的主体主要是高校图书馆，入馆教育、新书通报、板报宣传、编制推荐书目、文献评介、开展讲座等，都属于传统的导读形式。

（2）高校图书馆面对社会读者提供导读服务的现状。相对来说，导读工作集中在高校图书馆面对学生的服务，导读工作融入于图书馆的各个部门。虽然学生读者经常用到，但是这个词，并不为读者所熟悉，究其原因是高校图书馆没有独立地从事于此项服务的工作人员和部门，这使得导读服务长期埋没于图书馆的其他工作之中，缺乏完整性、专业性。高校图书馆对社区资源共享后，社区读者更加需要导读服务的，因此高校图书馆可以考虑增加一支专门负责导读工作的人才队伍，为社区读者的学习、阅读提供更优质的服务。

（3）高校图书馆开展面对社区读者导读服务的必要性。对于社会读者来说，他们首先要面对如何利用高校图书馆为自己服务的问题。尤其是正在进行学位论文、课题研究等相关学习性工作的社会读者，他们或没有接受过高等教育，或已经长时间没有利用过高校图书馆，抑或对该校图书馆的信息资源布局和馆藏不甚了解；另一方面他们正在进行的研究是相对于自身而言一个新的领域，若要在此领域做论文或者相关课题，至少要阅读上百篇文章，这还不包括相关书籍文献。这么多的阅读量要

---

① 韩甬生，姚水林. 网上导读 [J]. 图书馆理论与实践，2004(1)：20-21.

在短时间内完成，必须借助于馆员的指导帮助，否则将会事倍功半。

（4）如何开展导读服务？首先，做好调查研究，了解社区读者的阅读倾向和实际需求。调查方法可以是座谈会、问卷调查、网络征集等形式，对得到的信息反馈进行分析、研究，总结社区读者的需求和期望，明确今后导读工作的重点。

其次，成立一支专门从事于导读工作的人才队伍。导读工作具有专业性强、知识面广的特点，对图书馆员的业务水平有着较高的要求。从事导读工作的人员需要精通图书馆的专业知识，具有较高的学习能力、良好的职业道德、熟练的计算机操作技能和沟通技巧。图书馆员只有不断进行自我调整，更新自己的知识涵养，才能更好地为社区读者做好导读服务工作。

最后，以上导读服务的准备工作，都是为了更好地开展导读服务工作。除了传统形式的导读服务，图书馆员还需要借助现代化的科学传媒和通信技术，将学习、工作和生活中遇到的各种问题和相关信息输入导读区域，才能在数字化信息和网络环境应用的今天，更好地服务于社区读者。具体工作内容如下。

（1）以图书馆网站为媒介，提供数字资源推荐服务。在图书馆网站设计专门的导读服务区，图书馆导读人员以精、准、快、全的手段检索信息，将其在互联网上搜集到的信息资源分门别类地在图书馆网站上保存，形成每一学科独立的网站门户，使得社区读者只需在家中登录图书馆网站，就可以看到某一领域所相关的信息。工作人员还可以根据本馆购买的数据库编制使用指南，向读者介绍数据库的特点、内容、检索途径和使用方法，为读者的阅读起到向导的作用。

（2）加强与读者的联系，开展互动交流。有条件的图书馆可以通过短信平台和读者随时进行沟通，保证电子信箱、BBS、网络在线客服在工作时间即时回复。

（3）注重宣传工作。开展对校外读者的导读服务，可以将图书馆的

馆藏布局、文献检索使用指南、书目介绍等读者入馆培训内容制作成诸如 Flash 等形式的短片，放在图书馆网站的首页，让读者进入图书馆网站上第一眼就能看到。这种方式形象生动、操作简单、可随时随地反复观看，对读者的培训指导起到事半功倍的效果。

（4）设立纸质文献的导读区。将文献的题名、关键词、分类、主题、作者、出版社等信息整理，附带图书馆员编辑的评论、插图，通过文字和图像相结合的模式把每本文献的信息注入图书馆网站的导读区内，使读者通过检索系统能够看到馆藏纸质文献的推荐信息，对读者的阅读起到导航的作用，方便读者定位到所需文献的准确相关信息。

3. 有偿性参考咨询服务

高校图书馆信息资源社区共享是一个非常有挖掘潜力的研究方向，目前我国高校图书馆还达不到同国外高校图书馆一样面对社会读者全面开放的程度。除了最基本的文献查询、阅览、外借和电子资源的共享外，高校图书馆还可以提供一些咨询服务。

另外，在社会发展的新形势下，要配合市场、政企部门对于各类信息咨询的迫切需求，高校图书馆应该凭借自身的优势，有针对性地、时效性地开发相应的信息资源，为社会读者和所合作社区的发展提供有偿的信息咨询服务。

参考咨询服务项目的具体内容：

（1）服务对象。高校图书馆提供的参考咨询服务的对象，既可以是本校学生、教师及教辅人员，也可以是社区读者，本文着重讨论面对社区读者的参考咨询服务。

（2）服务的目的。为读者提供参考咨询的服务工作，针对读者提出的要求，收集情报资料，并加以整理、筛选以及编辑，最终提供给读者使用。

（3）面向社区读者的参考咨询服务内容。目前社会在职攻读学位、单位要求培训以及工作性质需要研究某些课题的社会工作人员越来越多，

他们搜集情报的能力和可以共享的资源非常有限，而且互联网上的信息呈现多而无序、重复率高、真伪难辨的状态，并且出售的情报信息价格非常昂贵。

高校图书馆面对社区读者提供参考咨询服务的具体内容：①图书馆员可以根据读者提供的信息，为撰写论文的社区读者提供选题、定题的服务，包括论文的研究方向、研究思路和研究方法等具体的建议策划方案；②根据社区读者实际的需要提供情报搜集的工作，包括印刷型文献的借阅、复印，和本馆数据库中相关文章的电子资源的搜集、整理和加工，可以编印成题录和附带文摘，进行二次开发；③为社区读者所研究的学科领域，提供市场前景预测的分析、科技查新、国际联机检索等服务；④将学校的科研成果进行转化，推荐给社区读者，开展信息推送服务；⑤建立参加参考咨询服务的社区读者服务档案，在服务过程中和结束服务后，以电话、E-mail 等采访跟踪方式，进行服务效果信息反馈。

（4）有偿服务。高校图书馆有义务为本校师生提供服务，但是为社会人员提供参考咨询服务时，可酌情收取适量佣金，一来，是对高校图书馆购买文献、数据库的高额成本的象征性补贴，二来也是对高校图书馆的肯定，减少读者选择参考咨询服务的盲目性。

4. 拓展性定制服务

（1）建立电子资源共享网络平台。通过网络技术的应用和现代计算机设备的普及，在高校图书馆网站主页上，增加社区读者登录界面，使已经在图书馆办理了借阅证的读者能够在家里通过互联网登录到图书馆的网页，查阅文献书目，享受除数据库资源外与校内读者相同的检索服务。对于社区读者不能外借只能在阅览室阅读的书目信息，网上图书馆应做出标记，令信息更加明确和详细。

图书馆凭借自身拥有的人力资源，可以根据社区读者的需求，主动提供各种信息服务，包括信息推送服务、待查待译服务、数据挖掘服务、情报研究服务和信息呼叫服务等。

信息呼叫服务，是当今社会读者享受到的具有时代特点的便捷服务。随着科技的发展，手机和互联网的普及给人类生活带来了质的改变，无论是学习、工作和生活，无论走到哪里，都离不开移动电话。

由于社会读者学习时间有限，他们可能对各学科领域不是很了解，若要深入学习某一方面专业知识，则会有点无从下手的感觉。这时图书馆员就要发挥自己的能力，主动为社会读者推荐信息、文献等相关资源。社会读者的文化背景不尽相同，阅读外文信息资源存在一定的困难，图书馆员可以提供文献翻译、查阅等服务；社会读者在学习过程中，对于信息的来源、数据分析、研究价值也有不同的理解，图书馆员根据所学专业知识和在工作中积累的经验，凭借学科嗅觉，帮助社区读者更轻松地阅读，使他们对信息资源有更深刻的认识。

（2）参与社区的文化建设。高校图书馆除了提供传统的图书馆服务以外，也可以承办一些加强社区文化建设、提高社区居民文化生活水平的活动，比如开展讲座、展览和文化活动等。讲座的内容可以是读者培训方面的，一方面读者确实需要学习正确利用图书馆资源的方式，另一方面也可减轻图书馆工作人员的日常工作负担；也可以是图书馆文化方面的，提供能邀请知名人士来图书馆讲座的机会。至于展览的内容就更加丰富了，读书活动、建党周年纪念、名家书画、读者阅读笔记等等，这些丰富的展览可以增加图书馆的魅力，营造良好的阅读氛围，活跃读书气氛。图书馆在能力所及的范围内，参与社区组织的各种节日活动，比如提供活动场地、提供咨询顾问等服务延伸活动，加强图书馆和社区的交流，营造良好的人际关系氛围。这些文化建设活动是带动社区居民文化生活的兴奋剂，有利于为和谐社会的建设贡献力量，增强社会的凝聚力，间接为图书馆做好社会宣传、争取社会资金的援助带来有利影响。

（四）提升服务能力

1. 发挥图书馆联盟的优越性

松江大学城作为众多大学城的一个具体缩影，若能在这个有代表性的小区域内，完成高校图书馆社区的资源共享，将会再一次引起社会的关注。

图书馆联盟（Library Consortia），是指图书馆联合的最新形式，为了实现资源共享、利益互惠的目的而组织起来的，受共同认可的协议和合同制约的图书馆联合体，它既可以理解为馆际合作，也可以理解为传统图书馆与数字虚拟图书馆、纸型资源与电子资源的互补共存。

2. 营造学术交流的文化氛围

高校图书馆社区的资源共享，应该经历一个从初级阶段到高级阶段进阶的过程，资源的共享也应该重视专业学术间的交流和碰撞。高校图书馆可以通过网络或现场演讲的形式开展学术讲座，提供给本校以外读者参与的机会，尤其是其他院校的师生。由于他们特殊的背景，他们会更加关注专业学科领域内权威人士在校园的学术交流；定期组织关于学科前沿的研讨会，共享馆际科技查新；也可为校外市民开展相对通俗的展览和教育培训。

一个个居民聚集在一起形成了社区，一个个社区聚集在一起组成了城市，一座座城市聚集起来就是我们的社会。一个个图书馆组成了图书馆体系，图书馆体系是国家重要的文化机构，人们共同存在于同一个社会。高校图书馆要尽早地改变信息资源供校内读者所有的狭隘观念，要走入社会，与社区共享。这是高校图书馆的一个重要发展趋势，既能满足社会的需要，也关系到图书馆自身发展。借鉴国外大学图书馆成熟完善的对社会开放的经验，结合我国的具体国情和现实问题，逐步实现高校图书馆与社区读者进行交流沟通和资源共享，使图书馆成为社区文化的发源地和信息交流的枢纽。

第五章　高校图书馆信息资源与配置管理

第一节　高校图书馆信息资源体系

一、概念界定

并非所有的物质和能量都属于资源，物质和能量只有积蓄到一定程度，并蕴藏着极大的潜在价值和开发价值的时候才能成为一种资源。信息也不是自动的、无条件的等于资源。依照不同的标准，资源的种类也有不同的划分，一般可划分为物质资源、能量资源和信息资源。

从二十世纪六十年代以来，信息经济学分别从微观和宏观的角度对信息价值、信息成本、信息效率以及信息产业等内容进行了广泛讨论和实证研究，"信息是一种资源"的观念得到普遍认可。但目前，国内外对信息资源（Information Resources）这一概念的认识尚未形成统一意见。有人认为信息资源就是数据信息，有人认为信息资源等价于记录型信息，也有人认为信息资源就是文献信息。吴慰慈综合了国内外的各种定义与理解，将信息资源定义为："信息资源是经过人类采集、开发并组织的各种媒介的有机集合，也就是说信息资源既包括制成品型的印刷型资源，也包括非制成品型的电子信息资源"[①]。因此，本文认为，对信息资源来说，片面地强调传统的印刷型资源和片面地强调电子信息资源都是不合理的。本文也持这一观点对信息资源进行界定。

---

① 吴慰慈. 信息资源开发与利用的十个热点问题 [J]. 中国图书馆学报，2008(3)：5-10.

基于这一定义，信息资源是由不同的资源要素组成，各种要素又是独立的。根据系统的观点，各种要素只有按照一定的原则加以配置，组成一个系统，才能发挥最佳效用，而这种价值在很大程度上受各要素配置方式和配置效率的影响。因此，信息只有在实施有效的开发和管理后才具备成为资源的条件，从这个意义上讲信息资源是稀缺的。而稀缺性正是信息资源的最本质特征，因为信息资源的稀缺性，人们要研究信息资源的优化配置，在实现效益最大化的条件下对信息资源进行选择和各种形式的合理组合，最大限度地满足不同用户的需要。

信息资源体系，是指信息资源各要素相互联系、相互作用而形成的具有特定功能的有机系统。它是指一定范围内，经过布局、搜集、整理、保存并提供利用的所有信息资源的集合。面向用户的资源与服务整合是根据一定的需要，对各个相对独立的信息资源系统中的数据对象、功能结构进行融合、类聚和重组，重新结合为一个新的有机整体，形成一个效能更好、效率更高的信息资源体系，从而保证信息资源更好地被利用。这包含三方面内容：一是将内部信息资源和外部信息资源进行有机融合，二是构成一个高效合理的信息资源体系，三是实现信息资源的整体利用价值。加强信息资源体系建设应从两方面入手：一是应当保证各图书馆每年都能存储一定数量的各具特色的信息资源；二是通过信息资源整体建设，建立起能在一定范围内有效地保障社会信息需求的信息资源系统，即信息资源保障体系。

二、馆藏建设理论的发展

馆藏指的是包括馆藏实体资源和网络虚拟资源在内的文献信息资源，印刷型、缩微型和电子型馆藏应纳入实体馆藏的范畴，网上资源即虚拟馆藏，而馆外资源介于实体和虚拟馆藏之间。馆藏建设是指馆藏资源体系建立、发展、完善的过程。

从二十世纪二十年代图书馆学在中国确立以来，馆藏建设理论和

实践始终在不断地发展前进。总体上来说，馆藏建设大致经历了书刊采访—藏书补充—藏书建设—文献资源建设—信息资源建设等几个发展阶段。其中，最具变革意义的是从"藏书建设"到"文献资源建设"，再由"文献资源建设"到"信息资源建设"这两次重大理论概念的拓变。这两次拓变突破了原有的理论体系，实现了图书馆馆藏建设理论和实践的飞跃。可以说，在文献资源建设理论形成之前，馆藏建设研究基本上属于"馆内科学"研究阶段。图书馆被作为一种孤立存在的信息实体，研究内容也集中在藏书的收集、整理、加工、流通以及人、财、物的规划、组织与管理等方面，即馆藏建设理论始终处在经验总结的研究层次。

"藏书建设"作为一个学科概念，大约出现在二十世纪五十年代，是由"书刊采访"经"藏书补充"演变而来。当时图书馆学研究者对于藏书建设理论还处在表象的、浅显的认识阶段，研究内容也局限于具体的工作实际。随着科学技术的发展，"藏书建设"的概念不断被赋予新的内涵，外延也不断拓展，逐步趋向于将图书馆馆藏建设视为一个科学的、完整的体系。

二十世纪七十年代末，苏联学者斯多利亚洛夫提出了"图书馆馆藏学"理论，将藏书理论引申为"一切图书馆补充、组织和管理过程的总和"，并提出"藏书建设四相结构理论"，为藏书理论的发展做出重要贡献。与此同时，欧美学者提出了书目控制、藏书稳定状态等理论，为"藏书建设"理论赋予了新的内涵。

八十年代中期，当国外致力于研究合作发展馆藏的理论时，我国图书馆界提出了具有中国特色的概念——文献资源建设。相对于"藏书"一词过于狭窄的特点，采用"文献资源建设"的概念内涵和外延会更加丰富和宽泛。这也是为了解决当时日渐严重的文献需求与提供的矛盾而提出来的。

二十世纪九十年代中期，我国正式接入 Internet 之后，社会信息化环境和技术环境仿佛一夜之间发生了根本性变化，文献资源及其理论的

局限性也开始显现。很多学者开始提出信息资源管理的概念，从概念上确立馆藏建设的内容不仅局限于文献资源。图 5-1 宏观地描述了图书馆信息资源建设的演进。可以看出，为了适应社会经济信息化、信息技术和信息环境的变化，图书馆必须进行变革，以逐步适应社会需求的发展。

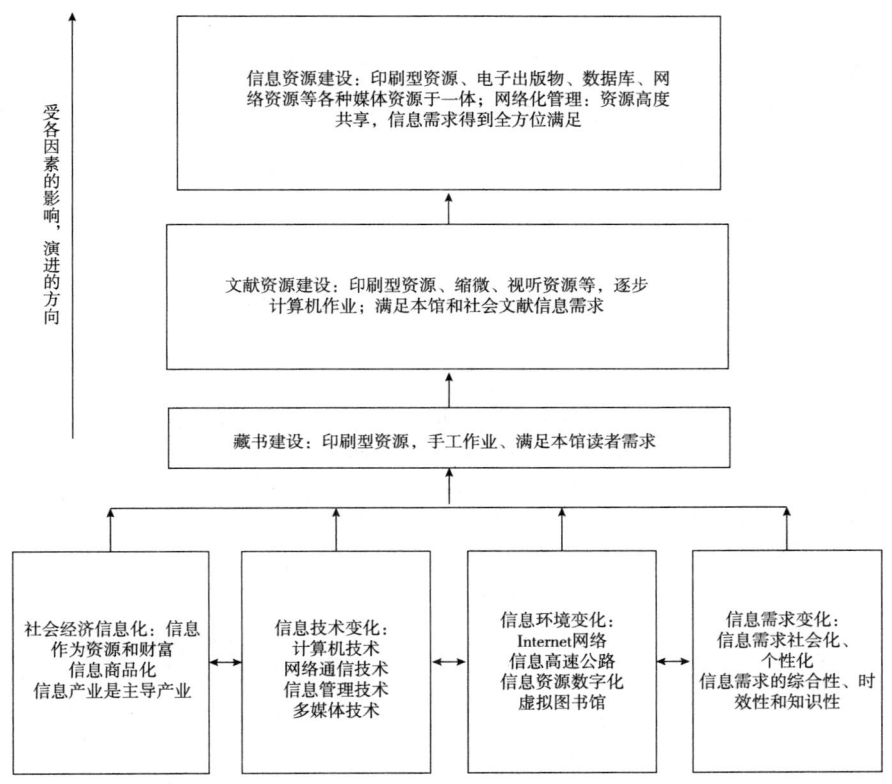

图 5-1　馆藏建设理论发展演进示意图

随着信息技术的日新月异和图书馆建设实践的发展，馆藏建设理论从"重藏轻用"的旧观念的束缚中挣脱出来，并重新定义了馆藏的概念，馆藏的资源也已不再局限于传统的"书"，不管以何种载体收藏信息、何种途径获取信息，只要为读者所需要，把信息传递到读者手里，都可算是现代图书馆馆藏的组成部分。在信息载体多样化和网络技术快速发展的环境下，图书馆的信息资源有了新的组成和划分。

三、各种信息资源的特点及其在信息资源体系中的作用

按上文所述的分类方法，图书馆信息资源可以分为三大类，分别是：实体资源、电子资源和网络资源。实体资源中的缩微型和声像型资源在网络环境的冲击下已经用的很少，也不再是图书馆资源建设的重点，而机读型的资源已经完全被电子资源所取代，因此可以说印刷型资源已经成为实体资源的主体，后面的讨论将只在印刷型资源与电子资源、网络资源三者之间展开。表5-1对以上三种类型的优点和缺点进行了比较。

表5-1　图书馆各种信息资源类型的优缺点

信息资源类型	优点	缺点
印刷型资源：包括图书、期刊、报纸、学位论文等印刷型文献资源	符合读者阅读习惯，适合研究工作的需要；可长期保存和随时、反复使用；携带性好，易获取；方便用户使用；是知识和信息获取的最直接途径	出版周期长、不便更新，内容时效性差；占用空间大；信息存储密度低，信息量小；检索不便；文献传递受地域和时间限制
电子资源：网络文献数据库、电子期刊、电子图书、目录数据库等	信息存储密度高，信息量大；占用空间小；可实时、远程、全天候和快速检索；信息可靠性、共享性较强	系统依赖性强，使用不便；安全可靠性低；信息显示效果欠佳；易损伤、毁坏；各数据库制作缺乏统一标准；易导致信息垄断
网络资源：包括可免费检索到的资源和隐性网络资源	可免费自由获取：类型繁；时效性强；检索便利；多媒体，多语种；跨国界传输；成本低；便于信息交流、完善	信息无序、分散；内容准确性、可靠性低，深度广度较低；查全率、查准率较低，检索结果难以控制；选择、评价、采集难度较大

通过以上的比较，我们可以看出，各种信息资源因其所具有的特点（优势）不同，在图书馆信息资源体系中发挥着各自特殊的作用，满足着

不同用户的不同信息需求。

（一）印刷型资源

图书馆的核心功能是收集、保管和提供信息资源，其中最传统、最基础的就是印刷资源。印刷资源主要包括书籍、期刊、报纸、地图、手稿、微缩资料等。

首先，传统印刷资源是图书馆的主要组成部分。自从古代人类开始将知识记录在纸或石头上以来，印刷资源就成了人类知识和信息的主要载体。这些资源包含了各个时代、各个领域的知识和信息，为人类的学习、研究和生活提供了丰富的资料。

其次，传统印刷资源具有稳定性和长期性。虽然随着信息技术的发展，电子资源的使用越来越普遍，但是传统印刷资源依然具有不可替代的地位。它们不会因为技术的变化、设备的损坏或电力的中断而丢失，而且可以长期的保存。对于一些重要的、珍贵的或者特殊的资料，印刷形式往往是最安全、最可靠的保存方式。

再次，传统印刷资源提供了独特的阅读体验。尽管电子资源带来了许多方便，如随时随地的访问、快速的搜索和复制等，但是许多人仍然喜欢纸质书籍带来的阅读体验。比如，纸质书籍可以让读者更好地专注于阅读，减少了被电子设备的其他功能如社交媒体、游戏等打扰的可能性。此外，纸质书籍的触感、气味等也给阅读带来了特别的感受。

最后，传统印刷资源是满足读者信息需求的直接和基础的资源。无论是学习、研究还是休闲阅读，大部分读者都能在图书馆的印刷资源中找到所需的资料。尤其是对于一些深度的、专业的学术研究，印刷的学术书籍和期刊往往是较权威、较深入的信息来源。而且，对于一些电子资源不易覆盖的地区或者群体，传统印刷资源可能是他们获取信息的主要途径。

此外，传统印刷资源也是图书馆的重要文化遗产。它们不仅仅是知识和信息的载体，更是一个时代的记忆和文化的见证。图书馆的古籍、

手稿、地图等印刷资源，是我们了解历史、研究文化、传承知识的重要资料。这些资源的保存和利用，对于文化遗产的保护和传承具有重要的价值。

（二）电子资源

电子资源的出现极大地改变了信息和知识的记录和传播模式，改进了信息提供方式、信息种类以及信息获取方式。由于电子出版物具有传统出版物不可比拟的优越性，国内外有些学者甚至宣称它将取代印刷型资源，实体图书馆将"消亡"。虽然，这种论调在经过多年的理性思考后已普遍被人们否定，但电子资源在图书馆信息资源体系中占据越来越重要的地位的事实却摆在人们面前。其中，特别是网络数据库，因其强大的异地信息存取和检索功能以及低成本、高信息量的优势受到图书馆和用户的青睐，成为图书馆重要的馆藏资源，是图书馆传统信息资源的重要补充和网络环境下图书馆进行信息服务、资源共享和馆际协作的基础。而单行版的电子出版物，如光盘版电子书、光盘数据库等，在图书馆馆藏特别是在计算机网络还不发达的地区同样占有一席之地。电子出版物已是图书馆信息资源体系中的重要一员，而且随着图书馆的电子化和网络化发展，具有资源共享功能的电子资源在馆藏中的比例还将不断提高，从而在今后很长一段时间里，将形成与传统资源互补、共存的局面。

（三）网络信息资源

互联网上所提供的各种专业型学术论坛、有关学科信息、会议信息、公司及政府信息、非正式出版的网络信息资源，及以最近发展很迅速的个人博客等，都可以给用户提供具有很强时效性的事实和数据以及某些信息的线索，是用户及时、快速查找相关专业信息，了解政府政策法规，掌握市场信息，以及阅读新闻等的有效途径。这些都是图书馆传统信息资源，甚至电子资源难以做到、做好的。只有对这类离散、高度变动的

网上信息加以有效开发和有序化组织，才能使之真正成为图书馆信息资源，以供用户使用。然而，由于因特网的开放性，任何人和机构都可以随意发布信息，这就容易导致信息质量参差不齐，网站的建立也缺乏监督机构的有效管理。因此，对网络信息的鉴别和选择就显得非常重要。图书馆应该在对网络信息资源的权威性、精确性、时效性、收录范围等方面进行评估的基础上，保证提供用户利用这些资源的质量。

综上所述，在高校图书馆信息资源体系中，不同类型的信息资源各有优缺点，在图书馆信息资源体系中发挥着各自的作用，满足着不同用户的不同使用方式和信息需求，它们谁也无法替代谁。各种类型的信息资源互补协作，相依并存，使图书馆能够拥有更为完善、充实的馆藏资源。图书馆正是拥有了这诸多各具特色的信息资源，才能在服务中更好地满足用户不断增加的各种信息需求，从而为高校的教学、科研及管理提供更优质的服务。电子资源是高校近年来发展最快的资源，对传统信息资源从采购到编目、流通、保存、剔除等环节图书馆均有相关经验，但对电子资源的引进和管理正在探索中，因此人们有必要对高校电子资源的现状和存在的问题予以分析。

三、高校图书馆引进电子资源的方式和流程

现阶段，高校图书馆电子资源的引进主要有以下三种方式：从数据库提供商或信息服务提供商处购买或取得使用权；将馆藏的印刷型资源数字化；搜集网络信息，并对此进行整理和组织，形成自建电子资源。虽然三种方式各有优缺点，很多高校图书馆也使用后两种方式进行电子资源建设，但最主要的方式还是从数据提供商或信息提供商处购买和引进。

对国外电子资源的引进方式，主要是由 CALIS 的文理和工程两个全国性中心组织高校进行以"集团采购"的方式进行的。这种方式，一方面可以帮助大多数图书馆节约时间，减少谈判等环节的麻烦；另一方面，

可以凭借集团的力量从数据库供应商那里争取到更优惠的价格和更好的服务。

由 CALIS 组团引进电子资源的方式，在我国高校图书馆信息资源建设中取得了很大成效，在引进种类和数量方面都超过了日本、韩国等国家，但是这种引进方式，也有其缺点。电子资源是以数据库或期刊库作为销售单位的，虽然可以以组团方式降低购买成本，但对于中小型图书馆来说购买电子资源依然比较困难，这种状态极易导致数字资源的分配失衡。图书馆联盟是组团购买的组织方式，联盟多以地区或行业为基础建立，规模不大，因此，其达到的规模效应非常有限。另外，集团购买只是拥有资源的使用权，而不是拥有资源，不能解决数字资源的本地化永久保存的问题。为了解决以上几个问题，许多国家和政府机构介入到电子资源的建设中，并投入大量财力。这种政府参与的资源建设称为"国家采购"。我国目前有三个项目属于国家采购：Science Online 网站、Maney 公司与英国皇家学会期刊、OCLC First Search 数据库。

相对于印刷型资源的采购，电子资源要复杂得多，涉及多种因素，加上价格昂贵，一旦采购不当，将带来很大损失。因此，对电子资源的引进，需要一个不断考虑、反复论证的过程，需要按照一定程序进行。首先根据各高校的情况和经费预算，制定各自图书馆的电子资源建设框架，并对相关电子资源进行预评估。CALIS 全国中心向各高校发出数据库试用通知，由学校组织进行对数据库的宣传并展开试用，试用期一般为 1~3 个月。在高校试用过程中，CALIS 全国中心组织各试用图书馆代表就价格、服务等问题与数据库提供商进行谈判，并达成一定的共识。在试用期内，各图书馆根据数据库访问次数、资源下载次数、用户使用情况意见反馈，结合所在学校学科性质与重点学科等方面进行综合考虑，决定是否参与集团购买。若同意，则 CALIS 正式组织高校购买集团，经签订协议后，获得数据库的使用许可。在使用过程中，各高校馆可根据数据库提供商提供的访问统计或报告，并参考其他相关因素来考虑是否

进行续定，然后进行新一轮的组团和谈判。

第二节　高校图书馆信息资源的整合与发展

一、图书馆信息资源整合概述

信息资源整合是对各个相对独立的信息资源系统中的数据内容、功能结构及其检索方法进行聚类和重组，形成一个效能更好、效率更高的资源有机整体。也就是说采用更加先进的技术手段，将本地实际馆藏和各类虚拟信息、数字信息进行全方位地优化、重组，建立起全新的拥有统一的检索入口和检索方法的信息资源系统。

信息资源整合的目的是全方位地为科学研究、决策提供信息保障。这里的信息资源指的是经过一定工序加工整理过的，一个个相对独立的、不同类型、不同学科的信息资源系统。这个概念逻辑性强，组织严密，目标明确，全面、完整、准确地揭示了信息资源整合的丰富内涵。

图书馆信息资源整合是指遵循一定的原则、规范、标准，把图书馆范围内的资源，无论是网上虚拟资源、光盘数据资源还是馆藏书目资源，或者自建数据库等多种载体、多种形式、多种类型、分散异构的信息资源有机地结合在一起，实现图书馆所有资源采、分、编、典、流工作的融合，并且使读者能够在统一的数据存取模式下通过统一的用户界面完成对不同数据库和网络资源的检索、利用的资源集合体。

（一）图书馆信息资源整合的基本原则

1. 针对性原则

针对性原则又称为个性化原则，是指信息资源整合的目标性，整合后的信息资源应满足不同读者的需求。高校图书馆整合平台上的信息资源组织必须始终坚持以读者为中心，针对高校图书馆广大师生信息需求

的特点，有目的、有重点、有选择地组织利用价值大、适合读者群的信息资源，准确定位信息资源整合的范围，做到有的放矢，让读者以最小的代价在最短的时间获得最满意的结果。为了进一步完善平台的功能，方便读者，高校图书馆还应提供交互工具，帮助读者更好地针对个人需求挖掘和获取平台内的信息资源。

2. 系统性原则

实施信息资源整合需要以图书馆信息服务整体战略为指导，综合考虑各个环节的相互影响，提供实现整体价值增值的解决方案，系统地贯穿于信息资源整合的全过程。

对于特色资源或具有很高价值的学术信息，只有通过系统、连续、有计划地收集和积累，才能有所选择、有所比较、有所分析，从而产生有效的信息流，充分发挥信息的效用，尽可能地保证实现图书馆信息资源的增值。还应当掌握尽可能多的信息以减少不确定性因素对图书馆信息服务的影响，也就是说，从开始的信息收集就要系统地考虑对图书馆有影响的各个方面的因素。

在信息的加工、整理、合成过程中更要围绕着实现资源增值的目标，以整体利益为核心，在长远发展战略的指导下制定各种解决方案。从图书馆内部来讲，各部门间的决策应以整体利益为指导，信息资源整合人员应在此基础上综合考虑相关因素，提供实现资源增值最大化的方案。还要放眼未来，制定长远规划，对各类有价值的信息资源做好跟踪、积累、储存工作，保证图书馆信息资源的连续性、可靠性、完整性、系统性。

3. 客观性原则

即科学性原则，实施信息资源整合的客观性是指在信息收集、加工、整合的过程中要保持科学、客观的态度，以事实为依据进行分析、计量。也就是说，一方面所获取的信息要客观、真实；另一方面，信息资源整合人员在工作的过程中要保持客观、独立的态度。保持客观性对实施信

息资源整合具有特别重要的意义，这是因为，实施信息资源整合需要综合考虑各方面的相关信息，任何一个环节的信息出现偏差都会对最终结果产生一定的影响，必须保证进行分析加工基础的客观性，而且在实施信息资源整合的过程中要依靠信息资源整合人员的经验判断，为保证其结果的有效性，必须要求实施人员在整合过程中保持客观的态度，以客观事实为依据，站在独立的立场上提供相应的资源增值方案。

4.动态性原则

也就是开放性原则，是指信息资源系统是个开放的系统，它并不是永恒不变的，而是与信息资源及读者需求等有着密切的联系，是随着外界环境的变化而不断变化的有机整体。

动态性是信息资源整合的特点之一，它能够立体、动态地反映图书馆信息服务的基本情况，这就要求在实施信息资源整合中要保持动态性，及时对虚假信息资源进行过滤、筛选，给读者提取最有价值的信息资源。尤其在组织利用网络信息资源时，因为网络信息资源的更新速度快、时效性强，因此人们必须不断地、广泛地进行搜索，确定有学术价值的信息，定期跟踪，及时吐故纳新，确保信息资源的动态性。

（二）图书馆信息资源整合的目的和意义

信息时代的一个显著特征就是信息需求的快速增长，读者需求的多样化、个性化趋势越来越明显，信息资源整合的目的就是要向读者提供更有价值、更便捷的有效信息。它按照一定的需求，通过信息资源的无缝连接等技术将不同来源、不同协议的信息完全融合，形成一个完整的、具有集成检索的跨平台、跨数据库、跨网络的新型信息资源体系。

图书馆信息资源整合的意义在于实现了不同文献资源之间的沟通，最大限度地保持了知识体系的完整性，使读者获取高质量、可信赖的信息资源成为可能。由于整合后的信息资源体系拥有统一的用户交互接口，有利于提高读者信息资源检索利用的效率，缩短资源响应时间，更加便捷地实现图书馆的信息服务职能。

1. 信息资源整合有利于促进未来图书馆信息服务平台的建设

图书馆在信息社会中所起的核心作用是信息的加工及提供服务，图书馆管理活动应在其所提供的服务框架之下。有效地开发信息资源是图书馆进行信息服务的基础。图书馆的信息资源整合管理需要运用科学的手段和方法，充分挖掘信息集合中的信息内涵，整合并准确地揭示信息资源，全面地满足社会的信息需求。

2. 信息资源整合有利于满足读者多元化的信息需求

现有各类信息资源由于其自身的局限性或者使用界面不统一等问题而无法充分满足读者的不同需要，提供的信息的价值性不强，容易造成读者对信息理解困难，利用难度加大。信息资源整合可以有效弥补这些缺陷，其服务适合多元化、多层次的读者，通过广泛的信息收集，深入的整合分析，以各种形式向读者提供增值性的有效信息，以满足各类读者多元化的信息需求。

3. 信息资源整合有利于对信息资源进行有效的评价，提高竞争优势

图书馆馆员对信息资源的整合，可以有效地对各类信息资源进行评价，指导读者更为准确地利用这些信息资源。图书馆通过信息资源整合系统，结合掌握的信息资源，利用各类统计分析的方法，寻找和确立图书馆的服务竞争优势，采取措施，协调、优化信息服务提供方式，在巩固原有优势的同时寻求新的服务点，从而保证图书馆社会职能的顺利实施，促进图书馆整体事业的发展。

4. 信息资源整合有利于促进信息资源的有序化

目前各高校图书馆收藏的数字化资源尤其是从网上下载的资源多数没有进行著录、分类等有序化工作，许多无用的信息资源也充斥其中，需要有分类、编目专业知识和经验的图书馆馆员或信息管理人员对其进行分类加工、处理，与馆藏资源进行整合，提高这些信息资源的有序化程度，方便读者利用。

5.信息资源整合有利于加强信息资源的过滤，减少信息污染

由于网络信息资源的传播是超越国界、社会制度、文化的"虚拟的信息资源"，读者既是信息的生产者，也是信息的接收者和传播者，在网络上还没有形成非网络环境下的社会评价和控制机制，数字资源中的相当一部分缺乏必要的社会过滤。与传统资源相比，其内容非常繁杂、混乱，缺乏规范、精度，信息污染比较严重。因此，对信息资源进行去粗取精的过滤式的整合，减少信息资源污染的工作就显得尤为重要，而担任知识的积累和传播责任的图书馆在过滤工作中责无旁贷，有必要对数字进行重新地组织和管理。

二、高校图书馆信息资源整合的结构、模式分析

（一）高校图书馆信息资源整合的结构分析

根据对资源整合对象的加工深度，高校图书馆信息资源整合工作可以从以下三个层面进行，数据加工深度逐层增大，资源效果也依次增强。

1.信息资源表现层

表现层整合主要针对信息源进行，是为多样化、分布式存在的信息源（如数据库）提供的逻辑组织和标引。典型做法是利用多种逻辑主线（如资源类型、学科主题、字顺等）把信息源串接起来，方便读者快速定位到目标资源，为读者提供便捷、个性化、安全可靠的服务。

这个层面的整合方式目前在许多高校图书馆的资源导航类网页中都可以看到，如清华大学图书馆主页，以更加人性化的方式对资源进行了分类组织，其首页中的"查找资料"和"电子资源"栏目分别为印刷资源和数字资源提供了详细的文献类型入口，点击任一资源类型，二次页面中都有引导读者的详细说明，直至帮助读者找到目标资源。

这种无缝整合数字资源、印刷资源、音视频资料和各类隐性知识的方式以典型的传统分类导航方式对数据库、电子期刊、电子新闻等多种类型资源做了分类导引，提供了一幅资源分布图，为读者提供了很好的

导航服务，但这种方式不涉及资源的内容、结构，不能解决异构、交叉所带来的使用上的问题。

2. 信息资源应用层

资源应用层整合是针对资源内容及其易用性来进行的，通常是通过与整合对象的互操作获取元数据和对象资源数据，再提供统一的操作界面实现对不同资源的透明访问，典型方式是构建中间访问层，即通过中间件技术来实现系统之间的数据交换与共享。中间件是一种独立的系统软件或服务程序，分布式应用软件借助这种软件在不同的技术之间共享信息资源，中间件位于客户机和服务器的操作系统之上，管理计算资源和网络通信。中间件具有标准的程序接口和协议，可以实现不同硬件和操作系统平台上的数据共享和应用互操作。

根据应用需求的不同，中间件系统的形式也可以不同，如为解决跨库检索而开发的联邦检索和异构数据库统一检索技术；为整合分散分布的电子文献而设计的各类电子文献导航系统等。高校图书馆目前常用的 CALIS 西文期刊目次数据库（简称 CCC）就是这样一个功能强大的中间访问层，把各类馆藏信息和不同深度的文献整合为一体。通过访问 CCC，读者可以很方便地了解到各种期刊的馆藏电子信息情况，可以直接链接到电子全文。这些中间层系统可以从内容上提供对分布式资源的深度交叉关联，并使用更符合读者习惯的方式完成对不同资源系统的透明访问，从而在一定程度上解决了各种资源之间存在的内容交叉、互不关联、各自孤立等问题。

资源应用层整合中常借助跨库检索技术和参考链接技术等技术产品来扩展整合范围、深化整合功能。跨库检索技术实现了对分布式资源的一站式访问，而参考链接技术则可以实现不同信息源的内容关联。

资源应用层整合通常不直接改变资源对象的底层元数据，而是通过标准化的数据接口与数据源进行互操作，因此资源对象的数据接口的标准性和规范性将对整合效果和持久性具有很大影响。近年来，随着中国

知网的期刊全文数据库和重庆维普的中国科技期刊全文数据库在支持开放链接标准方面的进展，资源应用层整合的潜力也得到了充分的发挥。

3. 信息资源加工层

资源加工层是将各类资料转化为有序的数字化资源，对印刷型文献资料、音频资料、视频资料进行数字化加工，将其转化为数字格式的资源。转化后的数字资源类型主要包括元数据和对象数据两种。对象数据包括全文文本、图像、音频、视频等数字信息。元数据在资源的加工、检索等方面发挥着关键性的作用。目前信息资源组织中比较常用的元数据格式包括：MARC格式、文献编码计划书TEI、都柏林核心数据DC等。利用元数据可以把资源对象的元数据导入本地数据库，归并、查重处理后在统一平台中发布并提供浏览、检索等服务。

资源加工层面的信息整合可以从根本上融合不同的数据资源，解决不同资源库之间孤立、内容交叉或异构等问题，实现资源与应用服务（尤其是个性化服务）的高度整合，从而把图书馆的信息服务提高到一个新的水平。但高校想持续、合法地获取各类第三方数据库的元数据是相当困难的，且会增加维护成本和本地系统的数据存储压力。

综合目前高校图书馆各方面因素考虑，当前条件下开展资源整合工作比较可行的办法可以归纳为以下三点：遵循DC元数据标准；以数字资源为主线，整合其他资源；以应用层模式为主导，多层面并进。

（二）高校图书馆信息资源整合的基本模式

1. 基于OPAC的信息资源整合

联机公共目录查询系统（Online Public Access Catalogue，简称OPAC）是一种基于传统书目管理的整合模式，是高校图书馆众多资源中利用频次较高的。如果能以OPAC系统为基础，整合更多的资源和服务将会极大地提高图书馆现在所有信息资源的利用率。现在高校图书馆都拥有自己的馆藏书目公共查询系统，有少则几十万、多则几百万的编目数据，以OPAC系统为基础平台整合其他文献资源是一种比较容易考虑到的思路，其优点是让读者在不知不觉中跨越馆内资源和书目服务的局限，方便地使用到馆外的或数字化的文献资源，而无须花时间和精力熟悉新的系统和操作方式。常见的做法有两种：一是通过 Z39.50 协议聚合不同的 OPAC 系统，整合生成联合的馆藏书目查询系统，这样的实践主要用于传统书目查询系统之间的整合；二是通过在 MARC856 字段中记录电子文献的 URL，实现在实体馆藏中揭示并链接全文电子文献的目的。

2. 基于跨库检索的信息资源整合

某个学科的文献资料可能包含在多种数据库中，尤其是交叉学科，读者要完成对某个课题的检索，往往要通过多个数据库进行多次检索，才能将与该课题有关的文献找全。而每个检索系统都有各自的检索界面和检索方式，检索式构造规则、检索算法、检索字段等都不尽相同，这给读者的资源检索造成了困难。如果能在同一个检索平台下，实现多数据库同时检索，将极大方便读者。对异构数据库进行资源整合与统一检索，将大大提高读者获取信息资源的效率。跨库整合检索可分为两个层次：第一层次是检索界面整合；第二层次是实现数字资源系统间的分布式异构整合检索。

3. 基于资源导航的信息资源整合

资源导航系统指将信息资源的检索入口整合在一起，建立资源导航库，提供按信息资源名、关键词、资源标识等获取资源的途径。资源导航系统功能主要是帮助读者更加全面了解信息资源，供读者浏览或按一定的特征来检索，并提供该资源的检索入口。资源按其形式类型可以分成书目资源、期刊资源、数据库资源、电子图书资源、电子报纸、会议文集等，可以分别建成相应的导航系统。当前我国高校图书馆以期刊数字导航系统和数据库导航系统为主。为了使资源导航系统达到预期的功能，要确定揭示的内容，信息资源内容揭示的详细程度决定了资源导航系统功能能否充分发挥。不同形式、类型的信息资源要揭示的内容是不

同的，如建立期刊数字导航系统要揭示的内容包括刊名、关键词、学科分类、语种分类、出版商、ISSN、该刊的 URL、出版商的 URL、全文起始年限、期刊详细介绍等相关信息。资源导航系统一般都有以下几个基本功能：字顺浏览功能、分类浏览功能、关键词检索功能，这三个基本功能将帮助读者迅速找到信息资源，并利用超文本链接提供检索入口，对该资源进行全文或目录检索。

4. 基于超级链接的信息资源整合

利用网络超文本链接特性，可以将文献的有关知识点链接起来，达到将有关的信息资源链接在一起，形成一个具有内在联系的有机整体，以方便读者利用各类信息资源的目的，这就是链接整合。在链接整合过程中人们应该注意以下几个问题。

（1）链接点的合理设置：从方便读者的角度讲，链接点的设置应该是越多越方便，但太多容易造成迷航。

（2）合理的分类体系：信息资源的分类一般都要按一定的原则来进行，资源的分类很重要，其分类是否科学、是否符合读者使用习惯等问题关系到能不能快速得到所需要的资源。

（3）加强引文链接：科学文献之间不是孤立的，而是相互联系、不断延伸的。文献的相互引证反映了科学发展的客观规律，体现了科学知识的累积性、连续性和继承性，以及学科之间的交叉、渗透。

众多的学术论文通过引用与被引用的关系形成复杂的引文网络，如果能在信息资源中利用超链接的特性通过参考引文把所有资源都联系起来，形成一种反映各知识点之间直接和间接关系的知识结构性网络体系，对于学术研究将是非常有价值的。以参考文献为线索，将所有的信息资源都整合成一个具有知识关系的网络，是一种非常理想的、独特的整合方法。

三、高校图书馆信息资源整合模式的分析比较

对现有的数字资源整合模式进行比较分析，有利于了解各种整合系统的优势和劣势，了解对于本单位是最合适的或是比较合适的系统，有利于从技术上辨别哪种系统是先进的、是符合时代技术发展趋势的产品，从而进行合理优化选择。

（一）基于 OPAC 整合分析

这种方式充分利用了 OPAC 系统高访问率的优势，提高了数字资源的利用率，在某种程度上起到非常积极的作用。但它是一种不完全的整合方式，有着先天性的不足，主要的问题有以下几点。

（1）基于 OPAC 整合方式的最大困难在于目前很多电子资源（尤其是中文数据库）尚不能稳定彻底地支持开放链接标准，链接地址稳定性差，信息源数据的更新或任何一点地址变动都可能产生死链，影响使用，导致整合工作不能得到持续有效的保障。

（2）整合依赖于图书馆 OPAC 系统功能的完善程度，如要支持 856 字段的能力、要有修改书目记录显示字段的功能等，而这些功能的实现往往需要系统开发商的配合。

（3）直接利用机读目录（MARC）格式加工组织电子资源时又会显得费时费力，不仅数据加工成本较高，而且很难实现批量更新和维护，使整合对象范围受到很大限制，对数字资源如几十种、上百种引进数据库中收录的期刊、自建数据库中的记录、随书/刊光盘等进行书目著录的工作量是非常巨大的。

（4）整合检索的层次不高，OPAC 系统一般遵循 Z39.50 协议，尽管该协议从理论上能实现全文检索，但目前在图书馆界的应用一般以目录层次为主，这注定它直接可实现的整合检索以书目为主，如把数字期刊整合进 OPAC 系统一般都只提供该刊的数据库检索入口，而不能直接提供其中某篇文献的全文链接。

（二）基于跨库检索整合分析

整合检索系统为不同资源访问提供统一的检索入口，读者可以选择自己感兴趣的检索目标，提交统一的检索请求，实现多个数据库同时检索，读者感受不到这些检索目标数据库之间的任何不同。一次认证、一次检索、得到全部检索结果是整合检索系统的明显特点和优势。但由于技术等方面的原因，目前的整合检索系统还不能很理想地达到较好的效果，主要问题有以下两点。

（1）检索界面整合系统受各类数据库系统搜索引擎的限制，只能利用各源信息资源系统"共通"或者相似的查询模式，可能要牺牲源信息资源系统有特色的检索模式。因此，它不可能完全替代原数据库检索系统。

（2）分布式检索系统是跨库整合检索系统的理想模式，但它需要广泛范围内的合作和遵循必要的元数据标准及互操作性检索协议，在目前信息资源环境下这种要求似乎很难达到。因此，目前只能在某个出版商或出版集团的资源系统内实现。

（三）基于资源导航整合分析

资源导航整合是较低层次的整合方式，它的不足之处主要有以下几点。

（1）资源导航系统仅为进入各个信息资源检索入口提供了方便，在具体的检索过程中，读者还是要进入各个资源库进行重复性的检索操作和筛选结果，并没有真正地将分布的资源整合在一起，不能提供真正的"一步到位"的服务。

（2）仅适合于对资源状况缺乏了解的偶然读者，资深读者对于自己专业领域的资源通常有较好的了解，他们并不需要使用导航系统进入数据库检索。

（3）多数数字资源的 URL 会因为馆藏的调整、数据库的增减、刊

名的变化等各种原因而失效，如果维护没有达到及时性和准确性的要求，导航系统的可用性就可能下降。

总之，资源导航在建设之初，就存在着不足，导航系统仅定位在信息资源整合的表现层，而不能提供内容层面上的服务，因此它只能成为信息资源整合过程中的过渡阶段。

（四）基于超级链接整合分析

链接整合方式的优势是能从参考文献的角度出发整合图书馆的信息资源，如能有效地揭示某个主题研究的历史及现状；关于某个作者的学术研究内容和方向及其所作的贡献；各个学科在科学研究中的交叉与应用；过去、现在和将来的科学信息的内在联系等。但它有以下几个不足。

（1）只用文后参考文献的链接查找资料，容易造成漏检。

（2）读者在利用链接进行资源检索时，由于链接层次的不断深入，容易迷失方向，浪费读者的时间。

（3）由于图书馆信息资源有限等客观原因，在利用非开放链接整合进行检索时常会发生链接无效的"断链"情况或无法提供链接。

开放链接整合还有一点特殊的不足，即其链接的设置不一致。如SFX链接是直接由数据库商插入其产品中，而每个数据库商应用SFX链接的位置是不一样的，有的在检索结果显示页面，有的在全文记录显示页面；使用的标记也不一样，这些差异给利用SFX链接服务带来一定的困难。

四、高校图书馆信息资源整合的方案设计

（一）高校图书馆信息资源整合对象分析

随着信息资源的收藏范围、类型不断扩大，高校图书馆的信息资源体系日益呈现出多样性和复杂性。信息资源整合具有丰富的内容，信息资源整合的对象主要包括以下几个方面。

1. 不同载体、不同类型的资源间的整合

目前高校图书馆收藏的资源类型五花八门，既包括传统印刷型文献资源，又包括数量日益增加的电子信息资源，还包括各类网络资源；既包括文本信息资源，又包括图像信息资源，还包括视频、音频等信息资源。它们之间的整合需要进行合理、全面地规划，使它们能够有机地组合起来，彼此融合，相互关联。整合的过程中还应注重系统的扩展性和传统文献资源的数字化，必须对数字化工作进行周密、详细地规划，确定书、刊的整合顺序和层次。

2. 电子信息资源的整合

电子资源种类繁多，高校图书馆的电子信息资源包括电子图书、电子期刊、光盘数据库、联机数据库、网络数据库、网络信息资源以及数字镜像或链接等方式提供的、分布式管理的数据资源。合理规划各类型电子资源的比例是进行整合的前提，确立合理的整合机制，认真分析各类型电子资源之间的数据异同、相互关系、重叠程度，根据读者的信息需求和学校的要求合理分配各种数据库，保证质量和数量，实现异质电子信息资源的整合问题以实现互操作和跨库检索，建立统一异构检索平台。

3. 高校图书馆馆际资源的整合

高校图书馆信息资源整合过程必须考虑到本馆、本地区高校图书馆，乃至全国、全球范围内的信息资源，广泛引进外部资源，把不同系统、不同地区高校图书馆信息资源整合成一个有机整体，还要把各高校的讲义、课件、讲座、精品课、音频、视频资源整合为可存取利用的信息资源。只有经过整合才能把各类虚拟信息资源纳入本馆可用资源范围之内，满足广大师生不断增加的信息需求，从而改变图书馆的馆藏开发和利用模式。国外就有许多创建全国分布式电子资源的例子，他们的方法、模式，以及成功的经验值得我国借鉴和学习。

（二）高校图书馆信息资源整合的设计方案

1. 馆藏实体资源与电子资源以及虚拟资源整合方案设计

（1）设计思路。MARC 格式是图书馆书目馆藏的经典格式，技术成熟，应用广泛，是 OPAC 检索的数据基础。OPAC 系统是各图书馆最基本的数据平台，利用 MARC 格式中的某些字段建立与电子资源、电子期刊等资源 URL 之间的联系，再利用 OPAC 系统的检索功能，使读者在得到书目信息的同时，得到该书目相链接的电子图书、电子期刊等的全文数据，读者可以对此进行浏览，甚至下载、打印等操作。

（2）具体方案。将数据开发商提供的电子图书、电子期刊等资源书目索引字段标注为中文 MARC 的必备字段，在生成的 MARC 记录中自动添加 856 字段，该字段为电子资源检索标识字段。其次，利用图书馆管理系统提供的 MARC 导入标准接口，将生成的 MARC 文本文件导入图书馆书目数据库形成馆藏记录。建立相关链接后，在 OPAC 检索系统中，对电子图书网页，除了显示与纸质图书相应的必备信息之外，同时显示的 URL 信息为 856 字段中 $a 子字段的内容，超级链接为 $u 子字段的内容。在读者只用一条检索命令时，可以同时检索到馆藏书目信息和电子图书、电子期刊的链接地址，读者便可以直接点击，实现在线浏览阅读。

在高校图书馆馆际的 OPAC 检索，人们通过 Z39.50 协议，建立书目整合检索系统，读者只通过一个 OPAC 界面即可检索到相关图书馆的 OPAC 数据。

（3）方案特点。这种整合方式技术含量相对较低，对需要转换的数据格式没有特殊的要求，可以适应多种存储结构数据的转换工作，其应用系统本身有很大的灵活性和空间扩展性。而且整合后的数据维护相对容易，便于广大读者利用，它能够全面、快捷地检索到图书馆各种文献载体的书目信息，读者可以在获取书目信息的同时，通过点击相关链接浏览到相应的电子图书、电子期刊等信息，有效地节省了读者的时间，

提高了馆藏数字文献的利用率。

2.基于中间件构建异构数据库统一检索平台方案设计

（1）设计思路。中间件是一种构建网络分布式应用系统的重要支撑工具，其主要功能是解决网络分布计算机环境中多个异构数据库资源的互联共享问题，实现多种应用软件的协调工作。利用中间件的协调功能，构建异构数据统一检索平台，读者选择所要检索的一个或多个数据库之后，在检索界面输入检索策略即可一起执行检索，系统将所检索到数据库检索结果输出到屏幕，供读者浏览。平台系统自动将检索策略进行比对与选择，各数据库的操作由系统同时进行，省去读者分别联机操作数个数据库、重复登录、输入检索词等操作。

（2）具体方案。统一检索界面。统一检索界面主要包括以账户和密码登录或 IP 检测的方式实现读者的身份认证；接受读者输入的检索要求；允许读者选择自己需要的数据库或者选择所有的数据库，选择排序方式等；给读者使用该操作系统提供相关的说明、要求和帮助等；将跨库检索系统查询的结果显示给读者。数据处理系统。它的主要作用是：按照检索系统的要求，对读者输入的检索词和构建的检索式进行一定的规范，然后将检索要求（检索指令）提供给中间件进行下一步处理；接收中间件从各个数据库获取的结果；对接收自各中间件的数据进行相应处理，包括数据合并、去重和排序；按照统一检索界面读者选择的其他排序要求进行重新排序等。中间件的其他功能系统。中间件主要是将读者输入的检索词、检索式按照各个数据库的要求转换成其能够接收的检索式和检索指令，提供给各个数据库进行检索；获取各个数据库返回的检索结果，并按照统一检索平台要求的数据格式进行转换；将转换后的数据提供给数据处理层做进一步处理。中间件利用 ODBC、JDBC 等技术实现对各个数据库的透明连接，还要配备各种数据库结构和平台相应的驱动程序。统一检索平台整合结构如图 5-2 所示。

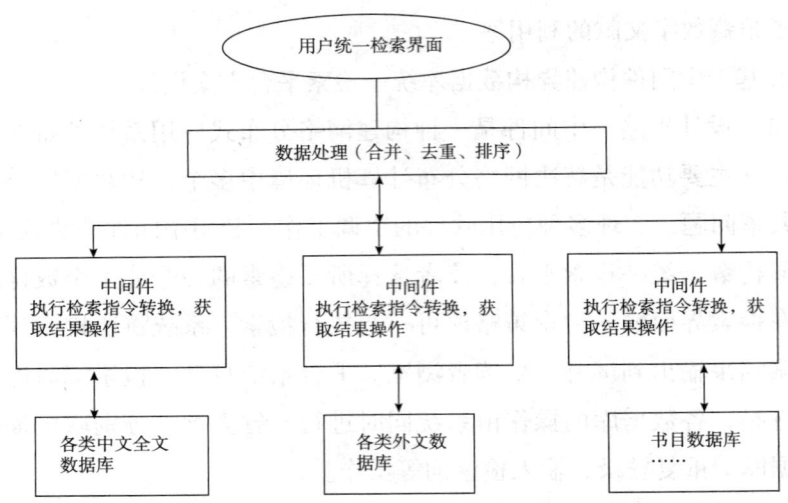

图 5-2　统一检索平台整合结构示意图

（3）方案特点。统一检索平台是一个可以同时调用多个数据库进行资料检索的系统，它可以在多个数据库中进行检索，并同时得到多个数据库的结果，避免了需要逐个登录数据库、输入检索条件的麻烦，使用方便、快捷，就像在使用一个数据库一样；而且可以制定多种检索机制，对各数据库进行二次检索或高级检索，节省读者检索时间，提高检索效率。多数检索平台还设置了如"个人资源列表""我的电子书架""我的检索历史"等个性化功能，极大地提升了图书馆的服务质量，操作简便，便于日后维护。

3. 信息资源分类导航系统方案设计

（1）设计思路。分类导航系统主要是对数据库进行二次加工，将不同的数据库根据读者的使用习惯，结合分类法进行再分类。其设计目的是让读者在不了解分类法、不熟悉数据库的情况下，也能从简单的专业领域出发，直接找到他所需要的期刊和论文，而无须了解他所连接的都是哪些数据库。

按照一定标准将馆内的资源划分成井然有序的体系，每个学科主

题内容从根基开始，一级级细分，首先分为若干个一级分支，每个一级分支再分出若干个二级分支，每个二级分支再继续分出若干个三级、四级、五级分支，直至不能再分为止，最后并列的最末部分按一定顺序排列，并在各部分后面注明提供该部分信息的 URL。对于资源导航库中的资源，读者可以按学科专业逐级浏览、检索，直至找到所需信息。

（2）具体方案。根据数据库的特征及其所提供的服务，可以将数字资源分为文摘数据库和全文数据库。如 Web of Science、Inspec、Ei 等文摘数据库，万方、书生、超星等全文数据库等。

将数据库按学科大类进行分类，专业型的数据库直接列在该学科大类下，综合型的数据库则根据它所收录的学科范围，分别划入相应的学科目录下，进行注释说明，并做相应链接，在下一层做该专业期刊的列表；对全文数据库做字顺及分类期刊列表，读者可以不进入数据库直接浏览该数据库期刊列表，节省了读者的查找时间。然后对每一期刊都做链接，读者选中期刊后可直接点击进入。资源类型及期刊级别（是否为核心期刊）都有标注。

对于一般读者而言，也可利用主题词、作者等字段进行检索。

为每个数据库编制数据库简介及使用说明。

（3）方案特点。通过导航系统的指引，读者可以很方便地进行检索，即使没有信息咨询人员的帮助，读者也可以查找到他们所需要的期刊和论文。更重要的是读者可以在不登录数据库的情况下快速浏览数据库期刊列表，提高了读者查询期刊的效率，同时也减轻了参考咨询人员的压力，使他们能投入更深层次的资源开发和整合工作中去。

五、高校图书馆信息资源整合发展策略

（一）转变观念、提高认识，创造有利于信息资源整合的良好环境

信息资源整合作为一种全新的资源管理方式，其获得实施和推广的

关键并不在于客观条件是否完备，而是人们对它的理解和接受的深度和广度。作为新生事物，信息资源整合的理论和技术方法不可避免地会遭到质疑，甚至排斥，但也正是在这个过程中人们才会更加全面、深入地对它进行了解，观念才会逐渐得到转变。只有在信息资源整合的观念逐步被人们接受后，整合建设才会得到全面的应用和发展。

信息资源的整合必然会牵涉到高校各方面的经济利益和社会利益，因此必须要求各高校主要领导积极支持和参与，如果没有主要领导的参与和支持，信息资源的整合势必会流于形式。而且要求各高校进行"系统思考"，克服本位主义，从整体利益出发，顾全大局，使我国高校图书馆的信息资源整合进入一个全新的阶段。

（二）加强整合技术培训，建设一支资源整合的专业人才队伍

人才是高校图书馆信息资源整合的根本，信息资源整合是一个新兴课题，对专业队伍的知识和技术提出了新的要求，专业队伍素质、数量都制约着信息资源整合的进一步发展。因此高校图书馆在信息资源整合过程中，培养和建设一支具有丰富的学科专业知识，又具备高水平的专业技能的人才队伍是非常重要的。不具备这一条，信息资源整合就是空谈。

信息资源整合的任务不单单是图书情报专业人士能够独立完成的，图书馆信息资源整合对信息技术的高度依赖性，使得软件公司越来越成为信息资源整合中不可忽视的重要技术力量。高校图书馆必须积极吸纳各方面的力量，扩大社会参与面，为信息资源的整合争取更多地参与力量。

高校图书馆还必须加强现代信息技术培训，理清主要领导的思路，让他们了解信息资源整合的一般过程和原理，这将有利于主要领导组织强有力的由专业教师（专家）、信息技术工作者和图书馆专业技术人员组成的信息资源整合团队，避免单兵作战的现象。

（三）加强宏观调控，制定和完善相关法规

高校图书馆信息资源整合是一项科技含量相当高的系统工程，对我国信息资源建设起到关键性的作用，它需要大量的信息资源支撑，需要复杂的高新技术支持、国家大量资金的投入和各高校共同参与。因此，必须建立一个能够统一指挥、统一管理、协调发展的管理职能机构，负责全国高校的信息资源建设、布局、共享及优势互补的总体规划，组织实施全国高校图书馆合理配置信息资源，并对自动化、网络化建设与发展进行统一规划和指导。

完备的法律制度是高校图书馆信息资源整合工作的行动指南。为保证各高校之间的利益和职责，必须制定出相应的政策法规，规范其行为。法规必须对信息资源整合的社会地位、经费保障、成员权利义务做出明确的规定，必须对信息资源整合引起的一系列问题如版权保护、采集、编目、检索等建立统一运行的标准规范，必须保证各参与者及时、平等、公平地分享信息资源整合的利益。

（四）提高整合技术，推出具有自主产权的整合平台系统

加强新技术、关键整合技术的研究和开发。图书馆各类信息资源的不断增加，二次文献数据库和全文数据库数量也越来越多，如何在这些不同来源、不同格式的数据库之间，以及它们与图书馆 OPAC 系统之间建立有机联系，使图书馆的信息资源形成一个统一的整体，是高校图书馆追求的目标和今后服务工作得以顺利开展的重要内容。高校图书馆信息资源整合技术，要从整合的资源类型、流程、电子资源链接、技术环境等方面入手，使图书馆各类复杂的数据和信息之间的关联变成简单的链接，这不仅能完成从二次文献到全文的链接，还能实现从目录到文摘、参考文献到全文的链接，使图书馆所有的 Web 资源形成完全融合的整体。

我国已开发的信息资源整合平台有：清华同方数字图书馆建设与管理平台（TPI）、浙江天宇异构系统统一检索系统（CGRS）、北京拓尔

思数字图书馆资源整合门户（TKS）、国信贝斯数字图书馆（IBASE）等多种平台。我国应当结合高校图书馆的具体情况，设计推出相对成熟的系统，以实现高校图书馆信息资源的整合大业。

（五）组织力量统一数据库系统的构建模式

做好高校图书馆信息资源整合工作，应当建立一个全国性功能齐全、运转迅速的信息资源优化整合与开发利用的网络和资源布局保障系统。目前最节省的办法是以 CALIS 为依托，加强各校图书馆的特色馆藏建设，统一网络环境，软、硬件和技术支持，加强图书馆信息资源的数据库建设，尽快完成全国高校联合目录数据库的建设。在图书馆信息资源共享网络中心，建立公共查询系统，以集体契约方式购买全国联合编目中心的 MARC 数据和国外的文摘索引类书目信息数据库，通过成员馆的分工协作，建立全国高校的馆藏联合目录和公共查询系统。

建立规范化、标准化的电子交换书目数据库，图书馆可以以此来进行查重、登录、催缺、加工预订目录和新书报道等工作。在此基础上建立统一、协调的高校联合采购机构，从宏观上对信息资源的合理配置进行调控。建立统一的馆际互借系统，处理馆际互借的相互联络、借出馆的信息资源在库情况、预约借阅等。

（六）吸取和借鉴国外先进经验，加快信息资源整合建设

在经济全球化的背景下，信息资源已经成为国家的重要战略资源和巨大财富。我国在高校信息资源整合过程中，必须有选择地吸取国外先进的整合经验，充分利用信息技术和信息网络所带来的发展契机，大力开发高校信息资源，在标准化的管理上与国际接轨，在技术标准、安全控管、业务操作等方面，充分学习和借鉴国际标准和经验，注重沟通和合作，强调"以读者为中心"的服务模式。

（七）内外兼顾，加强信息资源整合系统的安全管理

威胁信息资源安全的因素主要有外部侵入和内部破坏两个方面。对于外部侵入可以采取设置防火墙、对外网实行物理隔离等方法加以防范。内部破坏既包括破坏计算机系统，也包括越权处理公务、窃取机密数据等。要有效防止内部破坏，一方面必须完善相关政策法规的建设，特别是对网络的建设、管理和维护都应制定必要的规定和约束，让破坏者"无空子可钻"；另一方面主管部门还必须不断提高反病毒、反"黑客"的水平，将破坏活动消灭在萌芽状态，确保信息资源整合过程中管理和服务的可靠运行。

第三节　高校图书馆信息资源的优化配置

一、高校图书馆信息资源配置

资源配置是经济学研究的重要课题。信息资源配置是指以人们的信息需求为依据，按照一定的原则和模式，调整信息资源分布的过程。信息资源作为一种具有生产要素的稀缺性资源，属于经济资源的范畴，这是图书馆信息资源配置一个重要因素。

（一）高校图书馆资源配置结构

图书馆资源配置结构是指馆藏信息资源的构成或组成。从考虑馆内和馆外资源的角度来进行界定，人们把资源配置结构划分为资源配置的微观结构和宏观结构。资源配置的微观结构具体包含信息资源的内容结构、文件结构、载体结构、时间结构等。现代信息技术的发展，早已打破印刷型资源一统天下的局面。网络时代下，电子资源、网络资源、印刷型资源各有特色，微观配置的主要目标就是合理地确定三大类资源的

合理配置比例。在配置时要充分考虑三者的特点、图书馆的性质、所在高校的特点，把相关因素结合起来。从内容和使用方式上考虑，观点新颖的学术论著、学术参考资料、艺术类资料，适宜以印刷型资源为主；对实效性强、更新迅速等资源适宜以电子资源为主。从图书馆的内容和性质来看，各高校图书馆应根据高校的发展情况，根据不同时期、不同服务对象来确定，切不可墨守成规、一概而论。在进行信息资源微观配置时，还要注意的一个问题是资源的多重配置，即相同的资源使用不同的载体来表现。比如有的图书馆订购了电子型的期刊，还应该考虑是否需要再订购印刷本期刊。对于那些针对高校重点学科、利用率高、需要长久保存的资源，应予以重点支持，考虑进行多重配置。

宏观配置的主要目的是，改变现在各馆间各自为政、资源重复建设的问题，在不同地域、不同高校间实现资源的合理配置，以打破目前资源条块分割状态与区域性界限。

（二）高校图书馆信息资源配置的特点和需要

高校图书馆的信息资源是图书馆为教学、科研服务的物质基础，为学校的教学和科研提供切实有效的信息资源保障。高校图书馆在信息资源配置方面有其自身的特点和需要。

（1）资源需求的专业性和学术性：高校培养人才的要求和科研工作的性质，决定了高等学校信息资源建设应具有专业性和学术性，这种特性始终贯穿于它全部工作的各个环节中。同时，科学技术的迅速发展，学科间相互交叉、渗透，专业资源数量剧增且分布呈分离耗散状况，这些问题都给图书馆信息资源的采集带来了困难。

（2）资源需求的多元化：科研人员、行政及管理人员、教师、研究生、本科生等多样化的类型和层次，导致他们在信息资源需求上存在着相当大的差异。科研人员需要了解学科发展的前沿和动态；教师需要了解学科发展的基本情况和教学需要的参考文献；学生除了需要了解专业课程学习相关资源外，还需要了解提高个人全面素质的有关资源；行政

及管理人员需要的是处理行政和业务管理事务有关的信息资源。即使是同一类的读者，也会存在着基于不同的个体特征而有不同的信息需求。

（3）资源需求的多层次和个性化：高校图书馆的用户是具有专业知识的大学教师以及新时代的大学生，他们知识层次高、学科面广、研究范围广，对所需资源的深度和广度以及时效性的要求日益提高。要满足读者多层次和个性化的信息资源需求绝非易事。这就要求馆藏信息资源涵盖学科广、技术含量高，既要满足各类学生学习基础理论、专业知识的需要，又要满足各个学科专家研究开发新理论、新技术以及教师教学的需要，为高校师生提供多学科、多层次的信息资源。

（4）资源需求的广泛性：在当前激烈竞争的环境下，社会对复合型人才的需求日益高涨。高校学生在校学习期间，图书馆除了必须提供给学生专业课程的参考资料外，还需要提供大量其他的非专业资源，如管理类、励志图书等，来帮助学生增强综合能力、提高个人素养。

（三）高校图书馆信息资源配置的现状

我国高等教育进入了发展的快车道，各高校设立的学科不断增加、招生人数也不断增加，这就导致读者对信息资源的需求增大，资源需求数量的增加给图书馆资源建设带来了很大压力。另外加上高校资源购置经费短缺，书、刊、数据库的价格持续上涨，这一系列资源建设需求的完备性和购置经费的有限性的矛盾困扰着绝大多数高校图书馆。

现阶段的图书馆的三种主要资源形式：印刷型资源、电子资源和网络资源，各有优缺点，需要在一定时期内优势互补、长期共存，共同完成为教学和科研服务的重任。但目前各高校图书馆在信息资源配置方面普遍存在着不同程度的不足：一是电子资源与印刷型资源的不合理选择与配置。虽然电子资源具有其先天优势，但印刷型资源也有其自身的优点，很多高校都是盲目发展电子资源，不管利用的情况如何，一部分以巨额购置的电子资源点击率、下载量低，甚至出现某些资源闲置的现象。二是调研不足。由于对读者需求调研不深、不足，馆藏结构与需求

结构不能相对接，馆藏的数量和质量，相对一定时期的用户需求存在不足或有所剩余。三是图书、期刊等资源结构不合理，部分高校图书馆在载体形式的选择上比较盲目，导致资源利用率不高。四是资源在不同学院（校区）之间配置不当。针对上述不足，高校图书馆信息资源配置及服务必须由数量型向质量型转变，由"大而全"向"特而精"转变，由盲目建设向优化配置转变，充分发挥图书馆在高校教学研究中的资源保障作用。

（四）高校图书馆信息资源优化配置的必要性

馆藏资源的巨大变化和资源建设理论的发展，带给高校图书馆信息资源建设前所未有的机遇和挑战。如何利用有限的资金，把最准确的信息传递给最需要的用户；如何优化配置有限资源，通过合理分配各种资源最大限度地满足教学和科研的需求；如何把有限的资金以合适的购买形式投入最需要购买的资源中以达到效益最大化，这些是每所高校图书馆都要思考的问题。以我国高校图书馆外文期刊订购为例，因其价格高、知识产权等原因，我国的高校图书馆对外文期刊拥有量普遍偏少，一直是一个薄弱环节。随着图书馆联盟的建立，采用集团联合采购、网络共享使用等方式，电子期刊数量迅速增加，使我国高校外文期刊的收藏有了质的飞跃。

传统信息资源在长时间的图书馆文献馆藏建设中积累了大量实践经验，从采购到编目、流通、保存、剔除等环节，均有相对比较成熟的理论和经验，但对数字资源的管理还正在探索中。因此，对相关理论尚未成熟的数字资源来说，其配置要考虑的因素也比传统资源要多。比如对两个内容一样的印刷型资源，人们会优先从经济性上考虑，购买价格相对较低的资源。然而，对于数字资源来说就没有那么简单。比如，电子期刊的价格比印刷型高，那么我们是否订购？电子期刊提供的一周7天、一天24小时服务带来的效益是不容忽视的，这相当于延长图书馆服务时间，为同学、老师节省到图书馆的时间等。如果这样计算的话，电子

期刊的成本效益比印刷本的好，是否我们就应立即购买这一电子期刊？仍没有那么简单。除了成本效益，我们要考虑系统是否兼容，硬件是否支持等许多因素。同时还要考虑是否要停止印刷本的订阅。因订购电子期刊而使印刷本期刊订阅减少会给教学、科研带来何种影响等也应进行考虑。

二、效益原则下高校图书馆信息资源优化配置

（一）效益原则下高校图书馆信息资源优化配置建议

高校图书馆在效益原则下进行信息资源优化配置时，必须正确处理好宏观与微观、本馆采购与合作采购、馆藏价值与读者需求、收藏职能与服务职能、现实馆藏与虚拟馆藏、购进文献与购买服务、印刷型资源与电子资源等方面的关系，使信息资源体系在明确的方针下向着优化、合理的方向发展。

1. 建设配置合理兼具特色的馆藏结构体系

兼顾印刷型资源和电子资源的建设，加大对电子资源的投入。印刷型资源曾经是图书馆资源的全部，但是电子资源的出现和应用的日益普及，使印刷型资源的比例开始有下降的趋势。而且单纯从利用效益上来考虑，电子资源总体的效益要高于单纯使用印刷型资源，但这并不意味着印刷型资源不重要。印刷型资源具有电子资源不可替代的优点，它符合大多数读者的阅读习惯，并具有其特殊的文化内涵。而且在一定时期以内，实体馆藏并不能完全数字化，未来的网络资源也不能完全覆盖印刷型资源，同时高等学校在教学过程中还必须以印刷型书刊为主，因此实体馆藏具有一定的不可替代性。从效益的角度来考察，虽然电子资源的使用不受时空的限制，但需要一定的网络条件，而印刷型资源可以随身携带。此外，电子资源除了资源购置费之外，还需投入大量资金购置计算机等硬件设备来提供资源服务，读者使用还应支付网络通信费等。电子资源的优势馆藏在于二次信息资源，对一次资源的收藏尚不能满足

高校图书馆对学科连续性和完整性的要求。

鉴于上述原因，在两种类型资源的选择上，对印刷型资源和电子资源应当相互兼顾、取长补短，这是当今馆藏建设的立足点。电子资源具有采购品种多而单位品种价格较低的特点，在网络环境和硬件条件允许的条件下，应加大对电子资源的投入比例。同时，应该从学校整体发展角度出发，兼顾学科特点，制定切实可行的馆藏发展规划，对利用率高的资源，应以收藏印刷型资源为主，兼顾电子资源的建设，使得更多读者可以使用电子资源，以解决副本少的问题。

根据利用情况对不同校区间的印刷型资源进行合理调整，提高利用率。最近几年由于大学的扩招以及高校合并，加上老校区面积有限，这些问题导致很多高校成立多个校区。而校区之间的资源配置不均衡，导致了图书在校区间流动的数量增加，从而带来人力和财力的大量浪费。对印刷型资源而言，图书在多校区的流动需要配备专门的人员和设备进行运输。因此对于多校区的高校图书馆信息资源建设，应考虑馆藏信息资源的现状，兼顾不同校区的专业特色，以及读者的数量、类型、层次、结构，对馆藏信息资源进行有效的整合和布局，建立起适合不同层次需求的最佳的信息资源模式组合。重新布局的思路是：一个馆以收藏基础性、综合性资源为主，分馆则以收藏专业性资源为主，这样既避免了基础馆藏的重复投资，又能形成不同的专业特色，以保证不同校区读者对信息资源的利用。最后，根据馆藏资源现状、学校读者群的变化、学科专业的变化，重新确定各类型资源的收藏比例，逐步调整馆藏结构，重新构建符合需要的、科学合理的馆藏结构体系。

因此，对多个校区之间的资源配置，应掌握不同校区各类图书和期刊的利用率，结合读者的使用倾向，确定采购方向，进行有侧重的建设，并根据每年的利用率统计情况进行及时调整。各个校区对期刊资源的需求不同，馆藏资源建设也应紧密结合各校区的特点。对印刷型期刊资源也应做出相应的调整，将专业期刊主要集中在研究生所在校区，以尽量

避免重复订购。

保证印刷型图书资源的占比，加大外文电子期刊引进力度。在载体形式的选择上，外文印刷型期刊资源价格非常昂贵，平均每种期刊每年的经费投入需近万元，而且随着图书馆引进外文电子资源的增加，读者使用外文印刷型期刊的次数相应减少，读者去外文阅览室阅览外文印刷型期刊的次数也越来越少。这样一来，外文印刷型期刊资源的使用成本高的惊人，每篇达到几百元甚至上千元，远远高于采用原文传递的方式购买的价格。因此，一般性学术期刊可采用印刷型期刊和电子期刊并重的方式，对专业性强、利用率低而价格高的外文期刊，可以用电子资源作为补充或选择原文传递的方式来获取全文，以提高期刊资源的利用效益。

中文印刷型期刊资源，具有新颖性、娱乐性和符合读者阅读习惯的优势，仍然具有很大的阅读群。以南航图书馆为例，中文现刊阅览室每年都接待读者 30 万人左右，这说明中文现刊是读者满足阅读需求的首选。因此，对一般性核心期刊应保证有印刷型版本，普通学术期刊以订购电子期刊为主。对专业性强、价格高而利用率低的外文期刊，以原文传递为最佳采购方式。

加强资源特色化建设，提高产出效益。在图书馆信息资源共建共享的背景下，"大而全""小而全"的图书馆资源建设理念显得困难重重，且已经丧失了竞争优势。高校因专业设置的差异而形成各自的特色，在不同资源需求的影响下，图书馆形成了不同的藏书结构。高校图书馆必须进行特色化建设，在某些领域形成独特资源优势，形成具有本校特色的高质量的信息资源体系，才能在服务于高等教育的过程中充分发挥作用。特色馆藏的建设不仅有利于信息资源的合理分布，还可以缓解资源购置经费短缺给图书馆造成的压力。同时，加强重点学科的建设成为高校建设改革和发展的重要内容。应对重点学科进行重点收藏、重点建设、优先投入，保证这些学科的系统完整，以保障科研和教学任务的完成。

而对于那些被放弃收藏的资源，可以通过共享途径，向读者提供获取的线索，或者通过馆际互借及原文传递，来满足读者的需求。

从"投入产出"的观点来看，每个图书馆的能力和经费有限，所以图书馆可优先对馆藏特色资源进行有系统、有组织的开发整理、深度标引和序化，揭示其价值，形成新颖独特的馆藏资源，同时达到信息增值的目的。

2. 改变传统收藏观念，走资源共建共享之路

（1）加强校内资源共建共享。高校里的每个院系都会订购与专业相关而且比较齐全的专业期刊和部分新书，这些资源是对校图书馆的一个很好补充。长期以来，各院系资料室与校图书馆一般只存在部分经费调拨和信息资源的借调关系，图书馆对院系资料室的资源购置缺乏统一管理，从而造成院系资料室资源购置重复、利用率低下、资金浪费等。在大多数院系，教师可根据各自的需要购买与教学相关的资源，导致院系资料室的信息资源建设质量难以保证。

因此，应加强校图书馆与各学院资料室间的横向联系，充分利用这些资源做到优势互补，打破图书馆、院系资料室各自为政的格局，综合考虑高校信息资源分布现状和需求情况，加强与各学院教师的沟通，了解学科的核心期刊与急需的期刊，利用现有的有限资金尽量增加订购的种类，扩大覆盖面。同时要统一分类标准、著录格式等，实现资源统一调度管理，协调信息资源采购，统一联机编目、联机检索，保证校内资源的标准化和规范化，实现校内资源的整合。形成校图书馆统一管理，与资料室合理分工的管理模式，形成品种多、少副本的科学收藏、合理布局的资源保障体系。可以由校图书馆联合各院系在每年年初结合院系资料室的性质、任务等，制定资源配置的总体规划，实现资源在校园内的共建共享与合理配置。

（2）加强馆间的信息资源共建共享。传统的资源建设观念，只重视资源的数量，而忽视资源的质量和对资源的开发，重收藏而轻使用，将

馆藏资源视为本校私有财产，很多高校图书馆都不愿意把自己的馆藏资源提供给外单位共享。这种现象一方面是由于原来管理体制的制约，另一方面也受到技术条件的约束。而在网络环境下，任何一个图书馆都不可能购买满足所有用户的信息资源，也没必要购买所有的数据库，所以，馆际互借互通是资源共享的有效方式。馆际互通的实现，需要有力的政策支持和法律法规保障，以及先进的信息基础设施。建立一个适用的信息系统，使信息资源可以不受地理位置的约束，方便、快捷地实现流动，减少传递时间，使信息资源的合理配置成为可能，并为数字信息源的合理配置提供技术保障。

（3）系统内共建与跨系统共建相结合。对于馆藏资源的采集，迄今为止大多仍是在系统内部进行的。高校系统一条线、中科院（社科院）系统一条线、公共图书馆系统一条线。这样在系统内部易于实现资源共建共享，即纵向共享，而对于地区来说，是欠缺科学合理性的，即无横向共享。虽然一时之间很难做到纵向共享与横向共享并存，但是可以从互相交叉开始，逐渐地实现两者的结合与渗透。不论是全国性的高校信息资源共享网络或是中科院信息资源共享网络，还是地区性的信息资源共享网络，都应该广泛吸收不同类型的图书馆，使网络保持最大程度的开放性，从而最大限度地开发和利用信息资源。

因此，高校图书馆在信息资源建设中应主动寻求合作，努力突出本馆的特色，实现信息资源共建共享，努力改变封闭自守的状况。打破条块分割、各自为政的局面，树立信息资源的共享观念。变重视"馆藏数量"为"可利用信息量"，使每个图书馆既是一个有特色的独立体系，又是国家信息资源体系的一个有机组成部分。

3.通过机构变革，促进信息资源的合理采购与配置

（1）建立资源建设委员会。成立由图书馆领导、采购人员、校内各学科的专家和相关教师组成的资源评估与建设委员会，专职负责全校信息资源的采购评估与协调配置，从而在一定程度上保证高校图书馆购置

经费能够得到更加合理的使用。如美国的图书馆，一般都配有全职的馆藏建设馆员。清华大学图书馆较早成立了"资源建设委员会"，专门负责统筹规划资源建设和配置，由馆长任委员会主任，采访主任任常务副主任，而采访部是执行机构。

（2）建立电子资源专家评估机制。电子资源的出现和在高校的大规模利用总共不超过二十年时间，但是它已深刻地影响了高校图书馆的信息资源建设，馆藏数量、馆藏结构、服务手段无不发生很大的变化。面对不断出现的种类繁多的电子资源和有限的资源建设经费之间的矛盾，建立由相关专家组成的电子资源评估机构，对科学、合理地引进电子资源、实施高校信息资源的合理配置具有重要意义。建立电子资源专家评估机制，可以调整电子资源的分布，有利于合理、优化地建设图书馆电子资源以及地区整体资源。对电子资源结构的调整，对学科分布以及使用情况的分析，可以了解用户需求，调整建设方向和服务内容，从而提高电子资源的利用率，降低成本，更大程度地满足高校读者的需要。电子资源的评估问题受到过很多图书馆的重视，如美国研究图书馆学会（ARL）设立了"电子资源计量"项目，国际图书馆联盟（ICOLC）的"在线电子资源计量评估"项目 COUNTER（Counting Online Usage of Networked Electronic Resources），芬兰的 FinElib 评估项目等，国内 CALIS 评估子项目和北京大学图书馆也做过相关电子资源评估的尝试。虽然对于如何合理评价电子资源至今还没有统一标准，但是其意义却是巨大的。

（二）效益原则下高校图书馆资源优化配置还需考虑的问题

从发展的角度看，资源配置是一个不断发展的动态过程，从根本上说，不仅需要找出现有资源的最佳组合，为了发展的目的，还必须发挥和利用那些潜在的、分散的及利用不当的资源和潜力。因此，效益原则下的资源优化配置还需要考虑以下几个方面。

1. 读者的需要

信息资源配置的主要目的是最大限度地满足读者的需要，这也是图书馆资源建设的基本原则。信息需求的导向决定了信息资源的配置模式。在信息资源配置模式中，信息生产者、信息需求者、信息资源是信息资源配置模式的三要素。信息需求者是决定因素，因为不同的信息需求者获取信息的渠道不同，需求信息的种类不同，且在不停地变化。因此在确定信息资源配置的内容、载体形式与配置模式时，都要以读者结构和需求为依据，并根据读者的需求变化不断进行调整和改进。

高校图书馆的信息资源优化配置更是如此，在考虑读者需要的同时，还要根据本校的定位和发展，使信息资源建设符合学校的学科建设现状和发展方向。保证各学科的均衡发展，既要考虑传统学科，又要考虑新兴学科；既要考虑重点学科、主干学科，又要注意倾向弱势学科；既要保证学科的基础需求，又要考虑重大科研项目的需要。

2. 各种资源的特点

在对信息资源进行系统规划和合理配置时，要考虑不同资源载体的优点及缺陷，实现各种载体的信息资源的优势互补，开展特色数字资源建设和网络虚拟资源建设，整合实体资源与虚拟资源，形成统一的馆藏体系。应当把通过共享网络可获得的虚拟资源看作本馆资源的补充，网络资源馆藏化和馆藏资源数字化的工作也是信息资源建设的重要内容。在新的形势下，应充分考虑印刷型资源、电子资源和网络资源的特点和优势，兼顾资源载体形式和使用权，合理分配经费，合理配置三者的采集比例，使各种类型的信息资源协调发展，以保证重要资源和特色资源的完整性和连续性。

3. 当前需要与长远发展

科学发展日新月异，特别是信息技术和互联网技术在短短的几十年内深刻地影响了人们的工作和生活方式。随着现代技术设备的普及和网络功能的完善，读者利用和获取信息的方式也在不断变化。因此，新形

势下的资源优化配置，应该树立动态发展的观念，立足当前，兼顾未来。不仅要考虑当前利用率低的资源在将来的需求，还要考虑到资源的形式既要使用于当前，也要考虑信息技术发展带来的影响。因此，对信息资源优化配置要有长远规划和短期计划，根据不同时期的目标和重点及时进行调整。

第六章　大数据环境下高校图书馆信息化建设与资源管理策略

第一节　大数据环境下高校图书馆信息服务转型

一、大数据对图书馆信息服务的影响

大数据时代的到来为社会信息服务提供了新的发展机遇与突破渠道，图书馆也受到了来自大数据环境的多重影响，在用户需求的个性化、用户信息获取渠道的多元化、信息传播与表现形式多样化等方面，都体现了大数据对图书馆信息服务产生的积极影响。图书馆需要不断分析用户信息需求与自身服务之间的差异，不断调整服务策略以应对用户的信息需求。

（一）多元出版模式提升了数据信息传递的速度

互联网技术飞速发展的背景下，原有的出版模式发生了较大变化，以开放存取为主要代表的新数字出版模式给传统的信息出版模式带来了很大挑战，信息传递的及时性、开放性得以有效增强，为获取图书馆丰富的资源提供了便利条件。然而，开放存取在一定程度上也降低了用户对图书馆和图书馆资源的依赖性，加之部分出版商也加入开放存取中并提供资源在线访问服务，用户对图书馆的信息服务需求也因此受到影响。① 此外，多元出版模式还加大了图书馆信息服务过程中资源获取与整

① 沈杰. 大数据与图书馆信息服务工作的变革 [J]. 图书馆，2015（9）：107-111.

理的难度，资源权威性、正确性的判断和版权处理将成为高校图书馆信息服务过程中所需面对的问题。

（二）新技术促使传统服务方式进行革新

大数据环境带来的不仅是图书馆信息、资源的丰富，而且也促进了图书馆传统服务与新技术、新设施的融合。除了已有的移动图书馆、虚拟图书馆服务外，射频识别、网络学习社区服务、协同信息服务、知识资源发现系统等相关技术的应用为图书馆信息服务的革新提供了条件，在丰富图书馆服务方式的同时，也对图书馆资源的整合、技术人才的培养和储备提出了要求，对图书馆的多学科融合与知识挖掘能力产生了促进作用。① 然而，在多数图书馆当前技术力量条件下，异构数据和非结构化用户数据、服务数据的处理仍然是图书馆信息服务的难题。

（三）大数据环境改变图书馆服务理念

大数据环境下，服务理念的变化也是图书馆信息服务变革的主要特点之一。各种定题服务、咨询服务、个性化服务、决策支持服务日益提上图书馆信息服务的日程，这种变化的原因在于大数据理念对于数据关系的分析与重视，在于图书馆从用户需求的角度思考图书馆资源、服务与用户需求之间已有或潜在的联系。图书馆要更新服务理念，在大数据环境下寻求转型与发展。同时，大数据环境下的高校图书馆信息服务也受到诸如创新思维、创客空间、数据素养教育、空间再造等新教育理念、服务理念的影响，因此传统信息服务在立足用户需求与图书馆资源建设的基础上，也需要认识到现有服务中存在的问题，才能进一步提升服务能力与服务效果。

---

① 和婷 . 大数据思维对图书馆信息服务工作的启示 [J]. 图书馆建设，2014（1）：64-68.

二、高校图书馆信息服务面临的问题

（一）信息服务理念存在不足

当前，国内高校图书馆在信息服务理念上还没有完全脱离传统信息服务的范畴，尤其是在主动服务理念的贯彻和执行方面相对欠缺，这直接影响到图书馆信息服务的数量和质量。进入数字时代，是否开展主动服务、推送服务、个性化服务已经成为虚拟环境和现实环境中对于服务质量优劣的评判标准之一，由于高校图书馆服务对象的单一性和服务内容的延续性，高校图书馆的信息服务在服务理念上还没有完全融合数据理念，特别是对于数据服务的重视尤为不足，高校图书馆应在服务理念方面加速革新进程。

（二）社会服务意识有待加强

由于高校图书馆用于开展信息服务的资金、资源来源的特殊性，传统信息服务的服务对象范畴受到限制，社会服务意识还有待加强。在国家大力加强公共文化建设并推动社会文化服务体系建设的当下，高校图书馆作为社会信息服务的组成部分，仅有部分高校图书馆将社会化服务作为本馆的服务内容，且在提供给社会用户的服务资源范围、服务项目开展程度上存在不足，这些问题都导致了高校图书馆社会化服务的发展极为缓慢。[①] 由此，全面意识到自身的社会服务责任并提供更丰富的社会服务内容，将是高校图书馆信息服务的重要发展方向。

（三）资源建设、整合有待加强

目前，高校图书馆主要利用本馆购置的资源和自建资源开展信息服务。重点院校由于资金充足，在资源方面相对比较丰富，由此产生的资

---

① 霍瑞娟."图书馆+"：专业服务跨界融合发展的探索 [J]. 图书馆杂志，2016（8）：10-14.

源压力也相对较小。然而，对于多数高校图书馆而言，除了评估、专项建设等时期外，大部分时间资源建设经费都相对紧张，造成了多数高校图书馆每年的资源建设仍然是以续订为主，新购、增订资源都比较缺乏。由此，高校图书馆信息服务除了依托已有资源外，还必须依靠大量的网络资源，如谷歌学术搜索、百度学术、OA 资源、在线 MOOC 课程资源等，这些网络资源都可以纳入高校图书馆资源整合范围中去。

（四）缺乏专业人才队伍

对于大多数高校图书馆而言，当前从事信息服务的馆员大多由本馆馆员兼任，专门设置参考咨询岗位的高校不多。在这种条件下，部分参考咨询馆员存在缺乏专业基础、不能及时跟进学科发展、资源和知识整合乏力等问题，由此也造成了部分高校图书馆的参考咨询工作只能停留在知识查找、信息反馈等简单服务层面，知识融合服务、决策咨询服务、定题跟踪服务等高层次业务工作难以开展。所以，培养专业信息服务队伍也是当前高校图书馆急需解决的问题。

（五）现有信息服务缺少发散性

由于服务对象的单一性和服务内容的限制，现有的高校图书馆信息服务在很大程度上都是以支撑学校的教学、科研为主要任务，包括在资源建设、服务开展等问题上，高校图书馆都是围绕着上述问题展开的。随着社会服务的不断完善及用户知识领域和信息服务需求的不断扩展，高校图书馆要在大数据环境下提升信息服务的质量和效率，就必须意识到如下问题：一是用户的信息需求会超出其学科背景，用户的兴趣、爱好甚至是信息偶遇都会激发其新的信息需求，所以发散性的服务思维是高校图书馆信息服务中亟待完善的内容；二是在相关服务资源的建设上应当适当调整"信息服务即是专深服务、学科服务"的理念，以专业信息服务和第三方的视角审视资源建设与学科发展的关系，寻求发展中的包容并蓄；三是进一步突破传统信息服务中服务对象的局限，现有高校

图书馆的信息服务更注重对高学历、高职称用户的精深服务，忽略了作为高校教育基础的学生用户的信息服务需求。[①]

（六）难以获取用户的潜在信息需求

传统信息服务模式中，"高校图书馆信息服务存有服务需求""应该对某专业学生采取某种用户教育形式"等，虽然这是图书馆在长期的用户教育、用户服务过程中积淀形成的对于用户的理解[②]，但是大数据环境和"互联网+"理念对个体的信息需求在内容表达和获取渠道上都产生了较大的影响，基于传统的定式思维显然难以获取并理解用户的潜在信息需求，也不能对用户的即时信息需求做出有效应对，加上当前用户对于个人信息保护意识的不断加强，有效获取并满足用户的潜在信息需求是图书馆需要积极应对的问题。

（七）社会信息服务对图书馆信息服务的冲击

高校图书馆信息服务的发展必然受到社会信息服务的带动，同时也在一定程度上受到社会信息服务的冲击。随着社会信息服务日趋便捷与丰富，高校图书馆的信息服务受自身资源建设、服务范围、学科意识等问题的掣肘，在服务效果和社会舆论方面均被社会信息服务所削弱，加之大数据环境下社会信息服务越来越注重数字性描述和决策支持，所以图书馆的信息服务只有进一步加深服务内涵并契合社会信息服务的发展轨迹，才能在诸如虚拟社区、在线服务、在线教育等服务方向上得到有效的发展。

---

① 谭影虹. 从数字图书馆到数据图书馆：大数据时代的图书馆服务范式转变 [J]. 图书与情报，2016（3）：75-78.

② 刘喜球，张兴旺. 移动视觉搜索："互联网+"时代数字图书馆信息检索新模式 [J]. 情报理论与实践，2016（5）：58-63.

三、新环境下高校图书馆信息服务转型路径

（一）树立基于大数据的服务理念

当前，各类科学研究、信息资讯、社会报告中无不充斥着数据，图书馆用户已经开始逐渐适应并接受含有大量数据的信息内容或是信息服务。所以，大数据不仅是信息表达的一种形式，也是社会、用户审视信息服务机构的服务效能与服务能力的一种特殊视角。高校图书馆作为社会信息服务的重要组成部分，要运用大数据的内容进行信息描述与传递，并从用户的信息服务环境出发，在复杂的数据中发掘、筛选用户需要的信息内容，实现图书馆信息服务理念的积极转变。[①]

（二）构建联合信息服务模式

高校图书馆的信息服务受服务对象和服务内容的相对单一性的制约，很长时间内都处于一种"自给自足"的状态。高校图书馆作为高校的主要服务部门虽然与同行业的图书馆或同质的文化馆、博物馆、档案馆等有相应的业务或工作交流，但在实际服务过程中，用户的信息服务需求还是主要由所在院校的图书馆自主完成，馆际服务方法交流与服务资源共享比较缺乏。当前，国家大力推进文化共享工程建设并着力加大社会信息服务的力度，这为图书馆发展带来良好契机，但由于高校图书馆的特殊性，其丰富的资源未能发挥应有的社会价值。虽然部分高校图书馆近年来也在大力拓展区域信息服务、联合信息服务等内容，并自发构建了一些区域性的图书馆服务联盟与共享平台，但是整体上在服务内容共享方面还有待加强。大数据背景下，联合信息服务模式应当以联盟的信息资源和服务力量为依托，通过整合现有的技术力量与服务力量，构建联合信息服务体系，将异构资源集成到图书馆大数据服务平台上，根据

---

① 张兴旺，李晨晖."互联网＋图书馆"顶层设计相关问题研究 [J]. 图书与情报，2015（5）：33-40.

用户需求随时进行图书馆语义推理和关系解析，最终实现联合信息服务，在提升整体效率的同时，促进异地图书馆服务与社会服务等方面的有效结合。另外，运用现代服务技术，诸如移动互联技术、物联网、云技术、虚拟现实技术提升用户体验，拓展高校图书馆信息服务的覆盖面。

（三）多方协作共建图书馆资源体系

在大数据环境下，全面、系统的知识信息服务是未来图书馆信息服务的主要发展目标之一，相应的文献计量能力、知识可视化能力、知识转化能力都是图书馆信息服务体系中不可或缺的要求。要提升以上信息服务能力，除了加大资源建设力度、扩大图书馆资源数量外，还需要积极筹建图书馆的知识力量，例如社会学者的吸纳和运用。社会学者除了专家、专业人才外，还包括具有相应研究能力、知识处理能力的个体或组织，以弥补图书馆自身服务力量的不足；联合社会力量进行服务优化。高校图书馆限于所在的环境，在资源来源上主要以正式出版的资源为主体，在一定程度上缺乏前瞻性和预测性的资源支撑，通过联合社会力量，可以为用户提供更具个性化、前瞻性的信息服务；多方筹集经费实现资源优化。[①]当前，社会人士、校友援建高校的事例屡见不鲜，图书馆也可以积极争取社会力量支持，多方完善图书馆的信息资源。

（四）人才队伍建设体系转型

面对科研密集型的新环境，高校图书馆的信息服务已经不能仅限于以提供目录、路径、获取方式为主的基础性服务，基于数据、知识、决策的信息服务将是大数据环境下图书馆信息服务的主要发展方向与转型趋势。除了服务资源的进一步购置与发掘外，从事信息服务的馆员（参考咨询馆员、数据服务馆员等）的职能也需要进一步拓展。要实现馆员

---

① 袁红军.大数据时代下图书馆参考咨询服务创新机制探究 [J].图书馆工作与研究，2017（1）：16-19.

基础能力与用户需求的匹配，馆员教育就必须提上图书馆的发展日程①。以数据服务为例，由于数据服务涉及的数据操作难度大，且需要对相关的数据、资源进行深度挖掘和提炼，这就要求图书馆必须拥有既掌握数据处理技术又具有多种学科背景的多技能人才，培养或吸纳具有图书情报专业知识、计算机和网络运用能力及其他学科背景的人才，对其进行综合能力培养。另外，通过适当的激励机制和培训体系实现人才队伍的持续建设，大数据时代的高校图书馆也需要通过构建激励机制与开展有效的馆员培训发掘符合图书馆需求的人才。

（五）发散现有信息服务模式

信息技术、网络技术、计算机技术的飞速发展，不仅带来了信息服务环境的改善、信息描述和传递方式的演进，对信息服务机构的服务模式也提出了相应的挑战，具体来说，图书馆的信息服务应当契合大数据环境和"互联网＋"理念，为用户提供如下发散服务。

（1）实现智能化信息服务。新的信息环境下，自助服务、智能服务的理念也在不断升级，图书馆的信息服务呈现出智能化的趋势，如清华大学智能聊天机器人"小图"、南京大学教授研发的配合 RFID 技术解决图书馆找书难的新型智能机器人等都是发散图书馆信息服务的典型事例。而对于用户而言，提高图书馆的智能化服务水平，能够使得信息的获取更为便捷，图片文献信息提取更迅速，更加有利于对知识进行智能化管理，并促进知识的流通和传递，有利于信息资源的快速挖掘和整理。

（2）拓展移动服务、在线服务。移动服务作为当前社会信息服务发展的主流方向，移动设备已经成为当下图书馆用户的主要交流平台。高校图书馆应当抓住这一机遇，在移动图书馆服务的基础上，大力拓

① 毛晓燕. 大数据环境下图书馆信息服务走向分析 [J]. 图书馆工作与研究，2014（3）：72-75.

展基于移动网络的虚拟信息服务、在线咨询服务、在线用户教育等内容，进一步丰富图书馆的现有信息服务模式。①

（六）加强用户教育，提升用户素养

当前图书馆信息服务的问题之一在于难以获取用户的潜在信息需求，而造成这一问题的原因一是用户信息反馈渠道不畅，难以及时获取图书馆的信息服务；二是用户自身对于信息需求的表达能力不足，导致其不能准确地提出自身的需求，这也容易使高校图书馆信息服务的效果大打折扣。有鉴于此，高校图书馆除了为用户提供专、精、深的信息服务外，还需要提供必要的用户培训，特别是在大数据环境和"互联网＋"环境下，需要提供如下几方面的用户教育：数据资源及其特点的相关培训，使用户能够正确地理解各个数据资源的专业特性、学科属性等信息；信息服务的内容与范畴的相关培训，使用户能够区别各种信息服务的内容与服务范围；服务需求的表达培训，一是培养用户如何向图书馆信息服务部门提出明确的服务需求，二是使其能够掌握挖掘潜在信息需求的思维方法和分析手段，帮助其通过不同的方式、渠道表达信息需求；数据素养相关培训，大数据环境下，数据素养已经成为能够影响到个体生活、学习、娱乐等环节的重要素养，图书馆作为高校信息素养教育机构之一，培养用户的数据素养成为高校图书馆不可推卸的责任。②

（七）拓展高校图书馆信息服务的范畴

在大数据环境和"互联网＋"理念的作用下，高校图书馆的用户范围已不仅局限于原有的在校用户，社会用户、网络用户已经成为高校图书馆新的服务对象，与此相应的高校图书馆的信息服务范畴包括服务环

① 吴敏慧.大数据与图书馆信息服务新构想[J].图书馆理论与实践，2015（2）：14-16.
② 杨晓菲."互联网＋"视角下的图书馆数据素养教育研究[J].图书与情报，2015（5）：41-43，122.

节、服务内容等也应当进行整体拓展①。所以，高校图书馆应进一步完善现有的服务体系，并不断加强自身的服务意识。在具体的服务转型上，首先，转变针对社会用户的服务思想，传统信息服务中，社会用户所对应的服务内容远不及在校用户，未来高校图书馆需要将社会用户提升到与在校用户同等的地步；其次，进一步拓展在线服务和虚拟用户服务，社会用户的信息需求与在校用户有着较大的区别，需要图书馆提升服务能力和拓展服务方式，大力发展网络社区服务、学习社区服务、众创空间服务等创新服务，实现高校图书馆信息服务的多元化发展。

信息服务作为高校图书馆的主要业务之一，由于其所涵盖的学科服务、知识服务、决策咨询服务等系列内容的专业性和高效价值，长期受到图书馆的重视。在大数据环境和"互联网＋"理念的双重作用下，图书馆信息服务不仅要实现服务内容、服务环节、服务形式的适应性发展，也要实现相应的人才队伍建设模式、人才资源储备模式的发展，并在资源建设的问题上积极寻求社会个体和组织的支持，才能真正实现图书馆信息服务在新时代环境下的转型发展。

第二节 大数据环境下高校图书馆个性化信息服务策略

一、高校图书馆个性化信息服务的基本实现方式

图书馆担当文化传承的重任，是用户获取信息服务的重要途径之一。高校图书馆的服务对象范围相对单一，主要是校内教师和学生。高校教师肩负教学、科研等重要任务，为了顺利完成教学、科研等任务，教师需要实时了解该项目以及相关学科的理论研究和最新动态等。图书馆为

---

① 樊伟红，等.图书馆需要怎样的"大数据"[J].图书馆杂志，2012（11）：63-68，77.

教师的科研、教学和学生的学习提供有力保障，图书馆对于学生来说更是寻求知识的殿堂。大学阶段教师对学生起到引路、讲解的作用，大部分知识需要学生自己通过查找、阅读来学习，所以图书馆为学生提供了大量参考资料，扩大了学生的知识面，提高其学术和自身的修养。

高校图书馆个性化信息服务，一种是随时随地满足用户个性化信息需求的服务，另一种是通过分析读者信息，主动为用户提供信息服务。目的就是满足教师和学生科研、教学、学习的信息需求，主要有三方面内容：服务方式个性化、服务内容个性化、服务时间和地点个性化。

高校图书馆个性化信息服务方式的特点是"用户需要什么，图书馆就提供什么"，为用户提供更准确、针对性强的个性化信息；服务内容是在提供传统共性信息服务基础上，还利用个性化系统、智能软件等满足用户的个性信息需求；移动智能终端设备的发展，使得图书馆的服务时间和地点不再受限制，用户可以随时随地查阅馆藏资源、个人信息等。

（一）高校图书馆个性化信息服务基本特征

1. 服务目的准确，针对性强

高校图书馆的服务用户相对比较单一，主要是在校的教师和学生，目的是为本校师生的项目研究与教育教学提供服务，相较于公共图书馆而言服务目的比较准确，针对性强。同时学生与教师的信息需求根据专业、年级以及科研方向出现明显的层次性，这使得图书馆易于把握用户的需求动向，为用户提供个性化的信息服务。

2. 服务专业性强

高校图书馆提供的服务受本校的专业特点影响很大，由于其服务的对象相对稳定，用户利用图书馆的目的主要是研究本专业和相关专业知识，获得专业权威的知识理论，并在第一时间获得相关研究最新动态的信息，所以高校图书馆为用户提供的信息服务内容相对专业。

3. 服务方式多种多样

随着互联网的发展，纸质资源不再是图书馆主要馆藏资源，越来越

多的数字资源被引进。为适应环境，为用户提供更便捷的服务，高校图书馆的服务方式也不再是单纯的用户到馆，而是用户借助网络随时随地访问图书馆资源。同时为满足用户的个性化信息需求，图书馆还提供在线互动，用户可以通过多种在线互动方式向图书馆提出申请服务，从而获得自己需要的信息。为提高个性化信息服务的效率，高校图书馆还建立"我的图书馆""移动图书馆"等服务系统平台。

（二）高校图书馆个性化信息服务的基本实现方式

1. 个性化定制服务

个性化定制服务可分为个性化内容定制服务、个性化信息检索定制服务、个性化界面定制服务等。个性化内容定制服务，主要是指用户根据自己的爱好、信息需求来定制信息，用户可以通过高校图书馆网站提供的内容模块选择，也可以自己向图书馆提出申请。个性化信息检索定制服务，是指用户可以根据自己的检索习惯和要求选择个性定制，例如检索历史分析、个人检索模板、个人词表定制、检索工具、检索式表示方式、检索结果处理定制等。个性化界面定制服务，是指用户根据个人喜好选择网站界面的风格，可以直接选择网站提供的模板，也可以进行个性化的模块选择，例如界面的颜色、内容排列的方式、界面的整体结构等。个性化定制服务的实现需要注意用户安全和隐私保护，用户的个人信息一旦泄露，用户就会失去对图书馆的信任，所以图书馆要提供保证隐私安全的相关技术。

2. 个性化信息资源管理服务

当今社会信息资源已经成为重要的竞争资源，图书馆属于信息资源管理的一员。由于各高校的学科专业与科研方向存在差异，所以高校图书馆要结合本校的专业特点与教研方向来对信息资源进行组织、分类。在保证信息资源丰富的前提下，为用户建立个人定制的私人信息数据库，用户可以根据自己的需求和兴趣爱好来完全自主地定制私人信息数据库，

用户可以依据自己的理解对信息进行分类、归纳、整理，为用户管理信息提供个性化帮助。

高校图书馆可以建立特色数据库、专业学科库等特色资源馆藏数据库，为用户提供个性化信息服务，还可以通过引进信息资源整合系统，使图书馆的各个馆藏数据库之间实现检索方式的统一，实现无缝连接。各高校图书馆还可以建立图书馆联盟，通过信息资源整合技术使得各图书馆之间的信息资源实现共享，避免馆与馆之间资源浪费。

3. 个性化信息推送服务

个性化信息推送服务是以计算机网络技术为支撑，根据用户信息需求，与图书馆网站建立契约关系，使得个性化信息服务系统主动将有用信息推送给用户，减少用户盲目搜索，提高信息检索效率，为用户节约时间和网络资源。信息推送服务分为以下几个步骤，首先用户通过图书馆提供的个性化系统，输入或选择自己的基本信息、兴趣爱好等。然后个性化信息系统自动或人工对信息进行分析、筛选、整理，得出用户的信息需求模型。最后，个性化信息系统根据用户的信息需求关键词在信息库或其他资源库找到与用户需求相关的信息，对信息按照用户的定制要求进行分类、整理，最后将信息按时、主动地推送给用户。

4. 个性化互动式服务

互联网的发展使得图书馆与用户之间的互动越来越重要、便捷，图书馆由传统的被动服务方式转变为动态的服务方式。目前高校图书馆网站的互动服务类型主要有三种，一是实时互动，图书馆馆员与用户借助即时聊天工具进行互动，例如 QQ、微信、在线咨询等；二是延时互动，用户可以将遇到的问题或者需求以留言、邮件等方式进行互动；三是合作互动，常见于图书馆对用户的调查，例如调查问卷等。用户在与图书馆互动过程中不但能够获得所需信息，同时图书馆还能根据用户的行为分析出用户的信息模式，该模式在服务过程中经过反馈不断进行修改，从而为用户提供个性化信息服务。

5. 个性化信息素养教育服务

图书馆是传承信息的重要场所，高校图书馆更是肩负着学生信息素养教育的重任，较高的信息素养有助于快速获取所需信息，提高信息意识和搜索能力。高校图书馆对象出现明显的层次性，不同年级、专业的学生对图书馆了解、利用程度不同，这就使得图书馆在普及信息素养教育的基础上，还要开展具有针对性的用户信息素养教育。教育过程中可以采用嵌入式教学，在专业课的学习中渗入信息素养育教学，可以采用网络视频的形式，将使用步骤、技巧等录制成微课，实现个别学习，还可以进行小部分教育，将更专业、更深入的知识以小部分培训的方式进行个性化信息素养教育。

6. 其他服务

高校图书馆个性化信息服务除上述讲述的实现方式外，用户还可以利用个性化信息服务系统享受其他个性化服务，例如网上预约、文献传递、借阅历史查询、新书推荐等。高校图书馆网站建设的"我的图书馆""移动图书馆"等都是个性化信息服务的表现，用户可以借助自己的账号、密码登录个人空间，定制、管理自己的个性化信息。

二、大数据环境下高校图书馆个性化信息服务系统功能

（一）用户接口模块

该模块连接用户客户端与个性化信息服务系统，主要是通过服务器网页体现，用户登录个性化信息服务系统，需要在接口模块输入账号、密码，进行身份认证，然后系统将用户基本信息添加到用户信息库中，建立用户个性化信息数据库。同时通过用户接口模块检索系统数据资源，输入检索要求，系统根据信息需求进行检索，将所获得的资源通过用户接口模块推送给用户。用户还可以对提供服务的质量进行反馈，评价信息会经过该模块反馈给系统，实现个性化信息服务系统与用户之间的信息交流。

（二）用户信息库模块

用户通过用户接口模块进行注册，输入用户学号（工号）、姓名、性别、年级专业、兴趣爱好等基本个人信息，然后系统将这些格式规整的结构化数据自动存储到用户信息库中，同时用户对个性化信息服务的使用反馈评价也可以作为备注存储到用户信息库中。这样可以充分了解用户，从而系统在提供个性化信息服务时可以结合用户信息库，共同寻找用户需求的信息，主动为用户推送针对性更强的个性化信息服务。

（三）信息检索模块

用户通过用户接口模块网页输入检索信息关键词，然后系统自动将用户检索需求通过智能检索代理技术，在图书馆本地资源中进行寻找，检索到与用户要求相关的信息反馈给该模块。如果系统在本地资源中没有找到匹配资源，就会从互联网资源中检索，然后将找到的匹配信息加入本地信息库中，再反馈给该模块。同时馆员可以直接审查两种资源来源进行信息搜索，信息检索模块将收到的信息整合起来，推送给系统其他模块进行处理。

（四）信息过滤模块

信息检索模块将检索到的信息传递给信息过滤模块，该模块主要是对检索到的相关信息进行初步筛选，通过与用户信息需求相关度对信息进行依次排除，得到相关度高的信息，同时还要结合用户长期信息检索行为得到的用户模型为参考标准来筛选检索到的相关信息。首先该模块要对信息的特征概述进行抽取，得到信息向量模型，然后与用户信息需求模型匹配比较，得出满足用户个性化信息需求的信息，去除相关度较低的信息资源，提高信息服务质量。

（五）数据集成模块

高校图书馆服务对象多是本校师生，用户信息行为数据分散存储在

图书馆不同的自动化系统中，加上图书馆信息资源系统较多，例如图书馆用户相关记录、电子资源使用记录、学科服务平台信息、网络日志等，这些数据源都通过其中的相关数据进行连接。为使用户得到全面信息，就要将这些无论来源哪里、格式如何、数据记录结构怎样、数据含义特点不同的数据资源在逻辑上进行有机集成，这样才能为用户提供范围广、内容准的信息内容，也为下步数据规范化处理做好准备工作。

（六）数据规范化模块

利用大数据技术对用户信息行为等数据进行挖掘分析，首先就要保证数据的统一，要对数据进行规范化处理，使数据达到数据挖掘算法要求的标准。

数据合成。图书馆拥有多种来源于不同公司、机构的自动化系统，各系统之间相对独立，系统中对用户行为记录的数据字段意义和格式也各不相同。若要对系统中记录的用户信息行为数据进行合成，必须找到各系统数据库之间的字段联系，建立唯一识别关键字段，通过这个关键字段将不同系统的数据记录联系起来，只有这样才能利用大数据挖掘分析技术，对用户全部的信息行为进行挖掘，发现用户的真实信息需求。高校图书馆用户主要是教师和学生，区分每个用户身份的字段可以是身份证号、学号、工号等，在方便、快捷、安全的前提下，使用学号、工号比较容易实现，因为图书馆将学生学号、教师工号作为用户唯一身份信息，因此使用学号（工号）作为连接标识符可以将不同系统中的数据连接起来。

数据规约。由于高校图书馆自动化系统标准不统一，跟踪记录的用户信息行为存储到不同数据库中，不同数据库对字段标识的定义存在差异，相同的信息记录在不同数据库中也可能不同。例如在用户信息库中，标记性别可能是"男""女"形式，而在借书记录数据库中，标记性别可能是"male""female"，显然这两种形式都可以记录用户性别信息，只是存储在不同数据库中，其含义不变。为提高数据分析的准确率，避免

数据歧义，就要对合成的数据进行规约。

数据优化。数据优化主要是对合成、规约后的数据进行处理。目前得到的用户记录信息，虽然已经通过唯一识别字段连接起来但是也出现了很多问题，例如各系统数据库中重复的字段属性，连接后应该剔除重复属性；而有些字段属性信息仅部分数据库拥有，连接后其他数据库该字段信息值欠缺，需要补充；还要对错误信息进行改正，有的甚至需要进行离散化处理，最终将错误数据、污染数据、噪声数据及不一致数据清除掉。

数据转换。数据转换的主要目的是将处理后的数据进行变换，使其满足大数据挖掘算法对数据形式的要求，常用的方式主要有数据概化、平滑聚集等。

（七）数据分析模块

该模块主要对信息规范化模块传来的数据进行处理。由于图书馆自动系统跟踪记录了用户的大量行为信息数据，这些数据结构类型除结构化数据外还包括半结构化和非结构化数据，所有数据共同存入系统日志中。根据用户获取信息的方式可以将数据分析模块分为三种，第一种是通过本馆资源获得结构化数据方式，采用结构化数据分析模块；第二种是来自网络资源的数据，采用系统日志分析模块；第三种，则是用户通过一些社交移动网络等从其他用户那里获得资源，采用特殊信息分析模块，该模块最后将符合的信息进一步精确找出，同时形成用户信息需求模型，为信息匹配模块提供参考依据，共同为用户提供个性化信息服务。

结构化数据分析模块数据格式规范，可以利用数据挖掘技术直接进行操作，对挖掘后的相关数据进行聚类与分类处理，根据用户信息行为，将用户细分为不同的数据粒度，用来识别不同用户之间相似的信息行为及相同用户在不同时间段差异性的信息需求行为。

系统日志分析模块，主要是对用户的网络浏览行为信息进行分析，得出用户实时信息需求或者预测用户潜在需求，主要内容为数据处理、

（十）用户使用评价模块

通过信息推送模块，将结合用户信息行为模型的个性化信息推送给用户，用户接收后，可以通过用户使用评价模块对信息服务满意度做出评价，系统会自动将评价信息存入系统的个性化信息库和用户信息库中。对个性化信息库的用户进行评价、挖掘、分析，可以为改善数据挖掘算法提供依据，用户信息库中的评价可以为建立更符合用户信息需求模型提供参考。该模块得到的用户评价信息，可以作为提高个性化信息服务针对性、准确性的依据，实现真正意义上的个性化信息服务。

三、大数据环境下高校图书馆个性化信息服务的开展策略

（一）强化图书馆数据库建设水平

在大数据环境下，高校图书馆的信息流通速度显著加快，同时师生群体的个性化信息服务需求也变得更加明显。在这种情况下，图书馆数据库中的文献资料就很难充分满足师生群体的需求。因此，各个高校图书馆也应该在大数据环境下不断强化数据库建设水平。在这个过程中，高校可以在图书馆文献资源化和数字化的基础上，构建完善的文献采购体系，不断补充图书馆的文献内容。由于高校用于图书馆方面的资金有限，因此在进行文献采购活动的时候，应该先对现有文献资源情况进行全面调查，明确最稀缺的文献内容，制定文献采购的短期计划和长期计划，这样可以使文献采购的成效得到较好保证。在采购活动中，高校图书馆也应该严格管理，尽量避免出现重复采购等问题，切实提高文献采购资金的利用率。

（二）提供多元化的信息服务内容

各个高校图书馆应该在大数据环境下积极发挥现代信息技术的作用与价值，形成多元化信息服务体系，拓展信息服务的内容。一方面，高校图书馆可以推出个性化信息检索服务，即图书馆平台通过使用计算机

和网络技术分析用户的兴趣偏好、信息需求、性别年龄、身份等信息，以便提供更加精准的检索服务①。通过这种方式，用户在检索同一个关键词的时候，最终呈现出来的检索内容也会有一定的差异，这有利于检索内容可以更好地满足用户的需求。另一方面，高校图书馆也可以推出个性化资源推荐服务，即图书馆平台结合用户长期使用平台的一些信息（检索偏好、历史浏览等），从庞大的数据库中给用户推送一些他们可能感兴趣的知识信息，较好地拓展用户的阅读内容。②对于图书馆来说，要想保证这些服务的最终功能，也需要综合利用数据挖掘分析、相关分析、协调过滤等各类技术模块，提高海量数据的处理效率。

（三）积极创新图书馆管理方式

高校图书馆在构建个性化信息服务体系的时候，也应该实现图书馆管理方式的积极创新。第一，图书馆应该做好内部服务人员的教育培训活动，转变他们的服务理念。在当前大数据环境下，图书馆个性化服务体系需要更加主动的服务人员，这有利于师生群体在享受个性化服务的时候，获得更多的服务体验。因此图书馆应该定期针对内部服务人员进行教育培训活动，提升他们的专业素质水平，明确现代服务理念，使得图书馆服务体系可以取得较好的服务成效。第二，图书馆在大数据环境下应该积极适应大数据技术进行内部管理。比如图书馆可以通过大数据技术来明确图书的流向，将那些更受欢迎的书籍布设在更加宽敞的区域或者更低的楼层等。再比如说，图书馆可以在内部管理活动中全面引入智慧管理平台，使各项管理活动可以真正进入互联网环境中。这样，图书馆个性化信息服务体系就可以得到较好的内部制度支撑，更容易取得

① 高金花.基于大数据和经济环境下的高校图书馆个性化信息服务探究[J].现代营销（经营版），2019（5）：163-164.
② 李冰.基于大数据环境下高校图书馆个性化信息服务的思考[J].知识经济，2018（2）：8，10.

较好的应用成效 ①。

（四）不断完善信息安全保护体系

在大数据环境下，高校图书馆提供的个性化信息服务都要借助互联网渠道，图书馆的内部信息在互联网环境中实现了较好的流转。这种方式虽然可以提高图书馆内部信息的利用效率，但同时也导致这些信息面临更加显著的风险。在这种情况下，高校图书馆应该不断完善信息安全保护体系，避免图书馆内部信息遭到泄露或篡改 ②。这就要求高校图书馆综合引入防火墙技术、权限等级技术等，构建图书馆信息安全防护的多元化体系，充分保证信息安全。高校图书馆也应该定期进行数据备份，在数据出现意外的时候可以进行恢复，在一定程度上避免高校图书馆遭受信息安全攻击的风险，造成较大的损失。

随着信息技术的进一步创新发展与贯彻应用，高校图书馆也会得到更多信息化技术的支持，这有利于图书馆在个性化信息服务建设方面取得更好的成效。各个高校图书馆也应该充分发挥大数据信息技术的优势与价值，利用这套技术对师生的个性化图书信息服务需求进行全面分析，最终形成个性化信息服务的多元格局。在这个过程中，各个高校也应该充分明确个性化信息服务体系的长远价值，给这方面提供一定的资金支持，使高校图书馆信息服务体系可以在未来较长一段时间里实现较好的创新与发展。

① 张隽 . 大数据环境下高校图书馆个性化信息服务策略探讨 [J]. 产业与科技论坛，2020，19（17）：275-276.

② 苏靓 . 大数据环境下图书馆微服务的研究与实践 [J]. 产业与科 技论坛，2018，17（9）：98-99.

第三节　大数据环境下高校数字图书馆的建设

一、高校图书馆数字资源平台的优化

大数据环境对高校图书馆数字资源平台提出了更高的要求，为此，在高校数字图书馆建设过程中，工作人员需要强化自身的大数据思维，以避免重复建设、规避信息孤岛、剔除垃圾数据、强化数据安全、提升数据利用率为出发点，使用大数据、云计算等技术做好数字资源建设规划工作，并通过对高校图书馆数字资源平台进行有针对性的优化，确保高校图书馆数字资源建设能够实现从粗放向集约、从低效向高效的转变，进而在推动数字资源共享、降低数字资源建设成本的基础上，提升数字资源建设效率，确保高校数字图书馆建设工作适应大数据时代发展的要求。

具体而言，高校图书馆数字资源平台的优化工作需要遵循以下几点原则：一是统一性原则，即高校图书馆数字资源平台优化工作需要做到统筹布局，并针对不同部门之间的配合构建系统机制。与此同时，平台架构设计、框架设计、基础设施建设等都需要做到从长远考虑、从全局出发，从而确保高校图书馆数字资源平台能够适应大数据环境要求。二是实用性原则，即高校图书馆需要根据自身服务对象所具有的服务需求开展高校图书馆数字资源平台优化工作，在确保高校图书馆数字资源平台能够满足服务对象需求的基础上避免出现盲目扩大规模、加大投入以及重复建设等现象。三是可靠性原则，在大数据环境下，信息安全问题成了社会大众广泛关注的问题，因此，高校图书馆不仅需要重视预防雷击、过载以及人为破坏等因素造成的安全问题，还应当对高校图书馆数字资源平台进行全方位的安全保护，避免高校图书馆数字资源平台中数据的安全性、完整性受到威胁。

二、重视图书馆工作人员队伍建设

无论是在传统的工作环境中还是在大数据环境下，高校图书馆工作人员所具有的专业素养，都对高校图书馆数字资源建设工作的成效以及图书馆信息服务质量有着重要的影响。为此，如何做好图书馆工作人员队伍建设，是高校图书馆发展过程中始终面临的问题。从大数据环境下的高校图书馆工作人员队伍建设来看，对大数据思维的理解以及对大数据技术的掌握，是对大数据环境下高校图书馆工作人员提出的基本要求。作为高校图书馆馆员，需要具备使用大数据技术进行数字资源收集、处理、分析的能力，并且能够对服务对象所具有的服务需求进行挖掘。从高校图书馆工作人员培训实践来看，高校图书馆不仅有必要组织专题培训讲座，普及大数据对高校数字图书馆建设所产生的影响，而且有必要组织高校图书馆工作人员通过研讨会来交流心得和经验。与此同时，高校图书馆应当为工作人员提供更多的深造机会，从而促使高校图书馆工作人员能够对数学算法、人工智能等知识进行深入的了解与掌握。当然，在对既有工作人员队伍进行培训的基础上，高校图书馆还应当重视人才引进工作，从而在对工作人员队伍结构做出优化的基础上，确保高校图书馆工作人员队伍呈现出具备大数据思维、精通大数据应用的特点，进而为高校数字图书馆建设进程的深化提供良好的人力资源基础。

三、加大经济投入

在大数据环境下，无论是高校图书馆数字资源平台的建设、技术的引进还是人才培养工作的开展，都需要足够的资金作为支撑，为此，高校需要重视拓展数字图书馆经费来源渠道，并对数字图书馆建设成本进行有效控制。在实践过程中，高校数字图书馆建设投资主体主要包括地方政府、高校、图书馆系统等，而多元化主体对资金的合理分摊，是确保数字图书馆建设工作得以有效开展的重要保障。当然，合理分摊机制

的构建与利益共享价值的构建之间具有紧密的联系，为此，两种机制的构建与完善可以同步开展。与此同时，在高校数字图书馆建设过程中，成本控制需要体现在各个环节当中，如基础设施建设、人力资源投入、物力资源投入、资源加工整理等。在这些环节中，高校图书馆需要重视开展合理规划并提升各项工作效率，从而在满足高校数字图书馆建设需求的基础上有效控制投资总量。资金来源渠道的拓展与成本的有效控制，能够确保高校数字图书馆建设资金管理工作呈现出开源节流的特征，这对于保障大数据环境下高校数字图书馆与时俱进的发展具有重要意义。

综上所述，大数据环境对于高校数字图书馆建设而言是一把双刃剑，即大数据环境为高校数字图书馆建设带来了更多的数据资源，也促使高校在开展数字图书馆建设工作的过程中不断提升自身的数据收集、整理与分析能力。在此背景下，高校图书馆有必要对自身数字资源平台进行优化、提升图书馆工作人员大数据素养、加大数字图书馆建设经济支持力度，从而为大数据环境下高校数字图书馆的良性发展奠定良好基础。

参考文献

[1] 江向东.版权制度下的数字信息公共传播 [M].北京：北京图书馆出版社，2005.

[2] 吴汉东.著作权合理使用制度研究 [M].北京：中国政法大学出版社，1996.

[3] 黄如花.数字图书馆原理与技术 [M].武汉：武汉大学出版社，2005.

[4] 王红玲，张齐增，孙孝诗.网络环境下图书馆信息资源的整合开发 [M].北京：北京图书馆出版社，2006.

[5] 肖燕.网络环境下的著作权与数字图书馆 [M].北京：北京图书馆出版社，2002.

[6] 李哲汇.数字化进程中的图书馆 [M].北京：北京图书馆出版社，2007.

[7] 曹绍卿.浅谈高校图书馆信息化建设的重要性 [J].内蒙古科技与经济，2018（20）：116-117.

[8] 曾文麒，杨玲静.大数据背景下高校图书馆信息化建设策略研究 [J].传媒论坛，2021，4（6）：145-146.

[9] 陈圣韬.高校图书馆信息化建设问题研究 [J].办公室业务，2021（16）：87-88.

[10] 陈玉婷.基于读者服务的高校图书馆信息化建设策略研究 [J].中国管理信息化，2018，21（11）：166-167.

[11] 杜丽杰.高校图书馆信息化建设研究 [J].黑龙江科学，2019，10（10）：132-133.

[12] 冯斌.高校图书馆信息化建设中的问题与对策 [J].信息记录材料，2020，21（3）：46-47.

[13] 高阳.高校图书馆信息化建设的现实障碍及提升策略 [J].信息与电脑（理论版），2018（13）：21-22.

[14] 郭想.高校图书馆信息化建设问题研究 [J].办公室业务，2021（14）：108-109.

[15] 哈斯托亚.高校图书馆信息化建设面临的机遇与挑战 [J].中华辞赋，2019（1）：14.

[16] 韩骐键.高校图书馆信息化建设的关键因素探究 [J].信息记录材料，2021，22（7）：146-147.

[17] 皇甫军.基于大数据的现代高校图书馆信息化建设研究 [J].科技创新导报，2020，17（15）：157-158.

[18] 黄鹤楠.新时代高校图书馆信息化建设中存在的问题与对策 [J].教育现代化，2018，5（26）：124-125.

[19] 黄岚.读者服务和高校图书馆信息化建设 [J].文教资料，2020（26）：48-49，120.

[20] 黄新蓓.高校图书馆信息化建设的现状与发展策略研究 [J].中国管理信息化，2018，21（20）：165-166.

[21] 姜洁.新形势下的高校图书馆信息化建设问题研究 [J].中国教育技术装备，2021（11）：49-50，53.

[22] 李卉.加强高校图书馆信息化建设的策略探讨 [J].科技创新导报，2020，17（7）：130-131.

[23] 李慧.信息化背景下高校图书馆建设反思 [J].食品研究与开发，2021，42（14）：246.

[24] 李利敏.加强高校图书馆信息化建设的策略研究 [J].兰台内外，2020（25）：67-69.

[25] 李美转.高校图书馆信息化建设中的问题及策略 [J].广西质量监督导报，2019（4）：87-88.

[26] 李清秋.大数据时代高校图书馆信息化建设 [J].科技资讯，2021，19（33）：158-160.

[27] 李书红，李领会.新媒体时代高校图书馆信息化建设的创新 [J].中国新通信，2020，22（24）：26-27.

[28] 李晓翔. 刍议高校图书馆信息化建设 [J]. 办公室业务，2018（12）：69-70.

[29] 李新权. 高校图书馆信息化建设问题分析 [J]. 信息系统工程，2019（7）：138.

[30] 李旭娜. 新形势下普通高校图书馆信息化建设探析 [J]. 信息记录材料，2021，22（4）：104-105.

[31] 林俊瑛. 我国高校图书馆信息化建设存在的问题及对策研究 [J]. 山西青年，2020（15）：88-89.

[32] 林源. 大数据背景下高校图书馆信息化建设研究：评《高校图书馆信息化创新建设与服务研究》[J]. 现代雷达，2021，43（3）：102-103.

[33] 刘惠玲. 高校图书馆信息化建设现状及发展趋势分析 [J]. 现代交际，2019（17）：133-134.

[34] 刘娟. 从大学生阅读需求探讨高校图书馆信息化建设问题 [J]. 科技风，2021（9）：117-118.

[35] 刘娟. 浅谈基于大数据的现代高校图书馆信息化建设 [J]. 科技视界，2020（34）：11-12.

[36] 刘丽萍. 新形势下普通高校图书馆信息化建设探析 [J]. 参花（下），2019（6）：140-141.

[37] 刘淑银，唐霞. 基于 AHP～模糊综合评价的高校图书馆信息化建设评价研究 [J]. 无线互联科技，2018，15（21）：104-105，110.

[38] 鲁储珊. 高校图书馆信息化建设探讨 [J]. 信息记录材料，2021，22（6）：96-98.

[39] 马晓婷. 探究大数据时代下的高校图书馆信息化建设 [J]. 信息记录材料，2021，22（6）：110-112.

[40] 马雨晴. "互联网+"时代下高校图书馆信息化建设探究 [J]. 南方农机，2020，51（4）：108-109.

[41] 马占民. 浅谈高校图书馆信息化建设的重要性 [J]. 现代国企研究，2019（12）：135.

[42] 裴莉莉 . 大数据时代高校图书馆信息化建设研究 [J]. 信息记录材料，2021，22（3）：148-149.

[43] 宋小磊 . 关于高校图书馆信息化建设问题的研究 [J]. 教育信息化论坛，2020（5）：39-40.

[44] 苏娟 . 高校图书馆信息化建设的现实障碍及提升策略 [J]. 农家参谋，2019（2）：179.

[45] 孙娟菲 . 基于读者服务的高校图书馆信息化建设路径 [J]. 山西青年，2019（16）：207.

[46] 唐红玉 . 智慧校园视域下高校图书馆信息化建设研究 [J]. 管理观察，2019（19）：118-119.

[47] 王春刚 . 基于读者服务的高校图书馆信息化建设策略研究 [J]. 中国新通信，2019，21（16）：135.

[48] 王春晖 . "互联网 +" 时代下高校图书馆信息化建设探究 [J]. 信息记录材料，2021，22（1）：151-152.

[49] 王春玲 . 民办高校图书馆信息化建设的研究与实践：以黑龙江某民办高校图书馆为例 [J]. 中国多媒体与网络教学学报（上旬刊），2019（5）：78-79.

[50] 伍潇 . AI 时代民办高校图书馆信息化建设创新 [J]. 休闲，2018（12）：281.

[51] 夏红梅，等 . 高校图书馆信息化建设之我见 [J]. 教育现代化，2018，5（37）：223-224.

[52] 徐婷 . 基于大数据驱动的高校图书馆信息化建设思路 [J]. 智库时代，2019（15）：102，107.

[53] 姚凯 . 高校图书馆信息化建设现状研究 [J]. 才智，2018（14）：238.

[54] 尹梦臻 . 边疆少数民族地区高校图书馆信息化建设构想 [J]. 计算机产品与流通，2020（9）：125-126.

[55] 于浩 . 高校图书馆信息化建设关键因素分析 [J]. 辽宁高职学报，2021，23（2）：94-97.

[56] 余阳红 . 互联网背景下高校图书馆信息化建设分析要素探索 [J]. 电子元器件与信息技术，2022，6（2）：54-55，58.

[57] 张彩霞 . 新形势下高校图书馆信息化建设现状与发展对策研究 [J]. 山西青年，2020（2）：236.

[58] 张凤响 . 高校图书馆信息化建设途径研究 [J]. 信息记录材料，2021，22（7）：96-97.

[59] 张海潮 . 高校图书馆信息化建设问题研究 [J]. 信息记录材料，2021，22（7）：88-89.

[60] 张菁 . 加强高校图书馆信息化建设的策略探析 [J]. 智库时代，2020（6）：103-104.

[61] 张晓莉 . 新时代高校图书馆信息化建设策略研究 [J]. 兰台内外，2020（13）：3-4.

[62] 赵洪波，罗玲，王蕴洁 . 互联网背景下高校图书馆信息化建设分析 [J]. 城建档案，2020（5）：35-36.

[63] 郑凯 . 大数据背景下的高校图书馆信息化建设研究 [J]. 数字与缩微影像，2019（3）：29-31.

[64] 郑磊 . 大数据背景下高校图书馆信息化建设面临的机遇与挑战 [J]. 新闻研究导刊，2019，10（24）：217，219.

[65] 周莉 . 大数据背景下高校图书馆信息化建设面临的机遇与挑战 [J]. 中国管理信息化，2020，23（19）：191-192.

[66] 周卫 . 关于加强高校图书馆信息化建设的途径探析 [J]. 信息记录材料，2020，21（3）：58-59.